NOTICE HISTORIQUE

SUR

SAINT-VALLIER

(DRÔME)

PAR

E. FAYARD

Ancien Conseiller à la cour d'Appel de Lyon,
Chevalier de la Légion d'honneur.

LYON	PARIS
H. Georg, éditeur,	Alphonse Picard, libraire,
36, Passage de l'Hôtel-Dieu.	82, rue Bonaparte.

1895

NOTICE HISTORIQUE

SUR

SAINT-VALLIER

Lk⁷
29741

NOTICE HISTORIQUE

SUR

SAINT-VALLIER

(DROME)

PAR

E. FAYARD

Ancien Conseiller à la cour d'Appel de Lyon,
Chevalier de la Légion d'honneur.

LYON
H. Georg, éditeur,
36, Passage de l'Hôtel-Dieu.

PARIS
Alphonse Picard, libraire,
82, rue Bonaparte.

1894

DU MÊME AUTEUR

Rapport sur l'admission des Filles-mères à l'Hospice de la Charité de Lyon. — 1853, in-8° broché.

Rapport sur l'Œuvre des Enfants assistés du département du Rhône. — Lyon, 1854, in 8° br.

Histoire administrative des Enfants assistés du département du Rhône. — Lyon, 1859, 1 vol. in 8° ; 2ᵉ édition 1871.

Du Dépôt de Mendicité départemental d'Albigny. — Lyon, 1860, in-8° br.

Souvenirs des entrées des Souverains de la France dans la ville de Lyon, in-8° br., 1860.

Rapport sur le service des Enfants assistés du département du Rhône. — Lyon, 1861, in-8° br.

Essai sur l'Assistance publique à Lyon. — Paris-Lyon, 1862, in-8° br.

Essai sur l'Etablissement de la Justice royale à Lyon. — 1862, in-8° br.

Etudes sur les anciennes Juridictions lyonnaises. — 1863, 1 vol. in-8°.

Des Enfants assistés à Paris et à Lyon. — 1867, in-8° br.

Modifications apportées dans le service des Enfants assistés du département du Rhône. — Lyon, 1869, in 8° br.

Réponse aux délibérations de la Commission départementale du Rhône sur les enfants assistés. — Lyon, 1871, in-8° br.

Etude historique sur l'ancienne organisation judiciaire de la ville de Valence. — Valence, 1875, in-8° br.

Aperçu historique sur le Parlement de Paris. — Paris-Lyon, 1876-1879, 3 vol. gr. in-8°.

Notice historique sur le village de Couzon (Rhône). — 1885, gr. in-8° br.

Prost de Royer, sa vie et ses œuvres. — Lyon, 1885, in-8° br.

Rapport sur l'organisation de la Société de patronage des libérés adultes, Lyon, 1885, in-8° br.

Histoire des Tribunaux révolutionnaires de Lyon et de Feurs. — Lyon, 1888, 1 vol. gr. in-8°.

Journal de la Cour impériale de Lyon. — Lyon, 1890, 1 vol. gr. in 8°.

Journal de la Commission de surveillance des Prisons de Lyon. — Lyon, 1893, 1 vol. gr. in-8°.

AVERTISSEMENT

Il y a pour chaque homme une petite patrie dans la grande patrie, c'est la ville où il est né, où il a passé son enfance entouré des soins de sa famille, où il a contracté avec des compagnons de son âge d'agréables et précieuses relations qui ne se remplacent pas. Lorsque la nécessité de se créer une carrière l'oblige à s'éloigner du foyer paternel, il y revient sans cesse avec bonheur, ce sont d'heureux instants hélas ! toujours trop rares et trop courts.

Plus tard, lorsqu'il a dépassé la durée commune de la vie humaine, lorsque la mort a moissonné ses proches dont l'affection lui était si chère, et que ses amis d'enfance deviennent chaque jour plus rares, il se rattache encore davantage à la ville qui lui rappelle d'inoubliables souvenirs et il désire en connaître l'histoire.

Quoique la plupart des évènements qui constituent l'histoire de Saint-Vallier, soient peu considérables, ils offrent cependant un intérêt très réel. Ils permettent de se rendre compte de la condition de ses habitants aux différents âges de la civilisation. Ils nous initient aux actes des comtes d'Albon, des dauphins de Viennois, des ducs de Bourgogne, des Poitiers, des Guerre de la Croix-de-Chevrières, qui furent successivement seigneurs de Saint-Vallier, et ils nous font connaître les efforts persévérants de leurs vassaux pour s'affranchir de la glèbe, se constituer en communauté et devenir propriétaires indépendants.

Depuis 1789, les habitants de Saint-Vallier ont été soumis aux lois générales du pays et ils ont subi toutes les vicissitudes amenées par les révolutions dont il est impossible d'assigner le terme. Les documents qui concernent cette seconde période de l'histoire de Saint-Vallier sont nombreux et faciles à recueillir, mais il n'en est pas de même de ceux antérieurs à 1789.

Quoique les recherches faites, soit dans les écrits des historiens et des chroniqueurs, soit dans les archives publiques et privées, ne permettent pas toujours de suppléer à la pénurie des annales locales, sur l'ancienne organisation sociale, politique et économique de Saint-Vallier ; il importe de reproduire les documents anciens qu'on a pu découvrir jusqu'à ce jour. Il importe également de publier les documents postérieurs à la révolution de 1789 qui a changé si profondément l'ancienne organisation de la France, en proclamant les trois grands principes de l'unité nationale, de la liberté individuelle et de l'égalité civile. Tous ces documents sont pleins d'intérêt et méritent d'être connus.

En les reproduisant j'ai été heureux de rappeler le bien accompli par ceux qui ne sont plus, et de rendre hommage à leur mémoire. Le souvenir des actes de bienfaisance des uns et de dévouement des autres pour la commune, si précieux pour plusieurs familles, offrira, à tous les habitants de Saint-Vallier, l'intérêt que présente l'histoire si aimée des ancêtres et de la ville natale.

Puissent les documents que j'ai pu réunir, provoquer de nouvelles recherches qui permettent enfin de donner une histoire complète de Saint-Vallier.

NOTICE HISTORIQUE

SUR

SAINT-VALLIER

INTRODUCTION

Parmi les documents précieux que renferment les archives départementales de la Drôme, il existe un inventaire dressé, le 17 décembre 1566, par les exécuteurs testamentaires de dame Diane de Poitiers, duchesse de Valentinois, dans lequel on trouve la description suivante de la ville et du château de Saint-Vallier « assis en Dauphiné, au diocèse de Vienne, près le Rhône, joignant la montagne de Morabase.

« La ville est close de murailles qui viennent se joindre au château de deux côtés ; au bas, la rivière de Galaure avec un pont de pierre ; icelle ville accompagnée de deux faubourgs : l'un à la porte dudit pont, l'autre à la porte Saint-Rambert.

« Le château est assis au plus haut de ladite ville, construit en carré, garni de quatre tours aux quatre coins, bien fermé de murailles à l'entour, ayant ses entrées par ladite ville et par dehors ; la basse cour est à l'entrée du côté de la ville fermée des murailles d'icelle ; du côté du couchant il y a un jeu de paulme ; du côté du matin se trouve la grande porte du château sur laquelle il y a une tour carrée faite, par le haut, à machicoulis ; autre tour en entrant dans la cour qui est assez grande et toute carrée, de vingt-cinq toises. A la gauche, il y a une petite chambre pour le portier ; auprés du couchant, une belle grande chambre, un cabinet et une garde-robe dans la tour ronde ; une grande salle auprès d'icelle de 40 pieds de long, 30 de large, les dites chambres et salle prenant jour sur la cour. Au bout de la dite salle est une grande vis de pierre, qui est la principale du château.

« Tirant au matin, il y a une autre vis de pierre par le bas de laquelle on entre en la chapelle, qui est dans une tour ronde bien voûtée.

« Il y a en outre des chambres des prisonniers, de la somillerie, de la tapisserie, de la librairie, de l'armurerie, une grande salle haute prenant regard sur la cour au couchant, de quarante pieds de long et trente de large.

« Au-dessus se trouve une salle semblable à laquelle on accède par une grande vis de pierre et au bout d'icelle il y a la chambre grande et spacieuse qui a son regard du couchant accompagnée d'une belle garde-robe dans la tour prenant regard sur le matin.

« Montant plus haut, par ladite grande première vis, au troisième étage est une autre belle salle dessus les dites deux premières salles prenant regard sur la cour et sur le couchant, etc. »

Depuis 1566, l'antique manoir des Poitiers a subi des changements considérables à l'extérieur, le donjon et la tour carrée ont été abaissés, les fossés et le pont-levis qui se trouvaient du côté de la rivière de Galaure ont été remplacés par une magnifique terrasse d'où la vue embrasse non seulement l'entrée de la vallée de Galaure, le viaduc du chemin de fer, le pont et la passerelle sur la rivière, mais encore la plaine fertile de la Brassière encadrée à l'est par les vignobles de Champis, des Rampeaux, d'Olanct et à l'ouest par le Rhône, le village d'Ozon et les montagnes du Vivarais. Dans le lointain du côté du Midi on découvre la montagne boisée de Ponsas, les ruines du château de Serves, la tour d'Arras et le pic élevé de Saint-Martin-d'Août. On ne se lasse pas de contempler ce paysage gracieux et grandiose qui fait du château de Saint-Vallier, entouré d'un parc créé par Le Nôtre, une des résidences les plus belles et les plus agréables du Dauphiné.

A l'intérieur, sauf quelques améliorations destinées à lui donner le confortable moderne, le château est resté à peu près tel qu'il était au xvi⁰ siècle. La grande salle des gardes notamment, qui se trouve au premier étage, est demeurée intacte avec sa cheminée colossale, ses belles fresques et sa précieuse galerie de portraits. Toutes ces magnificences de l'art, qui rappellent les mœurs du passé et le souvenir de personnages illustres, offrent un grand intérêt et méritent d'être connues de tous ceux qu'anime l'amour de l'histoire et de la contrée natale. Ce sont d'agréables instants que ceux consacrés à visiter cet antique château féodal, aujourd'hui propriété de M. le comte Paul de Moreton de Chabrillan, petit-fils de M. le comte Jean-Denis-René de la Croix de Chevrières, dernier seigneur de Saint-Vallier.

La métamorphose de la ville de Saint-Vallier est beaucoup plus complète. Depuis longtemps elle n'a plus ni fossés, ni murailles d'enceinte, ni portes avec créneaux et machicoulis. Quelques vestiges de la poterne du Pertuis et de la tour des pénitents rappellent seuls l'ancienne ville du moyen âge, qui s'est considérablement étendue du côté du nord et du côté du midi. Ses rues et ses places publiques ont été élargies, son hôpital, son presbytère et son hôtel-de-ville ont été réédifiés, et ses abords ont été plantés d'arbres qui en font d'agréables boulevards. Durant ces dernières années, l'établissement du chemin de fer de Paris-Lyon-Méditerranée a imprimé une nouvelle activité à la transformation de Saint-Vallier qui s'améliore chaque jour.

L'histoire générale du Dauphiné nous apprend qu'avant la conquête romaine les Allobroges occupaient la région située entre le Rhône et l'Isère qui s'étendait à l'Orient jusqu'aux

Alpes, et au Nord jusqu'au lac Léman. Vienne était leur capitale; belliqueux, fiers, pleins de courage, ils suivirent Bellovèze lorsqu'il porta la guerre chez les Toscans pour donner satisfaction au désir de nouveauté et à l'amour de la gloire des Gaulois que leur pays ne pouvait plus nourrir (1). Cette expédition eut lieu pendant que Tarquin l'ancien régnait à Rome, elle fut heureuse et Bellovèze partagea le pays conquis entre ses compagnons d'armes qui fondèrent, dit-on, Milan et Novarre (2).

587 av. J.-C.

Les Allobroges firent également partie de l'armée de Brennus, roi des Sénonnais, lorsqu'il s'empara de Rome et soumit ses habitants à de dures conditions. Pendant les guerres puniques les Allobroges combattirent non sans succès sous Annibal qui sut vaincre, mais non profiter de la victoire. Après les revers du général carthaginois, les Romains songèrent à étendre leur domination dans la Gaule transalpine pour obtenir une communication directe avec l'Espagne, devenue une de leurs provinces. Appelés à secourir les Marseillais contre les attaques de Teutomalius, roi des Salluviens, ces ambitieux et dangereux alliés forcèrent ce prince à se réfugier chez les Allobroges qui prirent les armes pour sa défense. Domitius Ahenobarbus leur livra bataille près de Sorgue, il avait dans son armée des éléphants qui mirent le désordre dans la cavalerie des Allobroges et la victoire resta aux Romains.

390 av. J.-C.

126 av. J.-C.

Malgré leur défaite, les Allobroges voulurent recommencer la lutte. Ils sollicitèrent et obtinrent le concours de Bituitus, roi des Arvernes, dont l'armée se composait de cent cinquante mille hommes. Fier du nombre de ses troupes, Bituitus se crut sûr de la victoire. Il traversa le Rhône un peu au-dessous de Tain (3), sans trouver aucune résistance de la part de Fabius Maximus qui commandait l'armée romaine forte de trente mille hommes seulement. Les Arvernes se répandirent dans la plaine de Tain et attaquèrent le camp des Romains avec

123 av. J.-C.

122 av. J.-C.

(1) Chorier, *Histoire du Dauphiné*, 1124. — (2) Pline, liv. III chap. 17. — (3) Chalieu, Mémoire sur le lieu précis où Fabius vainquit Bituitus, 165.

impétuosité, mais sans direction. Repoussés avec pertes, le découragement les gagna. La confusion et le désordre se mirent dans leurs rangs et Fabius en profita pour les charger avec une nouvelle vigueur. Ils plièrent et, malgré les efforts des Allobroges, ils ne virent plus de salut que dans la fuite. Leur déroute fut complète et le nombre des morts, d'après Pline, s'éleva à plus de cent mille.

Fabius Maximus, à qui ce succès valut le surnom d'Allobrogique, fit du pays des Allobroges une province romaine sous le nom de Gallia Braccata. Vaincus, mais non domptés, les Allobroges se retirèrent dans les lieux de difficile accès et

103 av. J.-C. n'hésitèrent pas à se réunir aux Cimbres et aux Teutons pour marcher sur Rome. Favorisés d'abord par la fortune, ils furent complètement défaits par Marius à Pourrières, près d'Aix-en-Provence. Leur territoire fut ravagé et ils subirent la loi d'un vainqueur irrité de leur longue résistance. Loin d'accepter l'oppression que Rome faisait peser sur eux, les Allobroges, dont le courage n'était point abattu, s'efforcèrent sans cesse de s'y soustraire jusqu'au jour où César acheva la conquête de la Gaule, environ 40 ans avant Jésus-Christ et la divisa en deux provinces : la Narbonnaise et la Gaule chevelue. Plus politique que Marius, César, par sa modération, attira à lui les Allobroges que Vercingétorix essaya en vain de faire entrer dans la révolte des Arvernes (1).

27 av. J.-C. Lorsque Auguste vint dans la Gaule, il procéda à une nouvelle division du territoire et organisa trois provinces : la Narbonnaise, la Lyonnaise et l'Aquitaine. Le pays des Allobroges compris dans la Narbonnaise reçut plus tard le nom de province du Viennois. Les maîtres du monde établirent dans les principales villes de leurs nouvelles provinces des colonies, les unes exclusivement militaires composées de soldats et de vétérans ; les autres plébéiennes ne comprenaient que des citoyens romains. Ces colonies destinées à rompre les peuples à l'obéissance devinrent autant d'écoles où les vaincus apprirent la

(1) Taylor, *Voyage pittoresque dans l'ancienne France*, **7**.

langue, la religion et les arts des vainqueurs (1). Les villes décorées du titre de colonie avaient un gouvernement à l'instar de celui de Rome qui faisait rechercher leur séjour et contribuait à leur prospérité. En même temps une route plus directe pour aller de Rome à Vienne était ouverte au milieu des Alpes Cottiennes.

Déjà la voie aurélienne, qui tendait de Rome aux Pyrénées, en passant par Arles, avait été complétée, après la conquête de Domitius Ahenobarbus, par un embranchement d'Arles à Genève. Cette voie militaire, dont on retrouve des traces dans diverses parties du Dauphiné, traversait Valence, Tain, Saint-Vallier, Le Péage de Roussillon et Vienne. Elle était appelée *via Domitia, via magna* (2).

La province viennoise subit la domination romaine jusqu'à la chute de l'Empire, mais dès la fin du III⁰ siècle le christianisme, qui était soutenu par des croyances fécondes, avait fait de très grands progrès, et la puissance des évêques devenait chaque jour plus considérable, lorsque les Burgondes, vers 443, fondèrent un puissant royaume sur les deux rives du Rhône et de la Saône. C'est le premier royaume des Bourguignons ou des Burgondes qui étaient soumis à la loi Gombette ainsi appelée du nom de l'un de leurs rois.

Vienne fut leur capitale en même temps que le siège épiscopal de Saint-Mamert qui institua les rogations. En 469, ce prélat, suivant l'usage d'alors, célébrait la messe la nuit qui précédait les fêtes de Pâques, lorsque la foudre tomba sur le palais des empereurs et l'embrasa en quelques instants. L'incendie gagna l'église et les fidèles effrayés se hâtèrent de sortir, mais Saint-Mamert n'abandonna pas l'autel et « les flammes s'éteignirent d'une manière, que St-Avit nomme miraculeuse ».

Ce fut dans cette circonstance que le saint évêque de Vienne forma le projet d'établir les prières publiques, accompagnées de processions, connues sous le nom de rogations. Ces prières

---

(1) H. Beaune, *Introduction à l'Etude historique du Droit coutumier*, 64.
— (2) Delacroix, *Essai sur les Stat. de la Drôme*, 24.

que l'église fait pour les biens de la terre ont lieu chaque année pendant les trois jours qui précèdent l'ascension (1).

A cette époque les Bourguignons pour assurer leur domination imposèrent leur législation aux habitants du pays, mais ils ménagèrent leurs habitudes et leurs mœurs. Ils soutinrent des luttes fréquentes avec leurs voisins et ils étendirent par leurs victoires les limites du royaume de Bourgogne. Ce royaume comprenait la Provence, le Dauphiné, la Savoie, la Franche-Comté et une partie de la Bourgogne, lorsque les successeurs de Clovis, Childebert, Clotaire et Théodebert s'en rendirent maitres et le réunirent à l'empire français.

En 574, les Lombards pénétrèrent dans le Dauphiné par les Alpes cottiennes et remontèrent le Rhône, brûlant les villes et dévastant les campagnes. Repoussés enfin, en 576, ils furent rejetés au-delà des Alpes (2).

Les invasions des Sarrazins, qui commencèrent vers 718, furent beaucoup plus désastreuses. En 732, Eudes, duc d'Aquitaine, ayant été vaincu sur les bords de la Garonne par Abdérame, roi des Sarrazins, appela à son secours Charles, chef des Francs. Les deux armées se rencontrèrent entre Tours et Poitiers, et après une terrible bataille qui dura deux jours, le nombre céda à la valeur. Abdérame fut tué et un désordre effroyable se mit alors dans les rangs des Sarrazins.

D'après quelques chroniqueurs, plus de trois cent mille d'entre eux furent tués. Ceux qui échappèrent à la mort profitèrent de la nuit pour fuir et se réfugier dans les Pyrénées (3). Cette victoire qui valut à Charles le surnom de Martel, parce qu'il avait comme avec un marteau écrasé les Sarrazins, « est un des plus grands évènements de l'histoire ; les Sarrazins victorieux, le monde était mahométan » (4).

Charles-Martel ne crut pas devoir poursuivre les Sarrazins dans leur fuite, mais pour s'assurer le dévouement de ses

(1) Allard V. Saint-Mamert. — (2) Duruy, *Hist. de France*, I. 110. — (3) Delacroix, *Essai sur la statistique de la Drôme* 35. — (4) Chateaubriant, *Etudes hist.* III. 232.

soldats, il leur distribua les biens des églises et des monastères. Il fit plus encore, il leur donna des évêchés et des abbayes. Les évêques de Lyon, de Vienne et d'Avignon se virent ainsi destitués et privés de leurs biens (1).

Quelques années après, en 737, les Sarrazins, sollicités par Mauronte, gouverneur de Marseille, qui désirait se rendre indépendant, renouvelèrent leurs incursions dans le Dauphiné. Ils occupèrent Valence et couvrirent de ruines Saint-Paul-Trois-Châteaux et Donzère (2). Charles Martel et Childebrand, son frère, marchèrent contre eux et les défirent complètement sur les bords de la rivière de Berre, à quelques lieues de Narbonne. Charles Martel, dont l'autorité était mal vue dans le Midi, s'éloigna rapidement et ne rétablit pas le clergé dans ses biens (3). L'évêque de Vienne, Vilicaire, auquel le pape Grégoire III permit de prendre le titre d'archevêque qui fut porté par ses successeurs (4), ayant essayé de reprendre possession de son siège, échoua dans ses tentatives et dut se retirer dans le Valais où on le nomma abbé du monastère de St-Maurice (5).

Si Charles-Martel dépouilla le clergé de ses biens, c'est qu'il ne put se maintenir, dit Montesquieu, qu'en l'opprimant. Son fils Pépin, au contraire, se rendit maître de la nouvelle monarchie en le protégeant. Il enjoignit à chacun de ceux qui tenaient des biens de l'Eglise de payer une dîme sous peine de perdre les biens donnés. Charlemagne étendit à tous cette obligation pour que le christianisme ne pérît pas faute de ministres, de temples et d'instruction (6).

Après avoir fait don à l'Eglise de Rome de plusieurs villes enlevées aux Lombards, Charlemagne fut couronné, en 810, empereur d'Occident, par le pape Léon III qui voulut s'assurer son appui contre l'empereur de Constantinople. Il mourut en 814, et l'empire qu'il avait créé ne put lui survivre.

(1) Mézeray, *Ancienne chron. de l'Histoire de France*. — (2) *Gallia Christ*, s. 703-737. — (3) Rainaud, *Invasion des Sarrazins*, 61. — (4) Mermet, *Histoire de la Ville de Vienne*, 149. — (5) Charvet, *Histoire de l'Eglise de Vienne*, 147. — (3) Montesquieu, *Esprit des Lois*, liv. 31, ch. 11 et 12.

Sa décomposition fut bien moins la suite d'une révolte des peuples contre ses successeurs qu'une action lente et continue contre le principe de l'unité qu'il avait su imposer par la force à des nations différentes d'origine, de langues et de coutumes. Un autre principe dominait alors, c'était l'esprit d'indépendance personnelle qui conduisait à l'anéantissement du pouvoir central et au morcellement du pays. La société marchait ainsi au régime féodal, dont le caractère dominant était la puissance de l'homme sur l'homme; aussi l'empire ne tarda pas à être démembré par l'édit de Verdun (843) qui le partagea en trois royaumes. Charles-le-Chauve conserva l'Aquitaine et la Neustrie; la Germanie échut à Louis, et Lothaire eut, avec le titre d'empereur d'Italie, la Provence et les contrées entre le Rhône, la Saône, le Rhin et l'Escaut. La royauté en succédant à l'empire fut également atteinte par l'édit de Marsan (847) qui permit à tout homme libre de se choisir un seigneur, et par l'édit de Kiersy (877) qui reconnut le droit d'hérédité des fiefs et des bénéfices. Cet acte fut le dernier coup porté à la royauté, dès lors tout fut livré au plus fort et les guerres civiles et privées entraînèrent la désorganisation du corps politique.

Le 15 octobre 879, le comte Boson, beau-frère de Charles-le-Chauve et gouverneur de Vienne, profitant de la faiblesse des successeurs de Charlemagne, se fit élire roi d'Arles au château de Mantaille, près de Vienne, par une assemblée d'évêques et de seigneurs, qui ne virent dans cette élection que les besoins du royaume et les secours qu'il devait en espérer (2). Boson fut sacré et couronné dans la métropole de Lyon par l'archevêque Aurélien et le pape Grégoire VIII le créa son vicaire dans les Gaules. Le titre de roi décerné à Boson satisfit enfin l'ambition de sa femme Ermengarde, fille de l'empereur Louis, « qui voulait du moins être reine, disent les chroniques, pour avoir du plaisir à vivre. »

Boson mourut en 887, et son jeune fils Louis, grâce aux

---

(1) Hénault, *Abr.* ch. 12. — (2) Catellan, *Antiquités de l'Eglise de Valence* 203.

démarches de sa mère Ermengarde, fut reconnu pour roi de Bourgogne par Charles-le-Gros et proclamé dans un synode tenu à Valence en 890 (1). Les Lombards, lassés de la tyrannie de Béranger, firent un appel au nouveau roi de Bourgogne qui s'empressa d'y répondre. Il obtint la couronne d'Italie ; mais, trahi par un de ses soldats à son retour de Rome, il tomba entre les mains de Béranger qui lui fit crever les yeux. Louis se retira dans la Bourgogne où il mourut sans postérité en 924. Son royaume passa à Hugues, comte d'Arles, descendant par sa mère de Charlemagne (2).

Hugues aspira à la couronne d'Italie et céda en 920 le royaume de Bourgogne à Rodolphe II, roi d'un petit état dans les Alpes (3). Cette année-là, les Sarrazins, toujours attirés par l'espoir du butin, firent de nouveaux ravages dans le Dauphiné ; et « l'effroi qu'ils jetèrent fut si grand, que nul ne pouvait compter leurs victimes, dit Luitprand, si ce n'est Celui qui en avait inscrit les noms sur le livre de vie ». L'évêque de Grenoble, Izarque, fut réduit à quitter sa ville épiscopale et à chercher une retraite au prieuré de Saint-Donat.

A Rodolphe II succéda, en 937, Conrad le Pacifique qui fut remplacé, en 994, par Rodolphe III, dit le Fainéant. Ce dernier désigna pour lui succéder l'empereur Conrad le Salique, auquel il envoya la lance et l'épée de saint Maurice, en témoignage du don qu'il lui faisait de ses Etats.

A la mort de Rodolphe III, à Lausanne, le 6 septembre 1032, (4) Conrad, alors en guerre avec l'Allemagne et l'Italie, ne put rentrer en France où régnait l'anarchie. A cette époque, l'autorité était divisée en une multitude de petits seigneurs et la puissance publique se trouvait partagée comme le sol. Tout devint local, parce que rien ne pouvait être général et la féodalité, seule organisation alors possible, fut un progrès en comparaison de l'anarchie qui régnait avant son avénement. Elle était une

(1) *Histoire du Languedoc*, II, 22. — (2) Lavallée, *Histoire de France*, I, 224. — (3) Delacroix, *Essai sur la Statist. de la Drôme*, 39. — (4) Chevalier, *Revue d'Archéol. de la Drôme*, 1885-165.

transaction entre l'ordre de chose ancien et notre civilisation moderne. Son développement fut favorisé dans les pays où dominait l'élément germain par le principe de l'individualité et de l'indépendance; il fut plus restreint dans les pays où l'élément romain, c'est-à-dire le principe de l'unité par l'absorption de l'individualité dans l'Etat, était prépondérant.

L'Eglise, dont la puissance avait grandi pendant la période du Ve au Xe siècle, en proclamant le grand principe de l'égalité de tous les hommes, subit le sort de la société civile (1). Elle devint féodale, non comme corps, mais comme propriétaire. Les évêques se rendirent maîtres dans les villes de leur résidence et les comtes dans leurs gouvernements. Ils déclarèrent leurs domaines héréditaires et formèrent de petites souverainetés sous le nom de comtés et de baronnies. L'empereur Conrad ne pouvant s'opposer à ces usurpations, céda aux évêques et aux seigneurs toutes les terres et tous les droits dont ils s'étaient emparés, ne se réservant que l'hommage (2).

Dès le 14 septembre 1023, Rodolphe III, roi de Bourgogne, avait fait donation à Burchard, archevêque de Vienne, et à son église métropolitaine de la souveraineté pleine et entière du comté de cette ville. Aussi, à partir de cette époque, les archevêques de Vienne prirent le titre de comte (3).

C'est alors qu'apparurent les comtes d'Albon qui devinrent tout puissants lorsque Guigues VII obtint, en 1155, du duc de Zeringhen, vicaire général de l'Empire, la cession du comté de Viennois. Ce comté fut successivement agrandi par les alliances et par les conquêtes des Dauphins. Les terres qu'ils avaient dans la Savoie et celles que les comtes de Savoie possédaient dans le Dauphiné, étaient des causes de discordes et de guerres continuelles, lorsqu'en 1349 Humbert II, dont les finances étaient dans un état déplorable que nous aurons à rappeler, céda le Dauphiné au roi de France moyennant le paiement de ses dettes et la remise de certaines sommes.

(1) Berger, *Régime communal dans le Dauphiné*, 57. — (2) Chorier, *Histoire du Dauphiné*, I, 761. — (3) Mermet, *Histoire de Vienne*, 2-341.

Le transport du Dauphiné à la couronne de France fit craindre à la noblesse de perdre ses privilèges dont elle était si glorieuse, et elle ne consentit à reconnaître le nouveau Dauphin qu'après avoir reçu de Humbert II l'ordre de se soumettre à son successeur. Le peuple, au contraire, accueillit avec une grande joie un changement qui lui faisait espérer un adoucissement à ses maux causés surtout par les guerres incessantes des seigneurs entre eux. Malgré la clause expresse de séparation perpétuelle du Dauphiné, qui avait été stipulée par le traité de 1349, l'histoire de cette province se confond désormais avec celle de la France.

ORIGINE DE SAINT-VALLIER

A quelle date de la longue période historique, dont nous venons de résumer brièvement les faits, remonte l'existence de Saint-Vallier que sa position et ses fortifications rangeaient parmi les places fortes du Dauphiné ? Il est difficile de la fixer. Le manque d'annales et l'incertitude des traditions laissent un vaste champ aux conjectures et expliquent la divergence d'opinion entre les écrivains qui ont voulu élucider cette question.

D'après un mémoire adressé, le 12 mai 1766, par la communauté de Saint-Vallier au comte de St-Florentin, ministre secrétaire d'Etat, pour protester contre la suppression de l'ordre de Saint-Ruf et la réunion du chapitre à celui de Saint-Lazare à Valence : « La ville de Saint-Vallier du temps des Romains était une grande ville sous Vienne, située sur la grande route, le fleuve du Rhône et la rivière de Galaure. Cette ville relevait de l'Empire, et elle fut souvent exposée aux incursions et aux ravages des Sarrazins qui désolèrent dans ces temps reculés la province du Dauphiné ; ce qui lui fit diminuer de son lustre et du nombre de ses habitants, dont les restes infortunés se réfugièrent en partie dans les paroisses voisines du royaume de France pour y former leur établissement. »

Loin de partager cette opinion, un membre de l'institut historique de France, M. l'abbé Vincent a publié, en 1853, une notice historique sur Saint-Vallier « dont le nom empreint d'un sceau religieux exclut, dit-il, toute existence antérieure au moyen âge. Ni la situation de Saint-Vallier sur la grande voie domitienne d'Arles à Vienne, ni les fragments d'antiques découverts à diverses époques, ne permettent de rattacher son établissement au passage des légions romaines, allant soumettre un peuple fier, amoureux de son indépendance et toujours prêt à secouer le joug de l'étranger. Pendant les invasions barbares qui suivirent la chute de l'empire des Césars, les populations décimées cherchèrent un asile et un abri contre les fureurs des hommes de guerre dans les abbayes et dans les monastères fondés par de pieux solitaires.

« Après la dévastation du Dauphiné par les Maures en 735, un monastère destiné à perpétuer la mémoire de Saint-Valère d'Hippone, en Afrique, fut fondé sur l'emplacement qu'occupe Saint-Vallier. Richement doté en bien fonds par des personnes libérales et opulentes, ce monastère prit bientôt un rapide accroissement et vit se grouper autour de lui de nombreuses familles qui formèrent au xe siècle le noyau de la ville actuelle (1). »

Une troisième opinion a été émise, en 1868, par un membre de la Société d'archéologie de la Drôme, M. Caise. D'après cet écrivain, Saint-Vallier ne devrait pas son nom à Saint-Valère d'Hippone, mais à Saint-Valère, évêque de Viviers, et il occuperait l'emplacement de l'ancienne Ursoli, où les Romains établirent une station lors de la conquête du pays des Allobroges. A l'appui de son opinion, M. Caise invoque la remarque de Danville « que la distance d'Ursoli à l'égard de Valence est marquée XXII dans l'itinéraire d'Antonin, et à l'égard de Vienne de XXVI. Or, en s'attachant à une proportion d'espace selon les distances qui partagent l'intervalle entre Vienne et Valence, il n'y a pas de position plus convenable à Ursoli que celle de Saint-Vallier sur la droite de la petite rivière de Galaure, près de sa chute dans le Rhône » (2).

M. Caise voit la confirmation de cette assertion de Danville

---

(1) Vincent, *Notice sur Saint-Vallier* 9. — (2) Danville, *Notice sur l'Ancienne Gaule*, 1760 p. 724.

dans l'inscription suivante d'une colonne miliaire trouvée à Saint-Vallier en 1620, et expédiée sur sa demande au cardinal Alphonse de Richelieu, archevêque de Lyon, et frère de Richelieu, ministre de Louis XIII.

 Tiberius Claudius Cesar
 Germanicus Pont.
 Maximus Imperator. xxv.

Le nombre XXV indique la distance d'Ursoli à Vienne constituée par le nombre xxvi dans l'itinéraire d'Antonin. La différence entre les deux indications est insignifiante et on ne saurait s'y arrêter en présence de ce fait que le martyrologe universel (1) comprend parmi les saints de France, à la date du 22 janvier, Saint-Valère, évêque de Viviers, mort, en 510, en un lieu appelé Orsoles et antérieurement Ursoli (2). Cette cité gallo-romaine établie sur la voie domitienne changea alors son nom d'Ursoli contre celui de Saint-Vallier, illustré par le saint évêque de Viviers (3).

Aucun titre, aucun document ne fait mention de ce changement de nom au vi[e] siècle et M. l'abbé Caillet le fait remonter à une époque bien antérieure. Cet écrivain pense que St-Vallier, par sa position intermédiaire entre Vienne et Valence, correspond exactement à l'indication qui attribue son nom à saint Valère né en Espagne de parents illustres et élevé vers la fin du iiie siècle au siège de Saragosse. Valère, qui était remarquable par la vivacité de sa foi et l'ardeur de sa charité, fut envoyé à Rome pour être jugé conformément à l'édit de proscription publié dans tout l'empire contre les chrétiens. Condamné à l'exil, il dut se rendre à Vienne et garder des troupeaux sur les rives du Rhône entre Vienne et Valence. Pendant trois ans, tout en s'acquittant de cette humiliante tâche, il prêcha l'Évangile et fit de nombreux prosélytes. Le gouverneur de Vienne,

---

(1) Chastelain, 1709, 1739 et 1178, f⁰ 39. — (2) Colomby, *De rebus gestis episcoporum vivariensium* in-4° 1650 f⁰ 180. — (3) Caise, *Hist. de Saint-Vallier*, 9.

informé de ces faits, ordonna que Valère fût suspendu à un arbre les bras en croix et ensuite enterré vivant. Cette sentence reçut son exécution et le nom de Saint-Valère fut donné à Ursoli lorsque Constantin rendit la liberté aux Chrétiens.

M. l'abbé Caillet soutient ensuite que saint Valère de Viviers, désigné dans le martyrologe universel comme honoré le 22 janvier à Saint-Vallier, n'a jamais été fêté ce jour-là; tandis que saint Valère de Saragosse, au contraire, d'après plusieurs martyrologes, a été honoré le même jour que saint Vincent, son archidiacre, c'est-à-dire le 22 janvier. Il conclut de ces faits qu'au commencement du VIIIe siècle, la ville de Saint-Vallier ayant perdu depuis longtemps le souvenir du vrai patron primitif de la paroisse, s'était rattachée à l'évêque d'Hippone comme le plus rapproché parmi les saints portant le nom de Valère (1).

D'autres écrivains prétendent, les uns que Saint-Vallier tire son nom de saint Valère de Trèves, les autres de saint Valère, martyr de Langres. Nous n'avons pas à insister sur des appréciations si diverses, mais nous devons signaler deux faits importants : Depuis près de trois quarts de siècle, l'église de Saint-Vallier a pris pour patron saint Apollinaire, évêque de Valence, et depuis six ans la fête de saint Valère, sans autre désignation, qui était célébrée à Saint-Vallier le 22 janvier, par les prières du commun des saints, a été reportée au 29 janvier. Ce changement de date a été motivé par les doutes qui subsistent encore sur le fait de savoir lequel des nombreux saints portant le nom de Valère est le véritable patron de l'église de Saint-Vallier et par le désir de consacrer le 22 janvier à saint Vincent et à saint Anastase, qui sont fêtés ce jour-là dans toute la chrétienté et qui ont chacun un propre spécial.

Les recherches de l'abbé Chalieu sur l'origine de Saint-Vallier, l'ont amené à émettre l'opinion que « si on s'en tient

---

(1) Caillet, *Etudes archéologiques sur Andance*, 63 à 69.

aux distances indiquées dans l'itinéraire de Vienne à Ursoli et d'Ursoli à Valence, en reconnaissant une légère erreur dans les chiffres, on adoptera l'opinion de Danville ; si, au contraire, on fait attention au nom d'Ursoli, on croira retrouver Ursoli dans Roussillon avec de Valois ; parce que, si en général il faut mettre les noms qu'on trouve dans les itinéraires à la distance que ces itinéraires marquent, il faut quelquefois corriger les distances par les noms et que c'est le cas de faire exception à la règle générale. » (1).

Ne pouvant tenir compte que des documents authentiques, nous devons rappeler une charte du mois de février 891 comprise parmi les cartulaires manuscrits de Baluze et publiée en 1865 par M. Hureau. Cette charte nous apprend qu'il existait à la fin du IXe siècle au diocèse de Vienne un bourg de Saint-Vallier, où s'élevait une église fondée en l'honneur de Saint-Etienne proto-martyr et placée en même temps sous le vocable de saint Valère : *Ecclesia sancti Stephani martiris nec non sancti Valerii confessoris*. Par cet acte, Barnoin, archevêque de Vienne, afin d'augmenter les ressources de cette église, lui concéda une métairie située au bourg de Vienne dans le champ de Mollacinsi, territoire de Rovoria, « comme témoignage de satisfaction donné aux prêtres de Saint-Vallier pour la ferveur de leurs prières et leur dévotion à célébrer la messe. »

Pendant les Xe et XIe siècles, on ne trouve aucun document sur les événements qui s'accomplirent à Saint-Vallier. Une bulle d'Urbain II, adressée, en 1095, à Guy, archevêque de Vienne, au sujet de contestations qui existaient entre cet archevêque et le chapitre de Saint-Barnard de Romans, fait mention des clercs de Saint-Vallier qui s'étaient emparés de l'église de Saint-Etienne de Baternay près de Saint-Donat (2). Une autre bulle d'Urbain II, adressée, en 1096, à l'abbé et aux

---

(1) Chalieu, *Mém. sur les Ant. de la Drôme*, 80. — (2) Giraud, *Essai sur l'histoire de Saint-Barnard*, t. I, p. 18. n° 7.

frères de l'église de Saint-Ruf, nous apprend que ce pape les félicite d'avoir repris la vie régulière qu'ils avaient abandonnée et ordonne que nul membre de la congrégation ne pourra posséder aucune chose en propriété, ni s'absenter ou s'éloigner du cloître sans la permission de l'abbé (1).

Ces documents sont les plus anciens que l'on connaisse sur l'origine de Saint-Vallier. Ils prouvent que cette ville est antérieure à saint Valère d'Hippone. Permettent-ils d'affirmer qu'elle remonte à l'époque gallo-romaine et que le nom de Saint-Vallier a été substitué, au VI° siècle, à celui d'Orsole ou d'Ursoli ? Il est difficile de se prononcer d'une manière affirmative. Aussi, suivant la remarque de l'érudit abbé Vincent : « Dût la vanité locale s'en irriter, il faut s'en tenir aux documents authentiques jusqu'à ce que de nouvelles découvertes viennent dissiper les ténèbres du passé. »

ORIGINE DU PRIEURÉ DE SAINT-VALLIER

L'origine du prieuré de Saint-Vallier n'est pas mieux connue que celle de Saint-Vallier. D'après M. Caise, il en est fait mention pour la première fois « dans les conventions intervenues en 1247, en présence du prieur de Bonnevaux (prieur de Saint-Vallier), entre Guigues Dauphin et Albert de Latour-le-Vieux qui remit et transporta au Dauphin le château de Saint-Vallier (2). »

M. Brun-Durand pense que le prieuré de Saint-Vallier remonte à une époque bien antérieure au XIII° siècle. Il se fonde sur une charte de l'archevêque Barnoin, en date de 891, et sur des bulles papales du XII° siècle dans lesquelles le mot *ecclesia*, joint à celui de Saint-Vallier, désigne le monastère et

(1) *Inventaire de l'Abbaye de Saint-Ruf*. Arch. de la Drôme. — (2) *Bulletin d'archéol. de la Drôme*, 1890. 424.

non l'église paroissiale du *vicus sancti Valerii*. De plus il est certain, d'après une charte du cartulaire de Léoncel, qu'au mois d'octobre 1169, Berlio, prieur de Saint-Vallier, fut témoin d'un accord entre les religieux de cette abbaye et ceux du prieuré de Saint-Félix de Valence (1).

En 1283, le prieuré de Saint-Vallier était désigné sous le nom de *prioratus insulæ sancti Valerii* (2). Se trouvait-il dans l'île de la Brassière, dont il est fait mention dans plusieurs actes du XVIe siècle, ou dans l'île de Sarras, située en face de Saint-Vallier et qui fut une dépendance de la seigneurie de Saint-Vallier jusqu'en 1608, époque où elle passa aux mains du seigneur de Sarras, vicomte de Château-Cloud? M. Caise ne se prononce pas d'une manière formelle.

M. Brun-Durand au contraire soutient que le prieuré de Saint-Vallier qui fut probablement toujours *in vico sancti Valerii* et le prieuré *insulæ sancti Valerii*, qui se trouvait dans l'île de Sarras, étaient parfaitement distincts quoique faisant partie l'un et l'autre du diocèse de Vienne. Le premier, sous le vocable de Saint-Etienne, était de l'archiprêtré de Saint-Vallier tandis que le second, sous le vocable de Notre-Dame, était dans l'archiprêtré de Saint-Sylvestre en Vivarais. Aussi dans un chapitre général de l'ordre de Saint-Ruf, tenu le 1er mai 1436, on voit figurer simultanément Antoine Milon *prior prioratus sancti Valerii* et Bernard Arbossac *prior insulæ Valerii*. Enfin il est constant que le prieuré de l'île de Saint-Vallier fut uni à celui de Saint-Vallier par un arrêté du Conseil du roi en date du 25 octobre 1741. Si ces documents précieux recueillis par MM. Caise et Brun-Durand laissent subsister des doutes sur la date précise de l'origine du prieuré de Saint-Vallier, ils font au contraire parfaitement connaître que ce prieuré et celui de l'île de Saint-Vallier formèrent longtemps deux établissements distincts de la congrégation de Saint-Ruf et qu'il ne peut y avoir de doute sur l'emplacement primitif du prieuré de Saint-Vallier.

(1) *Bulletin d'archéol. de la Drôme*, 1891. 112. — (2) Valbonnais, *Histoire du Dauphiné*, 2, 7, des preuves.

Les religieux de ce prieuré prenaient le titre de chanoines réguliers et suivaient la règle de saint Augustin « qui leur imposait une vie pleine de soumission, de sacrifices et de travaux. »

Au XII° siècle, le 25 février 1119, le pape Calixte II, qui avait occupé le siège de Vienne, se trouvant à Valence, confirma tous les privilèges de l'église de Vienne et accorda à Guy, archevêque de cette ville, les privilèges épiscopaux sur différentes villes et notamment sur celles de Romans, Saint-Donat, Saint-Vallier, etc. (1) Par une autre bulle du mois de mai 1123, adressée aux chanoines de Saint-Ruf, Calixte II les prit sous sa protection (2) et, en 1290, Nicolas IV déclara qu'ils relevaient du Pape *sine ullo medio*. Ce droit fut confirmé par les bulles papales d'Eugène IV, en mai 1445, et d'Innocent VIII, en septembre 1488. Une lièwe en langage du pays atteste qu'en 1282 l'église du prieuré de l'île de Saint-Vallier percevait des cens et des rentes considérables (3).

SAINT-VALLIER
SOUS LES COMTES D'ALBON DAUPHINS DE VIENNOIS
(1040-1184).

Dès le XI° siècle, Saint-Vallier dépendait pour le temporel des comtes d'Albon, dont l'origine, fort obscure, est attribuée par Duchesne à Guigues Ier, dit le Vieux, qui vivait en 1040 et d'où est sortie la famille des Dauphins de Viennois. Il abdiqua en 1057 et se fit moine dans l'abbaye de Cluny où il mourut en 1075 (4). Son fils, Guigues II, dit le Gros, travailla à accroître ses possessions territoriales aux dépens de l'évêque de Grenoble et mourut vers 1080.

(1) Chorier, *Histoire du Dauphiné*, 2-35. — (2) *Inventaire des Arch. de la Drôme*. — (3) *Inventaire des arch. de la Drôme*. — (4) Rochas, V° *Dauphins*.

Guigues III fut également en lutte continuelle avec saint Hugues, évêque de Grenoble. Il obligea ce prélat à se réfugier d'abord à Naples, ensuite à la Grande-Chartreuse et enfin auprès de l'archevêque de Lyon. Guigues III qui avait été excommunié deux fois par saint Hugues, voulut faire cesser l'anathème prononcé contre lui et il renonça, en 1116, à la plus grande partie des biens dont il s'était emparé. En même temps, il rétablit les franchises de la ville de Grenoble. Il mourut en 1125 et fut inhumé dans le cloître du prieuré de Saint-Robert, près de Grenoble (1).

Guigues III avait épousé Mathilde, fille d'un roi d'Angleterre, dont il eut deux enfants, Guigues IV et Mathilde qui fut mariée à un comte de Savoie (2).

Guigues IV prit le premier le nom de Dauphin, dont l'origine et l'étymologie n'ont pu encore être fixées par les érudits, mais qui lui est donné dans un acte de 1140. Ses successeurs convertirent en titre de dignité le nom de dauphin. Guiges IV épousa Marguerite de Bourgogne qui reçut en dot la terre de Saint-Vallier et quelques autres terres voisines (3). De ce ce mariage naquirent trois enfants : un fils, Guigues V; Béatrix, mariée à Robert, comte d'Auvergne ; Marquise, qui épousa Aymard, comte de Valentinois.

Comme son père, Guigues IV eut quelques démêlés avec saint Hugues et avec l'archevêque de Vienne ; il fit ensuite la guerre aux habitants de Romans, s'empara de leur ville qui n'était encore qu'un gros bourg sans remparts et la livra à l'insolence et au pillage de ses soldats (4). Les chanoines de Saint-Barnard furent chassés, leur église dévastée et ils durent payer une somme de 1,500 sous pour les frais de la guerre. La paix fut signée par l'entremise du légat du pape, mais les vasseaux de Guigues IV n'en jouirent pas longtemps. Un différend surgit entre lui et le comte de Savoie relativement aux

(1) Du Boys, *Vie de saint Hugues*, 196. — (2) Valbonnais, *Histoire du Dauphiné*, 2. 377. — (3) Chorier, *Abrégé de l'Histoire du Dauphiné*, 215. — (4) Dochier, *Essai sur les Moines de Saint-Barnard*, 35.

limites de leurs possessions et les amena à se déclarer la guerre. Guigues IV prit l'offensive et fut mortellement blessé devant Montmeillan dont il faisait le siège (1).

En 1142, Guigues V lui succéda très jeune encore. Lorsqu'il se crut assez fort pour venger la mort de son père, il déclara la guerre au comte de Savoie. La fortune lui ayant été contraire, il négocia et obtint la paix par l'entremise de l'archevêque de Vienne en 1150. Il se rendit ensuite auprès de l'empereur d'Allemagne qui le maria à une de ses nièces et il obtint, en 1155, de Berthol, duc de Zeringhen, l'abandon de tous ses droits sur la ville de Vienne (2). C'est à cette époque que les Dauphins prirent le titre de comtes de Viennois.

Guigues V mourut au château de Vizille, vers 1162, ne laissant qu'une fille, Béatrix, qui épousa, en 1184, Hugues III, duc de Bourgogne et lui apporta en dot Saint-Vallier, le Viennois et le comté d'Albon (3). Saint-Vallier accrut ainsi en Dauphiné le domaine des comtes de Bourgogne.

SAINT-VALLIER
SOUS LES DUCS ET LES COMTES DE BOURGOGNE
(1184-1270).

C'est par les alliances que Saint-Vallier passa fréquemment sous la puissance de seigneurs appartenant à des familles étrangères, jusqu'en 1584, époque à laquelle il fut acquis par Jean Guerre de la Croix de Chevrières. Au XIe siècle, les luttes continuelles entre la maison de Savoie et les comtes d'Albon

---

(1) Chorier, *Histoire du Dauphiné*, 2, 50. — (2) Fontanieu, *Cartulaire inédit du Dauphiné*, Bibl. nat. — Valbonnais, *Histoire du Dauphiné*, 2. 255. — (3) Duchesne, *Histoire de Bourgogne*, 5, et *Histoire de Viennois*, 15. — Courtépée, *Description du duché de Bourgogne*, 2e édit., p. 129.

avaient obligé les seigneurs de ce comté à couvrir leur pays de forteresses et les villes de remparts. Ils firent construire le château-fort de Saint-Vallier avec son pont-levis, ses trois tours crénelées et son haut donjon à machicoulis pour dominer les deux vallées du Rhône et de Galaure et défendre la ville.

Grâce à l'influence de l'Eglise, dont les doctrines étaient incompatibles avec l'exploitation de l'homme par l'homme, les luttes des seigneurs prirent à cette époque un caractère plus national. Dès la fin du XIe siècle, les Croisades, entreprises au cri de *Dieu le veut*, pour secourir les fidèles d'Orient, obligèrent les comtes et les barons à faire des concessions à leurs vassaux et à leur céder la propriété d'une partie de leurs domaines moyennant une redevance afin de subvenir aux frais de la guerre sainte. C'est ainsi que, de l'état de serfs, les colons s'élevèrent à la qualité de propriétaires censitaires et qu'un changement remarquable s'opéra dans la propriété et dans la condition des personnes.

Non seulement les Croisades diminuèrent l'isolement et les divisions, mais elles imprimèrent une vive impulsion à l'activité individuelle et elles contribuèrent puissamment à augmenter le nombre et l'importance des communes. En même temps, elles facilitèrent l'unité politique et le développement du pouvoir royal qui, seul à cette époque, comme médiateur et comme protecteur des faibles, pouvait maintenir la paix.

En 1189, Philippe-Auguste et Richard d'Angleterre s'étant croisés contre les infidèles, Hugues III de Bourgogne joignit à l'armée française les troupes qui avaient été levées dans le Dauphiné et leur assigna pour rendez-vous Saint-Vallier (1).

Joinville nous apprend que « Hugues III était moult bon chevalier, mais qu'il ne fut jamais tenu pour sage à l'égard de Dieu, ni du siècle, ce qui fit dire au roi Philippe qu'il pouvait bien être appelé preux homme parce qu'il était preux et hardi de son corps, mais non prud'homme parce qu'il n'aimait Dieu

---

(1) Chorier, *Histoire du Dauphiné*, 2. 74.

aucunemment et ne craignait pas à méprendre à lui (1). »
Hugues III se distingua à Saint-Jean-d'Acre et mourut à Tyr
en 1193.

Durant son absence, sa femme, Béatrix, visita les terres de
son apanage avec son beau-fils, Eudes, et travailla au maintien
de la paix et du bien-être de ses vassaux du Viennois. En 1191,
elle se trouvait à Saint-Vallier, lorsqu'elle offrit la terre de
Glun à Guillaume, seigneur de Clérieu, dont elle désirait se
faire un partisan. Guillaume reçut cette terre en fief rendable
et prêta hommage à Béatrix (2).

Hugues III avait laissé deux fils de deux lits différents.
Eudes l'aîné eut la Bourgogne et Guigues VI, son frère
consanguin, reçut le Viennois, le comté d'Albon et tous les
fiefs apportés en dot par sa mère Béatrix. Guigues VI, dit
Guigues André, devint ainsi la tige des Dauphins de la deuxième
race. Deux documents authentiques du commencement du
XIII° siècle nous apprennent qu'en 1204 Guigues André Dauphin
et Béatrix sa mère accordèrent aux habitants de Saint-Vallier
différentes franchises écrites en langage du pays et arrêtèrent,
avec le concours des habitants, un tarif des droits du seigneur
de Saint-Vallier, soit pour la levée de la leyde de vente des
grains et marchandises, soit pour les deniers communs et autres
charges semblables (3). Trois concessions de franchises faites à
d'autres communes du Dauphiné sont seules plus anciennes :
ce sont celles accordées à Romans en 1161, à Moirans en 1164
et à Crest en 1184 (4).

« A cette époque, dit Pilot de Thorey, des documents
historiques signalent de semblables libertés et franchises
proclamées dans plusieurs communes ou universités du
Dauphiné. On indiquait ainsi les corps des habitants d'une
ville ou d'une localité quelconque qui s'administraient suivant

(1) Joinville, *Histoire de saint Louis*, 374. — (2) Chorier, *Histoire du Dauphiné*, 2. 77. — (3) Bibliothèque des Bibliophiles dauphinois, 1869, Grenoble. article de P. Mayer, 57. — (4) Berger, *Régime communal du Dauphiné*, 120.

des usages reçus ou établis et au moyen d'officiers municipaux choisis par eux-mêmes et dans leur sein. Ces officiers sont appelés consuls. Il est difficile de dire quelle date on doit assigner à une seule des communautés lesquelles apparaissent toutes constituées (1). »

Guigues André VI eut de Béatrix de Montferrat, sa seconde femme, trois enfants : Guigues qui lui succéda, Jean qui mourut jeune et Anne qui épousa un comte de Savoie. Guigues VI prit part à la croisade contre les Albigeois et mourut en 1237. Il fut enterré dans l'église de Saint-André, à Grenoble, qu'il avait fait reconstruire.

Guigues VII, son fils, épousa Béatrix de Savoie qui lui apporta le Faucigny en dot. Il échoua dans la guerre qu'il fit à l'Archevêque de Lyon au sujet des châteaux d'Annonay et de Bourg-Argental en Vivarais, que son père, en 1230, avait reconnu tenir en franc fief de l'église de Lyon. Par un traité de 1247, Albert de la Tour réunit et transporta au Dauphin Guigues VII le château de Saint-Vallier, et reçut en échange le fief de Septesme que tenait de lui le seigneur de Beaucaire. Depuis lors, le seigneur de Beaucaire reconnut tenir ce fief de De la Tour et de ses successeurs 2).

Un fait important qui se rattache à cette époque ne saurait être omis. En 1248, Saint-Louis vint à Lyon, et descendit le Rhône pour se rendre dans la terre sainte. Son passage dans le Dauphiné fut marqué par la destruction du château de la Roche de Glun « dont le seigneur, nommé Roger, avait grand renom de détrousser et piller ceux qui passaient sur ce lieu (3).»

Guigues VII substitua ses enfants les uns aux autres par son testament du 5 des calendes de juillet 1267, et mourut en 1270. Jean, son fils lui succéda et épousa Bonne de Savoie dont il n'eut pas d'enfant. Il mourut en 1281, à l'âge de vingt ans, d'une chute de cheval. Sa sœur Anne lui succéda et apporta

(1) Pilot de Thorcy, Congrès scient. de France 1857, 24, session tenue à Grenoble, p. 467. — (2) *Arch. de la Cour des Comptes en parchemin*, V° *Saint-Marcellin*. — (3) Joinville, *Histoire de saint Louis*, édit. de Wailly, 45.

en 1281 le Dauphiné à Humbert de la Tour-du-Pin, qu'elle avait épousé en 1273. Humbert de la Tour-du-Pin prit le nom de Dauphin et fut le chef des Dauphins de la troisième race (1).

SAINT-VALLIER SOUS LES POITIERS
(1270-1566)

Ce fut en 1270 qu'Othon IV, comte de Bourgogne, ayant marié sa sœur Polye avec Aymard III de Poitiers, comte de Valentinois, lui constitua en dot la seigneurie de Saint-Vallier sous Vienne, dont il était investi depuis 1255 (2), et qui devint l'apanage des puînés de la famille des Poitiers tandis que le Valentinois et le Diois furent dévolus aux aînés (3). C'est ainsi que le duché de Viennois et la seigneurie de Saint-Vallier changèrent de seigneur à la fin du XIIIe siècle.

Le 13 juin 1292, en présence des principaux seigneurs du Dauphiné, parmi lesquels figurait Guillaume de Poitiers, seigneur de Saint-Vallier, Anne fille de Guigues VII, et épouse de Humbert de la Tour-du-Pin, faisait don à son fils Jean de tous ses biens du Dauphiné à la réserve de l'usufruit de 500 livres de rente. Humbert, qui était sans cesse en lutte avec le comte de Savoie, s'étant rendu à Paris, en 1294, Philippe le Bel lui proposa de se reconnaître vassal de la couronne, moyennant une rente annuelle de 500 livres, et s'engagea à le protéger contre son plus constant ennemi le comte de Savoie et contre son suzerain l'empereur d'Allemagne. Le Dauphin accepta ce traité très avantageux pour lui, mais qui était en même temps une première immixtion de la royauté dans les affaires du Dauphiné. Humbert Ier fonda la Chartreuse de la Salette en 1299 et

---

(1) Rochas, V{o} *Dauphins*. — (2) Gollut, *Mém. de la Répub. Séquanaise*, 1-420. — (3) Duchesne, *Les Comtes de Valentinois*, 23.

mourut en 1307. Sur la fin de sa vie, il s'était retiré dans la Chartreuse du val de Sainte-Marie à Royans, et il avait abandonné à son fils Jean les soins du gouvernement (1).

Jean II s'appliqua à soulager ses sujets des impôts dont son père les avait surchargés et il augmenta considérablement sa puissance en acquérant, en 1316, l'hommage du comte de Genève, en 1317, celui des terres possédées par Jeoffroy de Clermont et la propriété de la baronnie de Meuillon. C'est le prince qui accorda le plus de réelles franchises à ses vassaux. La pensée libérale qui l'animait se manifeste toute entière dans le préambule de la charte de Beauvoir en Royans, confirmée en 1397 par Charles VI, dans laquelle on lit « que le Dauphin entend augmenter les libertés comme favorables et restreindre les servitudes comme odieuses (2). » Jean II mourut à l'âge de 38 ans, en 1318. Il avait épousé Béatrix de Hongrie, dont il eut deux fils, Guigues et Humbert, qui lui succédèrent, et une fille Catherine, qui mourut en bas âge.

Guigues VIII fut marié à Isabelle de France, fille puînée de Philippe le Long, roi de France et de Navarre, et de Jeanne de Bourgogne. Il travaillait à maintenir la paix dans ses Etats, lorsque Edouard, comte de Savoie, prétendit être suzerain des trois terres de Varey, Loyette et Gordon situées dans le Bugey, dont Hugues de Genève avait hérité du chef de sa femme. Hugues soutint que ces terres provenaient de la maison de Colligny et qu'elles ne devaient rien à la maison de Savoie. La guerre ne tarda pas à éclater entre Edouard et Hugues de Genève, et Guigues dut prendre la défense de Hugues, son vassal. Edouard de Savoie, après avoir réuni de nombreuses troupes, vint, au commencement de l'année 1325, mettre le siège devant Varey. L'attaque fut poussée avec une grande vigueur, et le commandant du château se trouvait dans la nécessité de capituler, lorsque le jeune dauphin Guigues VIII, entouré de toute la noblesse du Dauphiné et à la tête d'une armée moins considé-

---

(1) Rochas, V° *Dauphins*. — (2) *Recueil des Ordonnances*, VII, 158.

rable que celle du comte de Savoie, mais pleine d'ardeur et de courage, apparut dans le village de Saint-Jean-le-Vieux qui est au-dessous de Varey.

Un des hommes d'armes du comte, appelé le Brabançon, se précipite sur l'avant-garde du dauphin. « Il a, dit Chorier, la taille et la force d'un géant ; la grandeur de son courage surpasse encore la grandeur de sa taille. Une masse d'armes de cuivre d'un poids énorme pend à l'arçon de sa selle ; une épée, d'une longueur et d'une largeur démesurées, brille dans sa main. Il se sert de l'une et de l'autre et pénètre profondément dans la masse des assaillants, tuant et assommant de son épée, de sa masse ; il semble devoir gagner la bataille. L'avantgarde du Dauphin commence à faiblir, lorsque le comte d'Avelin s'avance, ayant pour toute arme une barre de fer. Il se trouve bientôt en présence du Brabançon et frappe son cheval qui s'abat. Le Brabançon est renversé et d'Avelin l'assomme avec sa barre de fer. Pour lors s'engage une mêlée si étrange, qu'on n'eût pas ouï Dieu tonner pour le tintamarre des tambourins, des trompettes, hennissements des chevaux, cris, lamentations et autres bruits effroyables de bataille. »

Les pertes des deux côtés furent considérables, mais la victoire se déclara pour le Dauphin. Robert frère du duc de Bourgogne, Jean de Chalons, comte d'Auxerre, et Guichard de Beaujeu tombèrent au pouvoir de Guigues VIII. Edouard lui-même fut pris un instant et ne dut son salut qu'au baron de Sassenage, qui ne voulut pas porter la main sur son bienfaiteur. Chacun des captifs dut payer une rançon proportionnée à son rang. Celle de Robert de Bourgogne fut de 50,000 florins. Guichard de Beaujeu fut conduit dans le château de Serves. Plusieurs grands seigneurs, le comte de Forez, Aimar de Poitiers, fils du comte de Valentinois, Aymar de Roussillon, Guillaume de Tournon, Hugues Adhémar, Jean de Crussol se réunirent à Saint-Vallier, le 15 mars 1326, pour traiter avec le Dauphin. N'ayant pu convenir avec Guigues VIII des conditions du rachat de Guichard de Beaujeu, les seigneurs obtinrent sa mise en liberté jusqu'à la fête de la Pentecôte moyennant la promesse de livrer au Dauphin un dédit de 100,000 livres, s'ils ne représentaient à cette époque le seigneur de Beaujeu, mort ou vif. Guichard de Beaujeu se constitua prisonnier dans le délai qui lui avait été imparti, et les nouvelles démarches que firent les seigneurs dans le mois de novembre suivant furent couronnées de succès (1).

La victoire de Varey donna un grand renom de bravoure et de talent militaire au Dauphin Guigues VIII qui, en 1328, prit part à la guerre entre Philippe le Long et les Flamands. Il combattit vaillamment à la bataille de Cassel, et le roi, en reconnaissance de ses services, lui donna une maison à Paris sur la place de la Grève et nommée la Maison aux piliers. Elle occupait l'emplacement sur lequel est bâti l'hôtel de ville actuel (2).

En 1332, le prieuré de Saint-Vallier étant venu à vaquer, Guigues VIII prétendit qu'il était à sa collation. Il nomma le chanoine Humbert Rivoire, déjà sacristain, et lui donna l'investiture du domaine attaché au prieuré (3). Cet acte de munificence des comtes d'Albon envers le prieuré de Saint-Ruf explique cette intervention de Guigues VIII dans la juridiction du chapitre. Hugues VII, notamment, avait légué, en 1267, une somme de 30 livres au prieuré de Saint-Vallier (4). L'abandon par les chanoines du plus précieux de leurs droits, les entraîna à faire sans cesse de nouvelles concessions qui portèrent atteinte au régime intérieur de leur communauté.

Cette même année 1332, l'archevêque de Vienne, Bertrand de la Chapelle, après avoir pacifié les troubles occasionnés par un traité naguère signé avec Philippe VI, voulut visiter les paroisses de son diocèse. Arrivé à Saint-Vallier, il y fut arrêté par ordre de Guillaume de Poitiers et conduit dans le château de Clérieu. En usant ainsi de violence Guillaume de Poitiers

---

(1) Valbonnais, *Histoire du Dauphiné*, 1, 290. — (2) Rochas, V° *Dauphins*. — (3) Valbonnais, *Histoire du Dauphiné*, 2, 7. — (4) Valbonnais, *Histoire du Dauphiné*, 2, 7.

voulait se venger des sympathies de l'archevêque pour Guillaume de Roussillon, évêque de Valence, qui était depuis longtemps en lutte avec Aymar, comte de Valentinois. Cette arrestation causa un grand étonnement et provoqua de vives protestations. Le Dauphin ordonna à Guillaume de Poitiers de rendre la liberté à l'archevêque de Vienne et le pape, informé du sacrilège de Guillaume, lança contre lui une bulle d'excommunication. Le seigneur de Saint-Vallier dut se soumettre. Il rendit la liberté à son prisonnier et répara publiquement l'injure qu'il lui avait faite. Porteur d'une torche, il se mit à genoux devant l'archevêque Bertrand de la Chapelle, entouré de tout son clergé et lui demanda pardon dans les termes les plus humiliants. Il fut, en outre, condamné à mille livres d'amende (1).

Le comte de Savoie ayant recommencé les hostilités contre le Dauphin, en s'emparant par trahison du château de Paladru, Guigues VIII marcha contre lui et fut tué, le 23 juillet 1333, en faisant le siège du château de Périère, près de Voiron. Il était âgé de 24 ans seulement. Sa mort causa de si vifs regrets à son armée qu'elle attaqua furieusement le château de Périère, l'emporta d'assaut et le ruina entièrement (2). Les finances de Guigues VIII se trouvaient tellement épuisées que Humbert II, son frère et son successeur, qui était alors auprès du roi de Sicile, dut attendre que sa mère Béatrix de Hongrie eût frappé les juifs d'un emprunt forcé pour prendre possession du gouvernement du Dauphiné. Ce seigneur, dont Valbonnais s'est fait l'apologiste, a été l'objet d'attaques très vives de la part d'autres écrivains. Une analyse rapide des actes de Humbert II permet d'apprécier ses qualités et ses faiblesses. « Prince ambitieux, inquiet et peu fortuné, dit Salvaing de Boissieu », il avait épousé, en 1332, Marie des Baux, fille de Bertrand des Baux, comte de Montescagny et de Béatrix de Sicile. Il n'eut qu'un fils qu'il perdit en bas âge par suite d'accident en 1338. Dès

---

(1) *Histoire de l'église de Vienne*, 1760, p. 468. — (2) Duchesne, *Dauphins de Viennois*, 55.

l'année 1335, il avait cédé au roi de France ses propriétés de Saint-Colombe, en face de Vienne, et reçu en échange la maison des Piliers à Paris déjà donnée à son frère, et appelée depuis hôtel des Dauphins.

En 1337 le prieur du couvent de Saint-Ruf de Saint-Vallier voulant lui être agréable transporta à Saint-Gervais le prieuré de Saint-Just qui dépendait de celui de Saint-Vallier. Bâti sur un coteau qui dominait Vienne, le prieuré de Saint-Just pouvait être converti en forteresse et commander la ville. Cette position avait fait désirer au Dauphin de devenir possesseur de ce prieuré, mais l'archevêque de Vienne, qui redoutait ses empiètements sans cesse croissants, protesta, en 1341, contre la concession faite par le prieur Rivoire. Les papes Benoit XII et Clément VI intervinrent successivement et révoquèrent l'arrangement qui avait été arrêté sans l'autorisation de l'archevêque, dont la juridiction s'étendait et sur Saint-Just et sur la maison de Saint-Gervais (1).

Les Dauphins avaient près d'eux un conseil faisant partie de leur maison et délibérant sur l'administration de leur domaine. En 1337, Humbert II le rendit sédentaire au château de Beauvoir où il résidait habituellement. L'année suivante il le transforma en cour de justice composée de sept membres, dont quatre docteurs ès lois. Le siège de cette cour de justice fut fixé à Saint-Marcellin et trois ans plus tard à Grenoble, sous le nom de Conseil delphinal. La création d'un président, en 1342, compléta l'organisation du conseil delphinal qui fut chargé de rendre la justice en dernier ressort, tant en matière civile qu'en matière criminelle et de recevoir les appels des sentences des juges inférieurs. Louis XI, dauphin, l'érigea en parlement par lettres patentes du mois de juin 1453 (2). Ce fut le troisième parlement de France par ordre de création. Dès son origine il eut une autorité souveraine que les autres parlements n'avaient

---

(1) Valbonnais, *Histoire du Dauphiné*, I, 122. — Charvet, *Histoire de Vienne*, 470. — (2) Guy-Pape, quest. 43.

pu obtenir dans leur commencement, « étant subalternes de celui de Paris (1) ».

En 1337, le mauvais état des finances de Humbert II était tel qu'il suggéra à ce prince l'idée d'abord de mettre le Dauphiné en ferme et ensuite de le céder au roi de Sicile moyennant des avances considérables. Ces projets ayant échoué, il voulut se rendre maître de Vienne. Il réussit dans cette entreprise, mais elle eut de fâcheuses conséquences pour lui. Sur la demande de l'archevêque de Vienne il fut condamné par la Chambre apostolique à payer une amende considérable au prélat dépossédé. Une tentative du même genre sur Romans eut le même résultat. Enfin, pressé par Benoît XII de payer les amendes s'élevant à 16,000 florins auxquelles il avait été condamné par la Chambre apostolique, Humbert II, qui se voyait sans postérité et dans une situation financière très difficile, songea de nouveau à faire cession de ses Etats. Il s'adressa au roi de France. Des conférences s'ouvrirent à Avignon entre le Dauphin et le duc de Normandie, fils aîné de Philippe de Valois, par l'intermédiaire du pape Clément VI, et elles aboutirent, le 23 avril 1343, à un traité par lequel Humbert II, dans le cas où il viendrait à mourir sans enfants, transporterait ses Etats à Philippe duc d'Orléans, second fils du duc de Normandie, moyennant le paiement de diverses sommes et sous la double condition : que dans aucun cas le Dauphiné ne pourrait être incorporé au royaume à moins que l'Empire et la France se trouvassent par la suite réunis sous un même chef, et que le nouveau Dauphin et ses successeurs conserveraient à perpétuité les libertés et franchises du pays et porteraient le titre de Dauphins de Viennois.

Les sommes que reçut Humbert II furent promptement épuisées et sa position devint chaque jour plus difficile.

En 1345, Clément VI ayant publié une croisade contre les infidèles, Humbert II ambitionna l'honneur de commander l'armée chrétienne, il obtint d'en être le chef et il eut recours à

(1) Guy-Allard, v° parl. 295.

tous les expédients, que la nécessité lui suggéra, pour se procurer les fonds dont il avait besoin. Il aliéna les terres qu'il possédait encore dans le Languedoc, il mit un impôt général sur ses sujets, il dépouilla de nouveau les juifs et fit publier dans toutes les paroisses de ses Etats qu'il vendrait à des prix modérés des franchises et des libertés. Les subsides que Humbert II put obtenir furent peu considérables et il échoua dans son expédition.

Ce fut pendant son absence qu'Isoarde des Baux, qui appartenait de fort près à Marie des Baux, épouse du Dauphin, ayant assassiné le seigneur de Penne, son mari, dans la nuit du 10 juin 1346, fut arrêtée et conduite dans le château de Val, par ordre de Henri de Villars, archevêque de Lyon, régent en l'absence de Humbert II. Le juge mage de Vienne se transporta auprès d'Isoarde des Baux pour instruire son procès. Convaincue d'avoir commis le crime qui lui était imputé, elle fut mise à la torture et condamnée à mort. La nécessité de faire un exemple pour maintenir l'autorité du gouvernement de Humbert II, ne permit pas à Henri de Villars de commuer cette peine. L'exécution d'Isoarde des Baux eut lieu le 6 février 1347 entre Saint-Paul et Romans où elle attira une grande multitude de gens des contrées voisines (1).

Humbert II revint dans le Dauphiné au mois de septembre 1347. Bientôt à bout de ressources, sans postérité, inconsolable de la mort de sa femme qu'il avait perdue dans l'île de Rhodes, dégoûté du pouvoir, il résolut d'abdiquer et de se retirer dans un cloître. Des conférences avec des députés du roi s'ouvrirent à Romans et le 30 mars 1349 intervint un traité définitif par lequel Humbert II se dépouilla immédiatement et irrévocablement de ses Etats en faveur de Charles, fils du duc de Normandie, moyennant le paiement de ses dettes et la remise de certaines sommes. Cette cession ne comprenait ni le Diois, ni le Valentinois, patrimoine des comtes de Poitiers, ni la ville de Vienne vassale de son archevêque, ni les fiefs de Gap et

(1) Valbonnais, *Histoire du Dauphiné*, 1, 133.

d'Embrun qui relevaient directement de l'Empire (1); mais elle déclarait que le Dauphiné serait compté au nombre des pays d'Etat, c'est-à-dire des provinces qui, quoique réunies à la couronne, conservaient le droit de voter l'impôt chaque année. Le titre de Dauphin n'était pas imposé au fils aîné du roi de France, mais les rois en disposèrent toujours en leur faveur. Cet usage devint invariable sous l'ancienne monarchie et subsista jusqu'en 1830. A cette époque, le titre de Dauphin fut remplacé par celui de prince royal. De 1349 à 1830 les fils aînés des rois de France ont porté les armes des Dauphins.

Le traité du 30 mars 1349 reçut son exécution à Lyon, le 16 juillet de la même année. Ce jour-là, le jeune Charles, fils du duc de Normandie, et le dauphin Humbert se réunirent en assemblée solennelle avec toute la noblesse du Dauphiné et Humbert II mit le duc Charles en possession de ses Etats par la tradition du sceptre, de l'anneau, de la bannière et de l'épée du Dauphiné.

Le duc Charles jura solennellement de maintenir inviolablement et parfaitement les usages et coutumes du Dauphiné. Le serment du duc avait pour but d'assurer l'affranchissement du Dauphiné que Humbert II, désireux de mériter les regrets de ses sujets, avait voulu constituer, le 13 mars précédent, par le statut delphinal qui devint la charte solennelle des privilèges de la province. Les seigneurs présents à l'assemblée du 16 juillet prêtèrent hommage au nouveau Dauphin et lui firent serment de fidélité (2). Parmi les seigneurs se trouvait Amédée de Poitiers, qui prêta hommage au dauphin, sauf l'hommage qu'il devait au comte de Valentinois (3).

Le lendemain Humbert II prit l'habit de Saint-Dominique, à Lyon, dans le couvent de cet ordre et au mois de décembre suivant, le jour de Noël, il reçut à Avignon, de Clément VI,

---

(1) Giraud, *Essai historique sur saint Barnard*, II, 214. — (2) Rochas, v° *Dauphin*. — (3) *Arch. de la ch. des comptes*, rég. coté pilati 1348, f° 15 du 4e cahier.

les trois ordres sacrés dans trois messes successives. Il fut créé en même temps patriarche d'Alexandrie et nommé à l'administration de Reims, vacante par la mort de Hugues d'Arcy. Il désira ensuite l'archevêché de Paris, et le roi, qui n'avait rien à lui refuser, s'empressa de l'y nommer. Humbert II se trouvait à Clermont, où il était venu attendre la députation qu'il avait envoyée au pape pour obtenir son agrément relativement à son transport à l'archevêché de Paris, lorsqu'il mourut, à l'âge de 42 ans, le 22 mai 1355, « pleurant son fils et son cher Dauphiné » (1).

Au XIVe siècle, le prieuré de Saint-Vallier, de l'ordre de Saint-Augustin, constituait un bénéfice conventuel de douze chanoines et de douze clercs, y compris le curé marguillier. Ce prieuré était exempt de la juridiction ordinaire et tout ce qui en dépendait, soit les personnes, soit les biens, étaient sous la sauvegarde du dauphin (2). Les historiens ne sont point d'accord sur l'origine de l'ordre de Saint-Ruf. Vers l'année 1038, des chanoines de la cathédrale d'Avignon, qui vivaient en commun, se retirèrent dans une petite église sous le vocable de Saint-Ruf, que Benoît, évêque d'Avignon leur accorda avec quelques terres. Leur nombre s'accrut et ils méritèrent que leur institution fut érigée en congrégation et leur nouveau monastère en abbaye par le pape Urbain II, vers l'an 1095. Ils eurent depuis des succursales non seulement en France, mais en Italie, en Espagne et en Afrique.

En 1158, les Albigeois contraignirent les religieux de Saint-Ruf à s'enfuir d'Avignon et leur monastère fut détruit. Ils se réfugièrent à Valence et bâtirent un monastère dans l'île de l'Eparvière que l'abbé Raymond avait acquise d'Odon, évêque de cette ville (3). Les guerres civiles ruinèrent en 1562 l'abbaye de l'île de l'Eparvière et les chanoines se transportèrent dans un prieuré qu'ils possédaient dans la ville de

---

(1) Valbonnais, *Hist. du Dauphiné*, I, 353). — (2) *Arch. nat.*, série 9, carton 186. — (3) Catelan, *Antiquités de l'église de Valence*, 303.

Valence (1). Ils portaient une robe de serge blanche avec une ceinture noire, et une bande de serge en écharpe. Une pauvreté absolue, une humilité sans bornes et une piété sincère étaient leur devise. Leur ordre donna trois papes : Anastase IV, Adrien IV et Jules II.

Au xive siècle, Saint-Vallier ressortissait au diocèse de Vienne et était le siège d'un archiprêtré. En 1360, Hugues Brolio, ayant été pourvu de cet archiprêtré par Grégoire XI, prêta entre les mains du commissaire établi à cet effet en Dauphiné par le Saint-siège, le serment habituel que les souverains pontifes exigeaient de leurs bénéficiers (2).

En 1364, le monastère de Saint-Vallier fut revendiqué par l'ordre de Saint-Ruf comme étant de sa dépendance et le 3 avril de cette année, Urbain V l'incorpora à l'ordre de Saint-Ruf de Valence « pour le relever et le soumettre à une règle plus en harmonie avec les besoins et les idées de l'époque (3). » Les chanoines de Saint-Vallier protestèrent, mais une bulle du pape Grégoire XI, de 1373, portant interdiction des religieux jusqu'à ce qu'ils eussent obéi, les fit rentrer dans le devoir (4). Clément VII se montra plus rigide encore. Pour dédommager la rectorerie de Saint-Sévère de Vienne des avantages dont on la dépouillait en faveur des Dominicains nouvellement établis, il unit l'archiprêtré de Saint-Vallier à cette rectorerie (5).

Revenons aux seigneurs de Saint-Vallier, nous avons vu que Guillaume, fils aîné d'Aimar III et de Julie de Bourgogne, portait le titre de seigneur de Saint-Vallier. En 1292, il reçut de Guichard, seigneur de Clérieu, la baronnie de Clérieu et la terre de Chantemerle. Il mourut sans postérité et laissa tous ses biens à Amé, son frère consanguin né de Marguerite de Genève. Amé épousa Jeanne de Savoie, dont il eut six enfants.

(1) Ollivier, *Essai sur la Ville de Valence*, 173. — (2) Chorier, *Histoire du Dauphiné*, II, 365. — (3) Vincent, *Notice sur Saint-Vallier*, 13. — (4) *Inventaire de Saint-Ruf*, f° 192, n° 4. — (5) Chauvet, *Histoire de Vienne*, 492.

L'aîné, Aimar, lui succéda dans les seigneuries de St-Vallier, de Tholignan, de Chantemerle et autres. Se voyant sans postérité, il donna tous ses biens, en 1353, à Aimar V le Gros, comte de Valentinois, fils de son cousin germain, et le chargea de payer les dettes de son père et de son oncle Guillaume.

Charles Ier, le plus jeune fils d'Aimar IV de Poitiers, comte de Valentinois et de Sibille de Baux, avait été substitué par son père en la succession de ses frères et sœurs en 1232 et 1339, et par son frère Amé en 1345. Depuis Aimar, seigneur de Saint-Vallier, étant décédé sans enfant, Aimar V, comte de Valentinois, son héritier, donna et inféoda, le 27 juillet 1358, la seigneurie de Saint-Vallier à Charles de Poitiers, son oncle, qui épousa Simonne de Méry en 1361. Ce mariage fut si agréable à Madame Marguerite, fille du roi de France, comtesse de Flandres, de Nevers et de Rethel, que cette princesse, pour reconnaître les bons et agréables services de sa très chère cousine et amie Simonne de Méry, lui donna la châtellenie de Joug-le-Châtel, avec de nombreuses terres en Champagne (1). Cette brillante alliance augmenta l'ambition de Charles de Saint-Vallier. Jaloux des biens considérables dont jouissaient les comtes de Valentinois, ses parents, il excipa des droits qu'il prétendait avoir sur les comtés de Valentinois et de Diois, en vertu des substitutions précédentes faites à son profit et, à la persuasion du pape Grégoire XI, oncle de sa femme, il obtint de son neveu Louis, comte de Valentinois, les châteaux de Saint-Nazaire, de Flandines et d'Hostun, dont il fit hommage au roi Charles V, dauphin du Viennois, le 3 février 1376 (2). Ces concessions considérables ne le satisfirent pas. Il en obtint de nouvelles en 1404, mais il dut renoncer à l'héritage du comte de Valentinois et consentir au transport des deux comtés de Valentinois et de Diois, fait le 11 août 1404, par Louis II au roi Charles VI,

---

(1) Chorier, *Histoire du Dauphiné*, II, 359. — (2) Duchesne, *Histoire des Dauphins*, 83.

Dauphin du Viennois, moyennant la somme de 100,000 écus d'or.

Charles de Poitiers servit dignement Philippe de Valois contre les Anglais (1) et devint chambellan de Charles VI. Il mourut en 1409, laissant cinq enfants. Il légua à son fils Louis, quoiqu'il ne fût pas l'aîné, non seulement Saint-Vallier, mais encore les châteaux qu'il possédait dans le Viennois, le Valentinois et la Bourgogne. Charles, évêque de Chalons, frère aîné de Louis, renonça en sa faveur à tous ses droits de primogéniture.

Louis, seigneur de Saint-Vallier, avait épousé en premières noces Catherine de Giac, fille de Pierre de Giac, chancelier de France, veuve de Jacques de Tournon. Ce seigneur ne pouvant se résigner à voir passer les comtés de Valentinois et de Diois à la couronne de France, résolut de tenter un suprême effort auprès de son cousin Louis II de Poitiers, dernier comte de Valentinois. N'ayant pu l'amener amiablement à lui faire la cession qu'il désirait, il eut recours à la violence. Il pénétra de vive force, avec son frère Jean, évêque de Valence, dans le château de Grane où habitait le vieux comte Louis II et l'emmena prisonnier dans son château de Saint-Vallier avec Lancelot, son fils naturel. Louis II céda à la violence et par un traité, du 18 août 1416, il convint que dans la cas où il mourrait sans enfants mâles légitimes, les deux comtés de Valentinois et de Diois reviendraient à la branche de Saint-Vallier. Les nobles de Valentinois ayant été convoqués dans l'église de Crest pour ratifier ce traité, arraché à la faiblesse du souverain, refusèrent de prêter serment à Louis de Poitiers de Saint-Vallier (2).

Rendu à la liberté, Louis II ne pouvait oublier les violences dont il avait été l'objet de la part de Louis de Saint-Vallier. Pour le priver de son héritage, Louis II contracta mariage avec Guillemette de Gruères dans l'espérance d'avoir lignée mascu-

(1) Froissart, *Chroniques*, 1, 125. — (2) Chorier, *Histoire du Dauphiné*, II, 450.

line, mais il n'eut pas de postérité et il institua, le 22 juin 1419, pour son héritier universel le dauphin, fils de Charles VI, sous diverses charges. Il lui imposa entre autres conditions celle de verser entre les mains de ses exécuteurs testamentaires la somme de 50,000 écus d'or, pour l'acquit de ses legs et dettes, et surtout de ne jamais traiter avec le seigneur de Saint-Vallier, son cousin, sous peine de forclusion, substituant alors au dauphin le comte de Savoie. Le 14 juillet suivant, Louis II mourut au château de Baix et fut enterré dans l'église de Crest. En lui s'éteignit la branche aînée des Poitiers.

:: Déçu dans ses espérances, Louis de Poitiers de Saint-Vallier contesta d'abord la validité du testament de son cousin, mais, quelques années après, le 4 mai 1423, il céda à Charles VII, dauphin du Viennois, tous les droits réels qu'il prétendait avoir sur les comtés de Valentinois et de Diois moyennant 7,000 florins de rente annuelle. Le duc de Savoie excipa alors de la substitution faite à son profit dans le cas où le dauphin traiterait avec le seigneur de Saint-Vallier pour une part de l'héritage de Louis II. Un transaction intervint, par la médiation du pape Martin V, entre le dauphin et le duc de Savoie. Ce dernier renonça à toutes ses prétentions sur le Valentinois et le Diois et le Dauphin, par lettres du 7 janvier 1424, se départit de l'hommage que lui devait le duc de Savoie pour le Faucigny (1). Charles VII unit les deux comtés de Valentinois et de Diois au Dauphiné qui firent dès lors partie du domaine des dauphins, comme le Viennois depuis 1349.

Par transaction du 24 février 1426, le mandement de Val passa des dauphins à la maison de Poitiers de Saint-Vallier. Il était limité au levant par Clavéson et Saint-Donat; au midi par Chantemerle et Serves; de bise par Lamotte de Galaure, Fay, Beausemblant, le Molard et Albon; au couchant par Saint-Vallier. L'église paroissiale du mandement de Val était dédiée à Saint-Barthélemy et un prêtre servait l'ermitage de

(1) Rochas, v° *Poitiers*, 266.

Notre-Dame. Il y avait à Saint-Barthélemy-de-Val un prieuré qui dépendait du diocèse de Vienne et faisait partie de l'ordre de Saint-Benoit (1).

Louis Ier, seigneur de Saint-Vallier, mourut en 1427 laisant onze enfants. Charles II, son fils aîné, lui succéda dans la seigneurie de Saint-Vallier, qui fut adjugée au dauphin par droit de commise, en vertu d'une sentence du conseil delphinal du 27 juin 1452 (2). Charles II s'empressa de rendre hommage au dauphin et la sentence prononcée contre lui devint sans objet. Ce seigneur qui avait épousé Anne de Montlaur, mourut en 1454, après avoir institué Aimar VI, son fils aîné pour son héritier universel. Aimar VI succéda également à Guillaume de Poitiers, son frère, qui possédait le marquisat de Cotron et la baronnie de Clérieu. Il épousa Marie, bâtarde de France, fille naturelle de Louis XI et de la duchesse Marguerite de Sassenage.

Par lettres patentes du 11 juillet 1467, le roi ordonna « qu'elle porterait les armes de France à la différence d'une bande d'or commençant au côté senestre, ainsi que les enfants naturels ont accoutumé de faire » (3). Marie de France mourut en mettant au monde un fils qui reçut le nom de Jean et ne lui survécut que quelques jours. Aimar VI épousa en secondes noces Jeanne de la Tour, dite de Bologne, fille de Jean de la Tour, comte de Bologne et d'Auvergne. Elle donna le jour à un fils nommé également Jean, lequel fut le père de Diane de Poitiers. Il résulte de cette filiation, établie par Duchesne, que Diane de Poitiers n'a pas eu pour aïeule Marie de France comme le prétendent quelques historiens.

Les dauphins de France qui visitèrent la province du Dauphiné dont ils étaient seigneurs, furent en général favorables à ses habitants. Le dauphin, qui fut plus tard Louis XI, ayant

---

(1) Guy-Allard, *Dict. du Dauphiné*, 714. — (2) *Arch. de la Ch. des Comptes*, 6 livr., copiarium viennensis, g. g. p. 8. — (3) Duchesne, *Seigneurs de Saint-Vallier*, 109.

été exilé de la cour par son père, se réfugia, en 1446, dans le Dauphiné. Il ne négligea rien pour courber sous sa volonté le clergé et la noblesse, favorisant et annoblissant les bourgeois. Parmi ces derniers, on trouve Guillaume Gruel de Saint-Vallier (1). Le dauphin habitait surtout les châteaux des environs de Romans. Il décida que l'impôt serait payé par tout le monde pour qu'il ne devînt pas trop lourd pour chacun et il y soumit, par ses lettres patentes du 21 octobre 1447, les habitants de Saint-Vallier et de Grenoble (2). En 1451, il fit défense expresse à toutes personnes de se provoquer en combat et de déclarer la guerre avec attroupement de gens armés sous peine de confiscation de corps et de biens (3). En 1452, il institua une université à Valence, fit un règlement sur les monnaies, ordonna une revision des feux, régla les bailliages et sénéchaussées, érigea le Conseil delphinal en parlement, par lettres patentes de juin 1453, rendit la belle ordonnance sur les donations entre vifs, le 14 juillet 1452, et établit ainsi sa souveraineté dans toute la province du Dauphiné.

Vint-il résider à Saint-Vallier? Les annales sont muettes à cet égard, mais la légende nous apprend que lors de sa révolte ouverte contre son père, en 1456, il se retira dans le château de Val avec quelques partisans parmi lesquels se trouvaient trois gentilshommes nommés de Mille, qui habitaient le hameau de Marnas dépendant de la commune de Saint-Barthélemy. La position du château de Val sur un rocher élevé, escarpé et entouré presque complètement par la rivière de Galaure, le rendait dificile à prendre. Aussi le dauphin aurait répondu à un négociateur envoyé par Charles VII : « Dites à mon père que j'ai trois mille gentilshommes avec moi et que toutes les pailles de son royaume ne suffiraient pas pour combler les fossés de mon château. » Malgré l'assurance qu'il affectait, le dauphin comprit qu'il ne pouvait résister aux attaques dont il était menacé. Il se retira d'abord dans les terres que Louis, prince

(1) Allard, V° *Louis XI*. — (2) Legeay, *Histoire de Louis XI*. — (3) Pilot de Thorey, *Usages du Dauph.*, II, 374.

d'Orange, possédait dans le Bas-Dauphiné, et à l'approche des troupes royales commandées par Chabannes, comte de Damartin, il eut recours à la ruse. Il proposa une partie de chasse à ses partisans, mais au lieu d'aller au rendez-vous assigné, il se jeta dans la forêt de Claix avec quelques-uns de ses serviteurs affidés, gagna la Savoie et se rendit auprès du duc de Bourgogne, pensant qu'il était plus sûr, dans sa situation, de se fier à ses ennemis qu'aux serviteurs de son père (1).

En apprenant la bonne réception faite au fugitif par Philippe le Bon, Charles VII dit : « Il a reçu chez lui un renard qui mangera ses poules » (2).

Les Etats du Dauphiné furent convoqués pour le 15 octobre 1456 et ils firent leur soumission au roi. Dès lors, la province du Dauphiné fut entièrement réunie à la couronne, et elle n'eut plus une administration séparée (3).

L'ordre chronologique nous ramène à Aimar de Poitiers VI, dit Capdorat, qui accorda, en 1471, diverses franchises aux habitants de Saint-Vallier. Ces franchises ne sont malheureusement pas indiquées en détail dans l'inventaire du président de Chevrières conservé dans les archives du château de Saint-Vallier. Huit ans plus tard, le 22 mai 1479, une transaction intervint relativement au tribut de Villefranche, et, sur les sollicitations des habitants, Aimar de Poitiers substitua une redevance de deux civières de froment par fonds, maison, jardin, à la taille des cinq cas impérieux, savoir : lorsque le seigneur mariait ses filles, soutenait une guerre, était prisonnier à rançon, allait en terre sainte, achetait une baronnie.

Ce nouvel impôt, qui adoucissait la position des taillables, fut appelé droit de Villefranche. Une pierre commémorative fut encastrée dans le mur d'une maison pour perpétuer le souvenir de cette conquête, et la rue où elle se trouvait s'appelle aujourd'hui encore rue de la Franchise. La tradition rapporte

---

(1) Legeay, *Histoire de Louis XI*, I, 196. — (2) Duruy, *Histoire de France*, II, 117. — (3) Lavallée, *Histoire de France*, II, 180.

que tout criminel ou condamné assez heureux pour parvenir dans la rue de la Franchise ne pouvait être appréhendé au corps par les sergents de justice tant qu'il touchait la pierre de la Franchise. Les lieux d'asile ou de franchise étaient nombreux dans le Dauphiné. Celui de la table ronde à Vienne jouissait d'une grande réputation. Son inviolabilité fut confirmée par Charles VII en faveur d'un marchand drapier qui, pour se soustraire à la saisie de ses marchandises, les avait fait porter à la table ronde où il s'était réfugié lui-même (1). Ces asiles donnèrent lieu à des abus et ils furent peu à peu supprimés par Louis XII et par François Ier.

En 1479, Aimar VI de Poitiers albergea aux habitants de Saint-Vallier la prairie de la Brassière, avec réserve d'une garenne pour les délassements et les chasses des Poitiers. Après cette concession, quelques-uns des habitants se désistèrent de l'instance qu'ils avaient intentée contre leur seigneur à l'occasion du cens ou tribut de Villefranche dont il réclamait le paiement. Deux ans après, un arrêt du Parlement condamna les habitants qui avaient persisté dans leur refus, à payer les droits de Villefranche, les arrérages et les dépens du procès. Ces faits prouvent combien les droits féodaux paraissaient lourds aux habitants de Saint-Vallier et qu'ils s'efforçaient sans cesse de s'en exonérer.

Des lettres patentes, données à Paris, le 31 décembre 1485, contiennent l'hommage fait à Sa Majesté par Aimar de Poitiers seigneur de Saint-Vallier, de Chevrières, de Val, de la Vache, de Sairinian, de Villefranche et d'Etoile. Quelques années après, en 1500, Aimar VI fit construire au-devant du chœur de l'église paroissiale de Saint-Vallier la chapelle dite des Poitiers qui renferme un caveau pour sa famille et, le 27 avril 1504, il fonda deux messes qui devaient être célébrées chaque jour. Cette fondation pieuse a reçu son exécution jusqu'à la Révolution.

---

(1) Pilot de Thorey, *Usages du Dauphiné*, 222.

Un usage qui a existé jusqu'en 1507 dans le diocèse de Vienne, dont Saint-Vallier faisait partie, doit être rappelé. Le lundi et le mardi qui précèdent le mercredi des cendres faisaient partie du Carême. A cette époque le cardinal Grégoire d'Amboise se trouvant à Vienne exempta les habitants du jeûne, en sa qualité de légat du Saint-Père, et les autorisa à faire gras pendant ces deux jours. « La nécessité de recourir à des indulgences pour pouvoir reconstruire le pont de Vienne à Sainte-Colombe qui avait été rompu en partie par les eaux du Rhône, fut la cause de cette innovation. » La dispense concédée d'abord pour une année, moyennant une aumône de trois deniers, fut réitérée pour trois ans par le cardinal d'Amboise et devint générale depuis lors (1).

En 1500, Jean de Poitiers, fils d'Aimar, sénéchal de Provence, et de Jeanne de Latour, recueillit l'apanage de la seigneurie de Saint-Vallier. Il fut fait lieutenant au gouvernement du Dauphiné le 1er mai 1512, grand sénéchal de Provence en 1513 et le 14 février 1515 il marcha après les princes, comme capitaine de cent gentilshommes de la maison du roi, lorsque François Ier de retour de Reims, où il venait d'être sacré, fit sa rentrée solennelle dans Paris. Cette même année, Jean de Poitiers suivit François Ier dans son expédition du Milanais qui fut conquis, mais de nouveau perdu en 1522 après la défaite de la Bicoque. Pour réparer cet échec, François Ier dirigeait 25,000 hommes sur les Alpes lorsque la conspiration du connétable de Bourbon éclata. Pour prix de sa défection, Charles-Quint avait garanti au connétable le Dauphiné, le Lyonnais et la Provence érigés en royaume.

Jean de Poitiers, ancien compagnon d'armes du connétable de Bourbon, ayant été soupçonné d'avoir connu ses projets et d'avoir favorisé sa retraite hors de France, fut arrêté à Lyon le 5 septembre 1523, pour crime de lèse-majesté et conduit à Paris pour y être jugé. « Terrassé par les témoignages pro-

---

(1) Pilot de Thorey, *Usages du Dauphiné*, I, 216.

duits contre lui, Jean de Poitiers reconnut qu'à Montbrison il avait été initié aux plans concertés avec le comte Beaurin. Il affirma seulement que, sur ses vives instances, le connétable lui avait promis d'y renoncer, et il ajouta : « que sa foi dans cette parole l'avait seule déterminé à ne rien révéler ». Saint-Vallier ne disait pas toute la vérité, car sa maison n'avait pas cessé d'être le rendez-vous des conjurés, et des lettres saisies à Toulouse sur un courrier de l'empereur prouvaient qu'il avait eu entre ses mains jusqu'au dernier moment le chiffre d'une coupable correspondance » (1).

Le 16 janvier 1524, Jean de Poitiers fut condamné à être décapité. Un retentum de l'arrêt ordonnait qu'il serait soumis à la torture et question extraordinaire pour savoir la vérité plus ample des autres complices de la conspiration. L'état de maladie de Jean de Poitiers ne permit pas de procéder à l'exécution de ce retentum, mais il fut conduit sur une mule en la place de Grève le 17 février 1524. Il était déjà sur l'échafaud et il allait recevoir le coup fatal lorsque survint un archer de la garde du roi porteur de lettres de rémission qui commuaient la peine de mort en une prison perpétuelle. Ces lettres de rémission, accordées aux supplications du comte de Maulevrier-Brézé, grand sénéchal de Normandie et gendre de Poitiers, étaient ainsi conçues : « Savoir faisons que, ayant égard et considération aux services que le dit grand sénéchal nous a rendus, la dite peine de mort avons de notre certaine science grâce spéciale, pleine puissance et autorité royale, commué et commuons en la peine ci-après : cest à savoir que icelui de Poitiers sera mis et enfermé perpétuellement entre quatre murailles de prisons *massonnées* dessus et dessous, esquelles n'y aura qu'une petite fenêtre par laquelle on lui administrera son boire et son manger, demeurant au reste le contenu de l'arrêt de la dite Cour contre lui donné ou à donner, en toutes

---

(1) Dupré La Salle, *Michel de Lhospital avant son élévation au poste de chancelier*, 29.

aultres choses en sa forme et vertu, et en tout ou partie exécuté entièrement » (1).

D'après quelques historiens, Diane de Poitiers contribua aussi à désarmer le courroux du roi. « Le monarque étendit la grâce du père, dit Michelet, à mesure que les sollicitations de la fille acquéraient plus d'empire sur lui » (2). Cette opinion n'est point partagée par un grand nombre d'écrivains, et d'après M. Guiffrey « l'histoire longtemps accréditée des amours de François Ier et de Diane de Poitiers ne peut désormais trouver place que sous la plume des romanciers » (3).

Par lettres du 25 février 1523, François Ier fit surseoir à l'emprisonnement perpétuel de Jean de Poitiers et ordonna qu'il serait mis entre les mains de son capitaine des gardes pour être conduit dans le lieu indiqué par les lettres royales. Jean de Poitiers trouva le moyen de s'évader et se sauva en Allemagne (4). Trois ans après, au mois de juillet 1526, le roi lui fit grâce entière et le rétablit dans tous ses biens, titres et dignités. « Le déplaisir, dit Chorier, qu'avait eu Jean de Poitiers, de se voir perdu après sa condamnation, fut tel qu'en une nuit ses cheveux lui blanchirent si absolument, que ceux qui l'avaient en garde le prirent le lendemain pour un autre »; d'où vient le dicton « il a la fièvre de Saint-Vallier », lorsqu'on veut qualifier un homme saisi de terreur en face d'un danger. Selon quelques écrivains, cette légende n'est pas mieux fondée que celle qui a fait de Jean de Poitiers un captif racheté par le déshonneur de sa fille. Ce fut à la fameuse bataille de la Bicoque, « où il se battit très chevaleureusement que Jean de Poitiers contracta les premiers germes de la fièvre violente dont il ne put jamais se débarrasser et qui revenait à chaque secousse » (5).

Jean de Poitiers, après avoir obtenu sa grâce, se retira dans

(1) Rochas, v° *Jean de Poitier*. — (2) *Revue des Deux-Mondes*, mars 1860, 270. — (3) Guiffrey, *Lettres inédites de Diane de Poitiers*, introduc. — (4) Anselme, *Hist. gén. et chron. de la Maison royale de France*, I, 125. — (5) Amédée Achard, *Jean de Poitiers*.

le Dauphiné où il vécut étranger aux affaires publiques et poursuivi sans cesse par le souvenir de sa condamnation. Il mourut, en 1539, dans son château de Pizançon et fut enterré dans la chapelle des Poitiers, qui forme aujourd'hui le chœur de l'église de Saint-Vallier. Il avait pris pour devise un fallot ardent renversé avec ces mots : *me nutrit, me extinguit.* Il avait été marié trois fois : la première fois, en 1489, avec Jeanne de Basternay, fille d'Imbert de Basternay, seigneur du Bouchage et de Georgette de Montchenu; une seconde fois, en 1516, avec Françoise de Chabanne; et une troisième fois, en 1532, avec Françoise de Polignac, qui de son côté avait perdu deux maris, mais cette fois la veuve l'emporta sur le veuf et la nouvelle comtesse de Saint-Vallier ayant survécu à son époux, se maria une quatrième fois avec le baron Jean de Lugny (1).

Jean de Poitiers laissait de son premier mariage deux enfants, Guillaume et Diane. Guillaume, qui avait été substitué à la succession d'Aimar, son aïeul, succéda à son père dans la seigneurie de Saint-Vallier. Il fut élevé à la dignité de lieutenant-général du Dauphiné et de la Savoie par François Ier « qu'il servit dignement et fidèlement ». Marié, en 1526, à Claude de Miolans, il mourut en 1548 sans lignée, instituant sa sœur Diane son héritière universelle avec prière de faire ajouter ses armes d'azur à six besants d'argent et chef d'or à celles de ses enfants mâles, si elle venait à en avoir, afin de perpétuer le souvenir de la maison de Poitiers avec ses glorieuses marques (2). Il voulut être enterré, comme ses prédécesseurs, dans l'église du prieuré de Saint-Vallier. Avec lui s'éteignit la branche masculine des Poitiers.

Diane de Poitiers, dont le lieu de naissance est inconnu, naquit à la fin de l'année 1499. C'est ce qui résulte de l'épitaphe de son tombeau élevé à Anet, où on lit qu'elle mourut le XXVIe d'avril MDLXVI, âgée de 66 ans, 3 mois et 27 jours.

---

(1) Amédée Achard, *Jean de Poitiers.* — (2) Duchesne, *Histoire des Poitiers.*

Elle avait épousé, en 1514 (1), Louis de Brézé, comte de Maulevrier, seigneur d'Anet, gouverneur et grand sénéchal de Normandie, et fut dame d'honneur de la reine Claude.

Devenue veuve en 1531, elle exerça par sa beauté, sa grâce et son esprit un irrésistible empire sur Henri II. Lorsqu'elle perdit son frère, elle continua à habiter le château d'Anet de préférence à celui de Saint-Vallier et elle confia l'administration de ses biens du Dauphiné à un intendant, Guillaume Amazan, administrateur du prieuré de Saint-Ruf. En 1548, Henri II lui accorda des lettres patentes de remise de la confiscation prononcée par le parlement de Paris contre Jean de Poitiers, son père, et d'inféodation nouvelle des terres de Saint-Vallier et

---

(1) Anselme, *Hist. gén. et chron. de la Maison royale de France et des anciens Barons du royaume*, II, 107.

D'après M. Caise « il semblerait y avoir eu simplement promesse de mariage en 1514, année de son contrat, et réunion des fiancés deux ans plus tard ; car on lit dans l'inventaire de M. le président de Chevrières : Contrat de mariage, liasse C, ratifications de Louis de Brézé et de Diane de Poitiers, sa femme, de mariage entre eux contracté en l'an 1514, et clauses de renonciations y contenues de l'année 1516 ».

« Diane de Poitiers aurait donc eu seize ans lorsqu'elle pénétra dans la chambre nuptiale et non quatorze ans comme on l'a cru jusqu'ici, sur la foi du généalogiste André Duchesne, qui date le mariage de l'année du contrat. » (*Bulletin d'archéologie de la Drôme*, *1891*, 128.)

Depuis la promulgation du Code civil, toutes les conventions matrimoniales doivent être rédigées avant le mariage par acte notarié, et elles ne peuvent recevoir aucun changement après la célébration du mariage, parce que les époux n'ont plus le degré de liberté nécessaire pour stipuler, sans préoccupation et sans partialité, ce qui est le plus convenable à leur avenir. (Troplong, *Du Contrat de mariage*, I, 241.) Mais il n'en était pas ainsi dans les pays de droit écrit et notamment dans le Dauphiné, les pactes matrimoniaux faits après le mariage y étaient permis, soit pour modifier les conventions premières, soit pour constituer le contrat de mariage. On ne saurait dès lors conclure d'une manière absolue des ratifications faites en 1516, par Louis de Brézé et Diane de Poitiers, sa femme, que leur mariage eut lieu cette année là et non en 1514.

autres. Il lui conféra ensuite à vie, le 8 octobre de la même année, le titre de duchesse de Valentinois et de Diois (1).

La présence de Diane à Saint-Vallier, depuis qu'elle avait fait reconstruire le château d'Anet, sur les plans de Philibert Delorme, n'est attestée par aucun acte et par aucune tradition locale. Le château de Saint-Vallier, dont les tours avaient été abaissées après la condamnation de Jean de Poitiers, était depuis longtemps dans un état d'abandon qui rendait son séjour peu agréable ; tandis que celui d'Anet réunissait toutes les splendeurs de l'architecture de la renaissance et toutes les merveilles des beaux-arts. A l'abord du pont-levis, au dessus de la grande porte, on apercevait une admirable horloge d'une bien particulière invention. Une grande biche, en bronze, toute droite, frappait d'un de ses pieds de derrière les heures, tandis que deux chiens de chaque côté, pareillement en bronze, aboyaient aussi longtemps que les heures étaient frappées. Au-dessus on lisait ce distique en lettres d'or :

> Phœbo secreta et alma domus ampla Diana
> Verum accepta cui cuncta Diana refert.

Partout on voyait des croissants presque clos avec cette devise : *donec totum impleat orbem,*
ou bien, *consequitur quid cumque petit,*
ou bien, *sola vivit in illa.*

Quoique éloignée de Saint-Vallier, Diane de Poitiers n'oublia pas ses habitants. En 1549, elle obtint de Henri II la confirmation du grenier à sel, établi par lettres patentes de Louis XII, de 1514. Ce grenier à sel fut confirmé de nouveau, en 1645, sur la demande du seigneur de Chevrières (2).

---

(1) En 1498, Louis XI avait érigé cette contrée en duché au profit de César Borgia, pour se rendre favorable le pape Alexandre VI, mais César Borgia ayant embrassé contre la France le parti espagnol, le roi le déclara coupable de félonie, et lui retira son duché. — En 1642, le duché de Valentinois passa aux princes de Monaco, qui le conservèrent jusqu'à la Révolution. — (2) *Archives du château de Saint-Vallier,* f° 23, verso.

Ce fut en janvier 1526 que François Ier donna à Saint-Germain-en-Laye des lettres patentes portant création d'un marché le jeudi de chaque semaine à Saint-Vallier. Ce marché a lieu aujourd'hui encore tous les jeudis et il a pris une grande importance depuis le second empire.

La maison de ville ou de l'école située en face de l'aumônerie confrontait du couchant la rue tendant du cimetière à l'aumônerie ; du vent, le jardin du sieur Brunet ; de bise, le cimetière et le jardin de l'école ; du levant, la cour de la dite école. Par acte du 28 juillet 1551, les habitants de Saint-Vallier, s'engagèrent à payer un cens de deux civières de froment pour l'entretien de l'Hôtel-de-Ville et de la maison d'école. Au XVIIe siècle, cette redevance fut changée en un tribut annuel de quinze sols que les consuls promirent porter chaque année au château, le jour de Toussaint.

Après la perte de son royal amant Henri II, qui fut tué, le 30 juin 1559, par le comte de Montgomery, dans une passe d'armes, Diane de Poitiers continua à résider au chateau d'Anet, mais elle fut bannie de la cour. La reine régente Catherine de Médicis voulut un instant l'obliger à rendre tous les biens qu'elle avait reçus du roi, mais sur les instances des seigneurs de Guise, elle y renonça.

Les habitants de Saint-Vallier qui trouvaient lourd le droit de leyde perçu sur toutes les marchandises et denrées vendues dans la ville, réclamèrent et Diane de Poitiers consentit à les affranchir de cette taxe moyennant 25 sols de cens annuel et perpétuel, que les consuls devaient payer et porter au château chaque fête de Toussaint. La leyde en temps de foire fut seule réservée. Cette transaction, reçue par maîtres Jean Bruchet et François Crozet, notaires royaux, le 28 novembre 1560, fixait en outre à 12 sols de cens l'albergement de la Brassière et portait partage de cette île entre les habitants, distraction faite sur la contenance totale de 100 sétérées, d'une partie de 50 sétérées pour l'ancienne garenne réservée par Aimar de Poitiers, lors de l'albergement du 28 mai 1479.

Par une autre transaction, du 9 février 1561, les habitants abandonnèrent un passage sur leurs fonds de la Brassière pour conduire les eaux du béal des moulins dans la partie de la Brassière réservée à dame Diane de Poitiers. Le 11 du même mois de février, la duchesse de Valentinois céda à Jean Valernod, marchand à Saint-Vallier, les eaux de Combe blanche et de Combe cize, situées au-dessus du château des Rioux. Le lendemain Jean Valernod fut autorisé à établir un pigeonnier dans sa maison (1). Ce droit féodal, alors vivement ambitionné, était rarement accordé.

Le 28 juillet suivant, un décret du parlement du Dauphiné maintint la duchesse de Valentinois dans la possession exclusive d'un four banal à Saint-Vallier qui confrontait du levant, vent et bise, la rue venant du château au dit four et allant du côté du vent à la place publique, et du côté de bise à la grande rue. On payait une taxe de 1 sol six deniers, pour chaque pain de 45 livres, et en 1650, l'affermage annuel du four banal était de 100 livres.

En 1565, le mode de lever les péages par terre et par eau à Saint-Vallier fut vérifié et approuvé par la chambre des Comptes. Un marchand devait payer 12 deniers pour une bête chargée d'épicerie; 6 deniers pour une bête portant laine, cuir, mercerie, peaux; 4 deniers pour une bête portant fer, fromage, bois, poisson salé; 2 deniers pour une bête portant figues et raisins. Les concessions faites par les seigneurs et les transactions intervenues entre eux et les habitants de Saint-Vallier, contribuèrent puissamment à la prospérité de ces derniers.

C'est le 26 avril 1566 que dame Diane de Poitiers, duchesse de Valentinois, mourut au château d'Anet dans sa soixante-septième année. Avec elle s'éteignait une ancienne et illustre race qui avait été toute puissante à Saint-Vallier. Par son testament, la duchesse de Valentinois avait exprimé la volonté d'être enterrée, cinq jours après sa mort, dans la chapelle qu'elle avait fondée à Anet, et le désir qu'en Dauphiné ses

(1) *Archives du château de Saint-Vallier.*

serviteurs fussent habillés de deuil et qu'on leur donnât une année de gages après sa mort pour chercher de nouveaux maîtres. Elle ordonnait ensuite qu'à Saint-Vallier son service fût fait comme si son corps y était enterré ; « avec cent pauvres vêtus de blanc pour l'honneur de Notre-Dame et qu'on leur laissât à chacun un chapelet à la main pour le dire à sa dévotion pour elle et pour ceux qui la touchaient. »

Cette dernière cérémonie funèbre eut lieu le 20 décembre 1566, dans l'église de Saint-Vallier, en présence des seigneurs de Montoison, de Châteauneuf, de Montchenu, de la Sablières, de Claveyson, de la Lande, du Mouchet, de Narratin, de Chabrillan, de Beausemblant, de Fontagier, du Port, du Rochein, de Mille, de Chassant, de tous les habitants de Saint-Vallier et de plusieurs autres voisins, gentilshommes et notables personnages (1).

Malgré ses goûts de luxe et de faste, la duchesse de Valentinois s'était toujours montrée secourable aux malheureux. Elle avait fondé à Anet un Hôtel-Dieu pour treize pauvres femmes et cinq jeunes filles, et une église collégiale dans laquelle elle voulut être inhumée. « Elle était, dit Brantôme, fort débonnaire et aumônière ; il faut que le peuple de France prie Dieu qu'il ne vienne jamais favorite du roi plus mauvaise, ni plus malfaisante qu'elle ». Un écrivain, qui base son appréciation sur les lettres de Diane de Poitiers publiées par M. Guiffrey, s'est montré moins indulgent. « Divinisée, dit-il, par le délicat ciseau de Jean Goujon, protectrice des arts, triomphante, idéalisée par l'ébauchoir et le pinceau, Diane de Poitiers est dans l'histoire sèche, froide, impérieuse, avide ». L'auteur ajoute, il est vrai : « l'art l'emportera sur l'histoire, les marbres prévaudront sur les textes, les tableaux couvriront la réalité, Diane restera pour la postérité la Diane protectrice de la renaissance (2) ».

(1) J. C., Archives de la Drôme, *Description et valeur des terres et seigneuries de Saint-Vallier et Cléricu en 1566.* — (2) Saint-Victor, cité par Larousse, *dict. du XIX*e *siècle*, V° Diane de Poitiers.

SAINT-VALLIER

SOUS LA MAISON DE LORRAINE. 1566-1584.

La duchesse de Valentinois laissa deux filles. L'aînée, Françoise de Brézé avait épousé, en 1538, Robert de la Mark, duc de Bouillon ; la cadette, Louise, s'était mariée, en 1547, avec Claude de Lorraine, duc d'Aumale, et lui avait apporté en dot Saint-Vallier, Clérieu et les châteaux des environs. Claude de Lorraine, duc d'Aumale, donna des preuves de son courage dans les batailles de Dreux, de Saint-Denis, de Montcontour et au siège de La Rochelle où il fut tué le 14 mars 1573. Antoine de Lorraine, le plus jeune de ses enfants, porta le titre de comte de Saint-Vallier. Il mourut sans postérité, et son frère aîné, Charles de Lorraine, recueillit son apanage qu'il aliéna, peu d'années après, pour se soustraire aux embarras de ses possessions dans le Dauphiné où les factions religieuses s'entre-déchiraient depuis les massacres de Vassy.

Lamotte-Gondrin, lieutenant du roi en Dauphiné, avait été tué à la tête des catholiques, en 1562, par les protestants qui avaient alors pour chef le baron des Adrets. « On le craignait, dit Brantôme, comme la tempête qui passe sur de grands champs de blé et le souvenir des terribles massacres qu'il ordonna n'est point effacé dans les villes où ils furent accomplis ». Les habitants de Saint-Vallier lui ouvrirent-ils leurs portes? Les chroniqueurs sont muets à cet égard. Un inventaire dressé par Claude Bruchet, notaire royal et delphinal de Saint-Vallier, à la requête de Blaise (Félix), consul du dit lieu, nous apprend seulement que dans la nuit du 28 au 29 mai 1562, la porte du cabinet du prieuré fut fracturée et que les ornements, meubles et papiers qui s'y trouvaient furent volés (1).

Des faits bien autrement graves ne devaient pas tarder à se produire. En 1568 Saint-Vallier était au pouvoir des huguenots, lorsque les capitaines Gessans et Colomb envoyés avec leurs compagnies par de Gordes, chef des catholiques, y entrèrent sans beaucoup de résistance (2).

Guillaume Amazan, prieur de cette ville, présenta requête, le 11 avril, à M. de Gordes pour obtenir l'autorisation de faire rechercher les cloches, portes et fenêtres de l'église et du prieuré démolies et enlevées par les habitants. Cette requête fut appointée, des visites domiciliaires eurent lieu en présence de Jean de Valernod, châtelain de Saint-Vallier, et procès-verbal fut dressé des noms des recéleurs et de la quantité et qualité des objets recouvrés.

La paix de Longjumeau, du 23 mars 1568, fut de courte durée. Deux ans après, Saint-Vallier était de nouveau au pouvoir des réformés ; mais leur chef, Saint-Romain, ne put reprendre le château et il dut se retirer à l'approche du maréchal d'Anville, qui revenait du Languedoc où il avait pacifié les troubles religieux (3). Après la journée de la Saint-Barthélemy, du 24 août 1572, la guerre civile ne tarda pas à recommencer et, en 1574, Henri III se rendit à Avignon pour ramener la paix dans les provinces méridionales. A son retour, le 16 janvier 1575, il présida à Romans une assemblée des Etats de la province ainsi qu'il venait de le faire à Avignon. Il parla de la nécessité de mettre un terme aux troubles qui agitaient le pays, et de grands sacrifices à faire pour atteindre ce but. « Il pria les Etats bien fort, les assurant qu'il leur serait doux et aimable roi et qu'il les soulagerait en général et en particulier en tout ce qu'il pourrait. » (4)

Les Etats ne furent pas sourds à cet appel du roi, qui partit

(1) Fonds Saint-Ruf. Arch. de la Drôme. — (2) Chorier, hist. du Dauphiné, 2. 621. — (3) Chorier, Hist. du Dauphiné, II, 644. — (4) Chorier, Hist. du Dauphiné, II, 665.

le lendemain pour Reims où il allait se faire sacrer. Saint-Vallier se trouvant sur son passage, les consuls et la milice se portèrent à sa rencontre et le reçurent hors des murs en noble et belle ordonnance. « La pompe établie sur le parcours de la Charrière, les cris d'allégresse du peuple et l'enthousiasme dans lequel était plongé Saint-Vallier montrèrent au roi qu'il pouvait compter sur leur cité. » (1) C'est à ce souverain qu'est due la création, le 4 décembre 1574, de la foire qui se tient le 6 août de chaque année, outre celle du 6 décembre, établie bien antérieurement.

Au mois d'août 1580, les chenilles furent si abondantes dans le Dauphiné, qu'elles entraient dans les maisons par les cheminées et les fenêtres. Déjà, en 1547, la quantité des chenilles avait été si considérable, que l'air étant infesté par leur corruption, le grand-vicaire de Valence les cita à comparaître devant lui et leur nomma un procureur d'office pour les défendre. Les chenilles perdirent leur procès et furent condamnées à vider les lieux sous peine de malédiction. Elles n'obtempérèrent pas à cette injonction, et l'église lança contre elles les foudres de l'anathème, dont les chroniqueurs ne nous font point connaître les résultats (2).

L'inscription que les consuls de Saint-Vallier firent placer en 1786 au-dessus du portail de l'église, « détruite par l'hérésie en 1583, reconstruite en 1786 » nous apprend que les guerres de religion n'étaient point terminées en 1583. Mais, d'après l'abbé Vincent, les ruines de l'église et celles du prieuré sont bien antérieures à cette date. L'édit de Nantes donné, le 13 avril 1598, par Henri IV, qui soumit la ligue, devait seul pacifier les esprits. Après l'assassinat de ce souverain, si justement populaire, les protestants recommencèrent les hostilités qui se prolongèrent jusqu'en 1623. Soixante-deux ans après, le

---

(1) Chorier, *Hist. du Dauphiné*, II, 666. — (2) Giraud, *Procès contre les Chenilles*, bull. d'arch. de la Drôme 1866, 100. Chorier, *Hist. du Dauphiné*, II, 712; Delacroix, *Notice hist.*, 98.

22 octobre 1685, la révocation de l'édit de Nantes, qui devait ramener les dissidents à l'unité, eut pour résultat de priver la France d'une partie de sa population et de ses richesses.

SAINT-VALLIER

SOUS LES GUERRE DE LA CROIX DE CHEVRIÈRES

Ce fut pendant les troubles religieux de la fin du XVIe siècle, que Charles de Lorraine, duc d'Aumale, vendit, en 1584 (1) à Jean de la Croix III, seigneur de Chevrières, les comtés de Saint-Vallier et de Val, et, en 1586, la baronnie de Clérieu et la terre de Pizançon (2). Jean de la Croix III était le descendant de noble Pierre de Guerre Ier, originaire de Voreppe, qui avait été présent, le 6 mai 1317, avec noble Rollet d'Entremont à un acte d'acquisition d'immeubles situés dans la paroisse de Goncelin.

Jean de Guerre II, aïeul de Jean de la Croix III, fut surnommé de la Croix en exécution du testament d'un gentilhomme du nom de Lacroix, qui lui avait légué ses biens, le 23 mars 1486, et lui avait imposé la condition, suivant l'usage alors fréquent en Dauphiné, de porter son nom. Jean de Guerre II, dit La Croix, avait embrassé la carrière des armes. Il assista, en 1512, à la bataille de Ravennes, et, en 1515, à

(1) Lainé, VII, *Arch. généalogiques de la noblesse de France*, 1840; — Guy Allard, *Éloge de Jean de la Croix de Chevrières*, publié par Gariel en 1854, p. 49. — (2) Il avait pour devise : *Indomitum domuere cruces victricia signa secutus* ; pour cri, le mot *guerre!* et pour armes, *d'azur à la tête et au col de cheval animé d'or, au chef cousu de gueule, chargé de trois croix abaissées d'argent.* Guy Allard, généalogie des la Croix-Chevrières.

Sur le portrait de Jean de la Croix III, évêque de Grenoble, 1619, on trouve une troisième devise : *In crucibus mihi major honos.*

celle de Marignan. Il était capitaine d'infanterie, lorsqu'il fut fait prisonnier à Pavie avec le roi François Ier, en 1525, et il mourut en 1529.

Félix de Guerre, dit de la Croix, fils aîné de Jean de la Croix II et de Drevetonne Monistrol de Saint-Donat, fut nommé conseiller au parlement de Grenoble en 1543 et désigné, successivement comme l'un des commissaires chargés d'instruire le procès du chancelier Poyet et comme l'un des juges pris dans chaque parlement pour statuer sur la poursuite contre Jacques de Coussy, seigneur de Vervins, accusé d'avoir lâchement rendu Boulogne aux anglais. En 1549, il résigna sa charge de conseiller pour celle d'avocat-général. Nommé, en 1555, maître des requêtes ordinaire du Dauphiné, il fut appelé, en 1557, aux fonctions de Conseiller d'Etat qu'il exerça jusqu'à sa mort arrivée en 1583. « Le souvenir du savoir et de l'éloquence de ce magistrat s'est longtemps conservé au parlement de Grenoble. »

Félix de La Croix était devenu seigneur de Chevrières par l'acquisition qu'il avait faite, en 1560, de cette terre de Diane de Poitiers, comtesse de Saint-Vallier. Il avait épousé, le 19 juin 1541, Guignonne Portier, Dame de Brie en Dauphiné, dont il eut plusieurs enfants. L'aîné, Félix, se signala pendant les guerres de religion ; il obtint une compagnie de trois cents hommes de pied en 1576, et fut fait colonel au siège de Morestel qu'il emporta, et où il reçut sept coups de mousquet. En 1590, il fut tué au siège d'Issoire, en Auvergne.

Son frère, Jean de La Croix IIIe du nom, fut reçu au parlement de Grenoble le 25 juin 1578, avec dispense d'âge. Son savoir éminent et son talent de parole l'engagèrent comme son père à se défaire de sa charge de conseiller pour devenir avocat-général en 1585. Nommé trois ans après maître des requêtes et intendant de justice et de finances de l'armée que le duc de Mayenne commandait en Dauphiné contre les religionnaires, « son esprit et son mérite n'éclatèrent pas moins dans ces nouvelles fonctions que dans la distribution de la justice. »

Après la prise de Grenoble, Henri IV le nomma, le 27 novembre 1591, conseiller honoraire du Parlement de Grenoble, et le 13 septembre 1595, il lui conféra la charge de conseiller d'Etat et la surintendance de la justice et des finances de son armée commandée par Alphonse d'Ornano. Lors de l'occupation de la Savoie, en 1600, le roi ayant créé un conseil souverain à Chambéry, délégua messire de la Croix de Chevrières pour en faire partie comme une des personnes qui pouvaient le mieux établir dans ce pays la réputation de la justice française. Chargé des fonctions de garde des sceaux près de ce conseil, il répondit parfaitement aux vues du roi qui le choisit à la fin de l'année 1601, pour traiter de l'exécution de la paix entre la France et la Savoie et lui conféra, le 31 décembre 1603, une charge de président à mortier au parlement de Grenoble.

L'année suivante, les Etats de province et le parlement le députèrent avec Claude Expilly et d'autres membres du Parlement pour solliciter du roi la jonction du pays de Bresse, Bugey et Valromey au Dauphiné. Leurs démarches n'aboutirent point parce que le maréchal de Biron, auquel le roi ne voulait rien refuser pour l'obliger à rompre ses relations avec le duc de Savoie, en demanda la jonction à son gouvernement de Bourgogne. Il l'obtint, mais Henri IV, après avoir entendu les remontrances de Frémiot, président de la députation de Bourgogne, et celles de La Croix, président de la députation du Dauphiné, dit à ceux qui l'entouraient : « que s'il fallait que l'éloquence décidât le différend, le Dauphiné gagnerait sans doute sa cause. »

Nommé ambassadeur extraordinaire en Piémont, le 27 mai 1606, Jean de la Croix III de Chevrières, reçut la double mission de négocier le mariage de l'une des filles du roi, Christine de France, avec le prince de Savoie Victor-Amédée et d'arrêter les bases de la guerre à faire à l'Espagne pour conquérir Milan qui demeurerait au duc de Savoie. En échange, la Savoie abandonnerait ses prétentions sur la Bresse, le Bugey et le Valromey. Quoique cette dernière négociation n'aboutît pas, Henri IV voulut reconnaître les services du président de la Croix de Chevrières qui, depuis la mort de Barbe d'Arzac de la Cardonnière, sa femme, en 1594, se sentait entraîné vers la vie religieuse, et il le nomma, en 1607, à l'évêché de Grenoble, devenu vacant par le décès de Mgr François Fléard.

Messire de la Croix de Chevrières résigna alors son office de président, mais le roi, par une distinction unique, le conserva dans le rang où il était autrefois. Son savoir de jurisconsulte égalait son talent oratoire, et il a laissé un savant commentaire sur l'édit des donations entre vifs conforme à l'usage du Dauphiné.

Nommé évêque, Jean de la Croix « voulut comme un bon et vigilant pasteur, faire paître lui-même ses brebis et distribuer au peuple le pain de Dieu. Il avait rempli la charge d'avocat-général avec la sévérité d'un consul romain et parlé dignement pour les intérêts du roi dans les occasions ; étant évêque, il n'eut pas moins de zèle pour la cause de celui qui règne souverainement sur les rois et ne fit pas moins craindre aux pécheurs les jugements de Dieu qu'il avait fait appréhender aux criminels ceux des hommes (1) ».

Appelé en 1609 à la présidence des Etats du Dauphiné, il se rendit après la mort du roi Henri IV auprès de la reine régente Marie de Médicis, qui le nomma, en 1611, membre de son conseil ordinaire. L'année suivante, elle lui donna un brevet de conseiller d'Etat et une pension de deux mille livres. Député du clergé aux Etats-Généraux de 1615, à l'assemblée des notables tenue à Rouen, en 1618, il mourut à Paris, en 1619, où il s'était rendu pour assister à l'assemblée du clergé. Son cœur fut déposé dans la nef de l'église des Jacobins de la rue Saint-Honoré, et son corps fut transporté, par ordre du roi, dans le tombeau de ses ancêtres en l'église de Saint-Barnard, à Romans. Les hautes fonctions dont il fut investi et les missions aussi importantes que délicates qui lui furent confiées par

---

(1) Guy Allard, publié par Gariel, *Verbo La Croix*.

Henri IV firent de Jean de la Croix III de Chevrières, un des hommes illustres du XVIe siècle (1).

Ses nombreuses fonctions lui permirent-elles d'avoir de fréquents rapports avec les habitants de Saint-Vallier dont il était devenu le seigneur depuis 1584 ? Il n'est pas possible de rien affirmer à cet égard. Quelques documents nous apprennent toutefois que messire Jean de la Croix III attachait une grande importance à ses possessions de Saint-Vallier et qu'il ne négligeait rien pour les accroître et assurer le recouvrement de ses droits féodaux. En 1591, il chargeait le prieur d'Arzac de faire un parcellaire de la commune ; en 1605 il achetait, moyennant le prix de 26,000 livres, le battoir, le moulin à papier et le pré y attenant que les religieux de Saint-Ruf possédaient à Saint-Vallier. Deux ans après il obtenait des lettres patentes portant don à son profit des lods et ventes s'élevant à 7,035 livres par lui dues à Sa Majesté à cause de l'acquisition faite de Mgr le duc d'Aumale, des terres et péages de Saint-Vallier, et en 1608, la maison de Chaumont lui cédait les terres d'Ornacieux et de Faramant, ainsi que la baronnie de Serves et celle de Saint-Chaumont (2).

Après lui son fils Alphonse, qui avait été nommé son coadjuteur, le 30 avril 1611, avec le titre d'évêque de Calédonie, le remplaça sur le siège épiscopal de Grenoble. Sa santé ne lui permit pas de l'occuper longtemps. Il donna sa démission en 1620, et il mourut à Saint-Marcellin en 1637.

Félix de La Croix II, fils de Jean de La Croix III, fût conseiller au parlement de Grenoble en 1607, avocat général

---

(1) Lainé, *Archives générales de la noblesse de France*, t. 7. — Vallier, *Numismatique du Parlement de Grenoble*, rev. d'arch., 1881, 21. —
(2) Jean de la Croix III avait eu six enfants: Félix IIe du nom ; Alphonse qui embrassa l'état ecclésiastique ; Jean IV, auteur de la branche des Pizançon ; Pierre qui mourut avant son père ; Catherine qui épousa Pierre de la Bourne, conseiller d'Etat, doyen au Parlement de Grenoble ; Marguerite qui épousa Laurent de Rabot d'Orillac, conseiller au Parlement de Grenoble.

au Grand Conseil le 27 janvier 1613, conseiller du roi en ses Conseils et maître des requêtes ordinaires de son hôtel en 1619. L'année suivante, le 14 décembre 1620, il rendit hommage à Sa Majesté en la Chambre des Comptes du Dauphiné. Il avait épousé, le 10 juillet 1610, Claude de Chissé, fille de Michel de Chissé, baron de Marcousse, et de Claude de Montaynard de Marcieu. Il mourut à Grenoble le 23 novembre 1627, laissant sept enfants mineurs.

Constatons, en 1619, un arrêt du parlement de Grenoble qui condamnait messire Joachim d'Arzac, prieur conventuel de l'église paroissiale de Saint-Vallier, à faire construire un autel et un clocher si mieux il n'aimait payer le quart de tous les revenus du prieuré. Ce même arrêt portait défense aux consuls de Saint-Vallier de comprendre les religieux de Saint-Ruf dans l'imposition qu'ils lèveraient pour la réparation du clocher et du beffroi que les protestants avaient brûlés et détruits en partie pendant les troubles de religion (1). Le nouveau clocher fut terminé en 1623 par les soins de Joachim d'Arzac, dont les armes sont encastrées dans la façade occidentale. Il n'a subi aucun changement depuis et il fait regretter l'ancien clocher qui était remarquable par ses belles proportions et par les sculptures dont il était orné.

A cette époque, d'après l'abbé Vincent « l'église était loin de s'harmoniser avec les nécessités du culte et les fidèles s'affilièrent à la Société du Confalon, dont le but était d'honorer le Saint-Sacrement. Les pénitents blancs obtinrent facilement l'érection d'une chapelle et le nom de tour des Pénitents conservé à un monument solitaire et celui de rue des Pénitents témoignent aujourd'hui encore de l'existence de la Société du Confalon » (2).

En 1628, un édit du mois de mars créa six élections dans le Dauphiné pour juger les différends concernant les

---

(1) Arch. de l'Hôpital de Saint-Vallier. — (2) Vincent, *Notice hist. sur Saint-Vallier.* 53.

tailles, les aides et les gabelles. L'élection de Romans, dont Saint-Vallier faisait partie, était composée de 130 paroisses (1) et de 849 feux. C'est à cette époque que les tailles non en usage dans le Dauphiné du temps des dauphins de Viennois, qui se contentaient des revenus de leur patrimoine, mais établies par François Ier pour la solde des troupes nécessaires à la défense du pays, furent déclarées réelles (2). En 1639, Louis XIII se trouvant à Grenoble fut informé des divisions qui existaient entre les trois ordres de la province du Dauphiné, par suite de l'inexécution des arrêts rendus en son Conseil les 31 mars 1634, 9 janvier 1636 et août 1637, pour la levée et perception des tailles tant ordinaires qu'extraordinaires. Pour mettre fin à ces divisions, Louis XIII déclara, par un arrêt rendu à Lyon le 24 octobre 1639, que les tailles étaient réelles et prédiales. Dès lors tous les héritages roturiers y étaient sujets, même ceux acquis par des nobles depuis l'arrêté du 31 mai 1634. « La noblesse perdit ainsi, suivant la remarque de Guy Allard, le plus beau et le plus glorieux avantage qu'elle eût, qui était celui d'affranchir toutes sortes de biens qu'elle pouvait acquérir. » (3).

Jean de la Croix IV, fils aîné de Félix II, avait été pourvu d'un office de conseiller au parlement de Dauphiné par lettres patentes du 20 juillet 1633.

Il avait épousé, en 1642, Marie de Sayve, fille unique de messire Jacques de Sayve, chevalier, seigneur d'Echigey, Couchey et Chamblanc, président à mortier au parlement de Bourgogne, et de dame Barbe Giroud. Il se démit alors de sa charge de conseiller au parlement de Grenoble pour celle de président au parlement de Dijon. Ce seigneur fut un de ceux qui firent le plus pour les habitants de Saint-Vallier.

Après la peste de 1628 à 1630, qui fut si générale et si violente « que de tous côtés on trouvait dans le Dauphiné des

---

(1) Guy Allard, élection. — (2) Salvaing de Boissieu, *Usage des Fiefs*, 286. — (3) Guy Allard. V° *Taille*.

corps morts ou mourants », la maladrerie établie dans le faubourg de Saint-Rambert fut abandonnée. Jean-Baptiste de la Croix quatrième fils de Jean IV, qui entra d'abord dans l'ordre de Malte et embrassa ensuite l'état ecclésiastique, encouragea, en 1637, la création d'une confrérie de charité approuvée par le pape. Cette confrérie se composait de femmes et de filles chargées « d'assister à domicile les pauvres du lieu, corporellement et spirituellement. Corporellement en leur administrant la nourriture et les médicaments nécessaires, et spirituellement en procurant, à ceux qui étaient assistés, les secours de la religion avant d'être admis, ou immédiatement après, afin que ceux qui mouraient partissent de ce monde en bon état et que ceux qui guérissaient prissent la résolution de bien vivre à l'avenir. »

Cette confrérie fut établie en l'église paroissiale dans la chapelle de Notre-Dame par un prêtre de la *mission* de Saint-Lazare, à Paris, commissaire délégué par Monseigneur Pierre de Villars, archevêque et comte de Vienne. Elle procéda ensuite à l'élection des *officières* et du procureur. Mme Louise de Lionne, veuve de noble Jean de Valernod, seigneur de Fay, ayant été élue pour supérieure ; Mme Joffrin de Tours, femme de M. de Semons, juge à Saint-Vallier, pour trésorière ; Mme Clarette Paradis, veuve de M. Henri Desmures, pour garde-meubles, et M. Jacques Villier, capitaine-châtelain, pour procureur ; lesdites officières et le procureur promirent, moyennant l'aide de Dieu, de s'acquitter *daubement* et charitablement de leurs charges et offices (1). Pendant plus d'un demi-siècle cette confrérie, par ses soins et son dévouement, contribua au soulagement des infirmes et des malades. Elle cessa d'exister en 1693.

Le 30 janvier 1643, sur les sollicitations des consuls, messire Jean de la Croix IV approuva le projet d'établissement en dehors de la ville au mas des Rampeaux, d'un couvent de Pic-

(1) Arch. de l'Hôpital.

pus, placé sous le vocable de Notre-Dame des Sept Douleurs, en mémoire d'une chapelle de ce nom située dans les environs. Si l'origine de l'ordre de Saint-Ruf, soumis à la règle de Saint-Augustin, est obscure, il n'en est pas de même de celle des Picpus ou pénitents réformés du tiers ordre de Saint François. Des lettres patentes de Henri IV, du mois de février 1601, nous apprennent que ce monarque « a fait donation aux pénitents réformés du tiers ordre de Saint François, de l'oratoire de Notre-Dame des Picpus à Paris, ainsi que l'ont ci-devant tenu les capucins et jésuites, pour les dits pénitents réformés de Saint François, en jouir selon les règles et statuts de leur ordre. » (1)

Six ans après, un arrêt du Parlement de Paris, du 24 mai 1607, ordonna l'enregistrement des lettres patentes du roi, du mois de mai 1606, qui permettaient aux religieux du tiers ordre de Saint François de faire construire un couvent au lieu de la Guillotière à Lyon. Le 30 juin, ces lettres patentes furent également enregistrées au greffe de la Sénéchaussée de Lyon « pour y avoir recours dans le cas de besoin » (2). La donation par le duc et la duchesse de Mayenne d'une masure avec jardin, sis à la Guillotière, en faveur des pénitents du tiers ordre de Saint François, permit à ces religieux d'obtenir de Mgr de Bellièvre, archevêque de Lyon, le 28 octobre 1606, et de MM. les prévôts des marchands et échevins de la ville, le 3 juillet 1607, la permission de construire un couvent sur cet emplacement, où une croix fut plantée, le 14 septembre 1607, en présence « de Mgr l'évêque de Damas, de Mgr de la Baume, gouverneur de la ville, et de plusieurs autres personnes distinguées. »

En 1609, le prévôt des marchands et les échevins allouèrent comme fondateurs une somme de 300 livres aux religieux du

(1) Ces lettres patentes registrées au Parlement de Paris, le 16 août 1621, et en la Chambre des Comptes le 18 août 1655, existent, à Lyon, dans les *Arch. départ. du Rhône*, série 5, n° 2, carton 51. — (2) *Arch. du départ. du Rhône*, série 5, n° 14, carton 54.

tiers ordre de Saint François pour la construction d'une église sous le vocable de Saint-Louis, et, le 24 mars 1611, M. Chalon, vicaire général à Lyon, en l'absence de Mgr l'archevêque, autorisa les dits religieux à faire des quêtes dans le diocèse pour l'achèvement de leur église qui sert aujourd'hui d'église paroissiale aux habitants de la Guillotière.

Dès le commencement de la réforme, la congrégation des franciscains fut divisée en deux provinces, l'une fut nommée de France ou de Saint-François, l'autre d'Aquitaine ou de Saint-Louis. La première fut divisée, en 1640, en province de Saint-François et de Saint-Yves, et la seconde en province de Saint-Louis et de Saint-Elzéard. La province de Saint-Louis comprit en France les douze couvents de la Guillotière, Digoine, Fontaines, Charolles, Beaujeu, Chemilly, Moulins-en-Gilbert, Saint-Vallier, Avignon, Trévoux, Aix et Marseille.

La fondation du couvent des Picpus de Saint-Vallier fut accordée par le seigneur Jean de la Croix IV, sous la condition expresse que lui et ses successeurs seraient reconnus pour vrais et légitimes patrons de la nouvelle chapelle. En même temps, il abandonna aux religieux du tiers ordre de Saint François les rochers des Rampeaux pour l'établissement de leur couvent et il leur accorda une somme de deux mille livres pour la construction de leur église, dont la première pierre fut posée le 6 juin 1643, par Charles Drevet, curé de Saint-Jean et archiprêtre de Romans, député comme commissaire par Mgr l'archevêque et comte de Vienne. A l'endroit où devait s'élever le grand autel, une pierre de taille en molasse fut placée. Les armoiries du comte de Saint-Vallier et d'Anne-Marie Sayve, sa femme, y étaient gravées avec cette inscription :

IN NOMINE JESUS-CHRISTI, AMEN
ANNO DOM. MILLESIMO SEXCENTESIMO QUADRAGESIMO TERTIO
ET DIE SEXTO JUNII, URBANO OCTAVO SUMMO
PONTIFICE ROMÆ, ET LUDOVICO DECIMO TERTIO,
CHRISTIANISSIMO GALLIARUM REGE. ILLUSTRISSIMUS

DOMINUS JOANNES DE LA CROIX, EQUES REGIS A
CONSILIIS ET IN PARLEMENTO BURGUNDIÆ PRESIDENS.
COMES SANCTI-VALERII ET VALIS, DOMINUS DE CHEVRIÈRES
NEC NON DOMINA MARIA DE SAYVE, EJUS
CARISSIMA CONJUX, HUJUS MONASTERII RELIGIOSORUM
TERTII ORDINIS SANCTI-FRANCISCI DE ASIIS,
SANCTÆ OBSERVANTIÆ, FUNDATORES PRIMUM ECCLESIÆ LAPIDEM
POSUERUNT AD DEI OMNIPOTENTIS
GLORIAM SUB TITULA BEATÆ MARIÆ DE SEPTEM DOLORIBUS.

Les fondateurs seuls pouvaient avoir leur sépulture dans l'église conventuelle et y faire placer des litres fixes avec leurs armes qui devaient être mises, en outre, tant à la porte du couvent qu'au grand portail de son église, comme aux clés de voûtes et arcades (1). Les religieux s'engageaient de plus à faire à perpétuité toutes les prières dues aux fondateurs et à dire la messe conventuelle tous les jours à l'intention du seigneur et de son épouse. Enfin ils étaient astreints à payer au seigneur une rente perpétuelle d'une demi-livre de cire qui devait être doublée de neuf en neuf ans. Le 5 août 1643 un chapitre tenu à Charolles ratifia l'acte de fondation du 30 janvier précédent (2).

Les habitants de Saint-Vallier avaient aussi réservé leurs droits. Ils ne pouvaient jamais être tenus de contribuer en aucune manière à la construction et à l'entretien du couvent des Picpus et les religieux ne devaient jamais faire aucune quête dans la ville. Malgré ces réserves les Picpus ne tardèrent pas à s'enrichir des dons que les habitants de Saint-Vallier se plurent à leur faire. Plusieurs familles de Saint-Vallier possèdent encore des quittances des rentes qu'elles servirent aux

---

(1) Les armoiries de messire Jean de Saint-Vallier et de Marie de Sayve sculptées sur un écusson en marbre ont été enlevées en 1786, lorsque la vente du couvent fut autorisée par l'archevêque de Vienne Mgr le Franc de Pompignan, et elles se trouvent aujourd'hui dans les archives de M. le comte Paul de Chabrillan. — (2) Caise, *hist. de Saint-Vallier*, 143.

religieux Picpus jusqu'à leur suppression. Le personnel du couvent se composait de neuf prêtres et trois frères. Ils dépendaient de la maison du tiers ordre de la Guillotière et suivaient la règle des religieux du tiers ordre de Saint François de l'étroite observance. « Déjà, par acte du 29 décembre 1642, le seigneur de Saint-Vallier avait octroyé aux religieux de cet ordre une place dans l'enclos du château de Vals pour y construire une maison et un hospice avec le revenu des trois chapelles placées sous le vocable de Notre-Dame, de Sainte-Catherine et de Saint-Antoine dont le seigneur de Saint-Vallier était patron attendu la proximité des lieux » (1). Ce droit de patronage avait été confirmé par arrêt du Parlement de Grenoble du 23 février 1638, pour la chapelle de Notre-Dame, et par décret de l'archevêque de Vienne, du 13 janvier 1639, pour les deux autres chapelles (2).

Au mois de novembre 1644, messire Jean de la Croix IV fut envoyé à Rome pour traiter des affaires d'Etat importantes. A son retour, il fut nommé conseiller d'Etat, et le roi, en considération des nombreux et éminents services rendus par la maison de la Croix dans le sacerdoce, l'armée, la diplomatie et la magistrature, érigea en sa faveur, au mois d'avril 1645, la terre et seigneurie d'Ornacieu en titre de marquisat pour passer à ses hoirs et successeurs. Trois ans après, par lettres patentes du 25 mars 1648, la reine mère régente appela le comte de Saint-Vallier marquis d'Ornacieu à son Conseil et, le 25 juin 1650, il fut pourvu de la charge de président à mortier au parlement de Grenoble qu'il remplit pendant de longues années avec une grande distinction. (3)

Les habitants de Saint-Vallier qui étaient affranchis de tout devoir envers les Picpus étaient au contraire tenus de payer la dîme aux chanoines de Saint-Ruf. Ce paiement leur paraissait

(1) Caise, *hist. de Saint-Vallier*, 140. — (2) J. C., *Archives du Château de Saint-Vallier*. — (3) De Gallier, *Bulletin d'archéologie de la Drôme*, 4-364.

lourd et ils recouraient à tous les moyens pour s'y soustraire. Il résulte d'une information ordonnée, le 16 septembre 1645, que les habitants avaient enlevé les serrures et les barres des portes de la ville pour faire entrer leurs vendanges pendant la nuit, en fraude de la dîme due au couvent de Saint-Ruf et que défenses furent faites, trois jours après, de *charroyer* à l'avenir les vendanges pendant la nuit (1).

En 1647, Antoine Bret, prieur du couvent de Saint-Ruf, pour sauvegarder ses droits, obtint l'enregistrement en la Chambre des Comptes d'un extrait des privilèges et droits du prieuré de Saint-Vallier « sans qu'il paraisse de celui qui les a concédés ni la date ». Cet extrait portait : qu'en temps de vendanges les habitants étaient obligés de les dénoncer au prieur à cause de la dîme d'un bon denier de tribut qui lui était dû pour chaque saumée de vin vendue et portée hors de Saint-Vallier. Outre les droits d'investiture, de muage, d'albergement, de terres vacantes, d'enterrements, de leyde qui valaient annuellement 200 florins, les revenus du prieuré montaient : en froment à 195 setiers, en argent à 231 florins, en seigle à 63 setiers, en vin à 40 saumées 1/2, en poules à 836, en noix à 7 quintaux, en avoine à une pugnière, en fèves à 6 setiers. Ils comprenaient de plus deux pots de miel, une livre de poivre et un lapin. Les revenus de la grange du prieuré étaient de 200 setiers de blé, 60 saumées de vin, 44 sétérées de pré qui valaient 176 florins de rente, les dîmes et tâches 520 setiers, les moulins 200 setiers, etc. (2).

La dîme du vin due au prieuré de Saint-Ruf ne paraissait pas lourde seulement aux petits propriétaires, elle atteignait également le seigneur de Saint-Vallier qui voulut s'en affranchir ; mais une sentence du bailli de Saint-Marcellin, du 11 août 1647, le condamna à la payer pour les vignes du château à la cote

---

(1) *Invent. de Saint-Ruf*, arch. départ. de la Drôme. — (2) 30 janvier 1647, *Arch. de la Cour des comptes*, reg. coté 2, liber, *Scripturarum viennensii* (lettre F, f° 595).

ordinaire (1). Messire Jean de la Croix IV interjeta appel de cette sentence qui fut confirmée par arrêt du Parlement de Grenoble. Cet arrêt ne suffit pas au seigneur de Saint-Vallier pour le déterminer à acquitter la dîme du vin, et un second arrêt du 4 septembre 1663 dut ordonner la liquidation des arrérages qui furent payés le 10 mars 1680.

Comme leur seigneur, les habitants de Saint-Vallier avaient refusé d'acquitter la dîme du vin, mais un arrêt du parlement de Grenoble, du 6 septembre 1663, confirma le droit du prieur de Saint-Ruf et ordonna la liquidation des arrérages qui étaient dus. Quelques années auparavant, le 27 septembre 1650, un arrêt du parlement de Grenoble avait condamné les habitants de Saint-Vallier à payer au prieur de Saint-Ruf la dîme du chanvre dont ils avaient voulu s'exonérer.

Le 31 octobre 1650, un nouveau partage des prés de la Brassière intervint entre les habitants et leur seigneur. Une ligne droite fut tracée au milieu de la Brassière de bise au vent et la moitié dévolue au comte de Saint-Vallier confina du côté du levant la partie des habitants, du vent et couchant le Rhône, de bise la terre et l'île du sieur Villars. Les habitants conservaient le droit de pâturage dans l'île de la Goulle de même que dans la partie de la Brassière qui leur restait.

La reconnaisance des droits seigneuriaux par les habitants de Saint-Vallier, en 1651, pour prévenir leur prescription mérite d'être rappelée avec quelques détails. Elle fait connaître exactement les usages et les coutumes de cette époque, l'organisation communale de Saint-Vallier, les droits seigneuriaux et les devoirs des vassaux envers leur suzerain. En même temps elle nous initie aux solennités qui devaient en confirmer l'existence et en garantir l'exécution. Dès le 12 septembre 1646, en vertu de féudis émanés de la cour souveraine du parlement de Dauphiné, deux notaires royaux et tabellions héréditaires de Saint-Vallier, Michel Blet et Jacques Peyret, avaient été

(1) Arch. de la Drôme, *Inv. des titres de l'abbaye de Saint-Ruf*, 229.

chargés d'examiner les titres du domaine de Saint-Vallier et de constater ceux qui étaient encore en vigueur. Ce travail exigea de longues et difficiles recherches qui ne furent terminées qu'en 1651. Le 17 décembre de cette année, les habitants de Saint-Vallier, convoqués en assemblée générale, nomment huit députés qui devront porter hommage et reconnaissance de tous les droits féodaux tant de droit que de coutume à haut et puissant seigneur messire Jean de la Croix, chevalier, seigneur de Chevrières, Blanieu, Beaumont-Monteux, Chantemerle, Croses, du mas de Bressieux, Faramant, les Cottanes, Lieu-Dieu, Deschigey, Chamblanc, Tronçois et partie de Couchey en Bourgogne ; baron de Serves et de Clérieu ; comte de Vals et de Saint-Vallier ; marquis d'Ornacieu ; conseiller du roi en tous ses conseils d'Etat et privé, et finances de la reine-mère ; président aux Cours de parlement de Bourgogne et Dauphiné.

Le 24 du même mois de décembre, les huit députés nommés par acclamation : Léonard Morel, premier consul ; Jacques Paillarez, deuxième consul ; François Villard, Jacques Ramel, Louis Baborier, Barthélemy Reynaud et Jacques Brotin, notables, se rendent au château où ils trouvent le seigneur La Croix de Saint-Vallier et ses deux notaires. Ils reconnaissent d'abord être, vouloir et devoir être hommes liges, vassaux, sujets et justiciables du dit seigneur, président en qualité de comte de Saint-Vallier et de ses successeurs. Ils prêtent ensuite foi, hommage, reconnaissance et font le serment en la manière accoutumée suivant le formulaire ancien, sous ces mots latins : *incolume totum honestum utile, facile et possibile.*

Après une description du territoire et des domaines de la comté, du château, du prieuré de Saint-Ruf, du couvent des Picpus et une indication du four banal, du grenier à sel, de la maison de Ville, des foires et marchés, on trouve l'énumération des devoirs des vassaux envers le souverain qui comprennent, outre les droits de justice haute, moyenne et basse, la châtellenie et police ordinaire de la dite comté, les droits d'offices, de gardes notes et de petit scel, de fief direct et universels, les tailles, lods, prélations, investitures, plaits, muages, droits de terrier, publication au prône, droits de Villefranche, leyde, four banal, régales des eaux, délaissés, péages par eau et par terre, épaves, déshérence, censes sur la maison de ville, sur les bancs de boucherie, chasse et pêche.

Avant de clore leurs déclarations, reconnaissances, aveux et dépositions, les députés affirment avec serment la vérité de tout ce qui y est contenu et promettent d'en observer les clauses et de passer de nouveau hommage toutes les fois qu'il plaira au dit seigneur et à ses successeurs.

A son tour, messire de la Croix, seigneur de Saint-Vallier, jure de les maintenir et protéger de tout son pouvoir envers et contre tous, excepté contre le roi dauphin son souverain seigneur duquel il est vassal immédiat à raison de sa comté et tous ensemble les très humbles et très obéissants sujets.

La reconnaissance des droits seigneuriaux et féodaux faite, le 15 novembre 1651, par les habitants de la comté de Val à messire de la Croix IVe, seigneur de Saint-Vallier, rappelle un usage féodal qui n'est pas mentionné dans la reconnaissance des habitants de Saint-Vallier et qui doit être signalé. Les consuls et les notables délégués de la comté de Val qui comprenait Saint-Barthélemy, Marnas, Saint-Victor, Douévas, Saint-Uze, Bertheux, Montrebut, Laveyron et Ponsas, comparurent au château de Saint-Vallier pardevant Mes Michel Blet et Jean Dupuis, notaires royaux, et reconnurent et confessèrent publiquement, comme s'ils étaient en jugement, en présence de messire Jean de la Croix, être hommes liges, sujets et vassaux du dit seigneur en sa qualité de comte de Val, et à ces fins ils rendirent foi et hommage, savoir : noble Antoine Degast, sieur des Armands, étant debout, tête nue, sans épée, éperons ni ceinture, a baisé à la joue à la façon des gentilshommes en signe de paix et d'amour, le dit seigneur qui était assis, et les autres étant à genoux à la manière ordinaire, ils ont tous ensemble promis et juré fidélité au dit seigneur en mettant les mains sur les saints évangiles, suivant la formalité du droit ancien et nouveau du serment de fidélité, c'est-à-dire de procurer au seigneur comte et à ses successeurs toutes sortes d'avantages, éviter tout dommage, révéler tout secret et généralement faire ce que des fidèles vassaux doivent et sont obligés de droit et coutume en cette province ; ce qu'ils ont promis tant pour eux que pour tous les autres habitants et forains possédant des biens dans le dit mandement de quelle condition et de quelle qualité qu'ils soient. »

Ces faits et ces usages sont d'autant plus intéressants à connaître qu'il est certain que le Dauphiné était un pays de franc alleu et que tous les fonds y étaient censés francs et allodiaux par une liberté ancienne et naturelle, s'il n'y avait titre contraire ou possession équivalent à titre. C'est ce qui fut jugé par arrêts du parlement du Dauphiné des 16 mars 1649 et 29 novembre 1653, et déclaré par deux édits du mois d'octobre 1658 et du mois de mars 1672. Le franc alleu, toutefois, n'était pas opposé aux droits seigneuriaux dus à sa majesté (1).

Au dix-septième siècle on appelait feux la division des fonds dans les paroisses. C'était par feux qu'on imposait la taille. Le comté de Saint-Vallier qui était sur le pied de huit feux fut réduit à six feux en 1639 à cause de la reprise d'une partie des fonds par les communes voisines. Dix ans après les débordements du Rhône et de Galaure ayant emporté trente-trois sétérées, trois pugnérées de fonds, les six feux furent réduits à cinq et demi (2).

Comme successeur des Poitiers, le seigneur de la Croix de Saint-Vallier était obligé de payer une pension de 237 livres au prieur de Saint-Ruf pour la chapelle fondée par messire de Poitiers dans l'église de Saint-Vallier. M. de la Croix de Saint-Vallier crut pouvoir s'affranchir du service de cette pension, mais un arrêt définitif du parlement de Grenoble, en date du

---

(1) Guy Allard, v° alleu. — (2) *Invent. des arch. de la Préfect. de la Drôme*.

2 juillet 1660, le condamna à la payer au prieur de Saint-Ruf, comme le constate une quittance de 1666 conservée parmi les titres du chapitre de Saint-Ruf (1). Depuis cette pension, qui avait était portée à 270 livres par la famille de la Croix, fut payée jusqu'en janvier 1791.

Le prieur de Saint-Ruf, Jean-Antoine Bret, qui savait si bien assurer le paiement des rentes dues au couvent de Saint-Ruf, ayant contesté au seigneur de Saint-Vallier le droit de litre funèbre autour du chœur et du clocher de l'église, un arrêt du parlement de Paris, du 7 septembre 1665, déclara que cette prétention n'était nullement fondée (2) et le prieur dut se conformer à cet arrêt souverain.

Cette même année la communauté de Saint-Vallier, toujours soucieuse de diminuer les charges qui pesaient sur les habitants, acheta de messire de la Croix de Chevrières les offices de secrétaire-greffier, collecteur des tailles, auditeur et péréquateur (3).

En 1676, le prieuré de Saint-Ruf fut mis en commande au profit de Jean-Baptiste de La Croix, fils de Jean de La Croix IV et aumônier du roi, qui voulut faire procéder au partage des biens et revenus du prieuré et du chapitre conventuel confondus ensemble. Le 14 mars il intervint un concordat et un acte de partage entre l'abbé de La Croix et les chanoines réguliers de Saint-Ruf, contenant une division en trois lots des biens et revenus du prieuré et du chapitre conventuel de Saint-Vallier.

Le premier de ces lots fut pour la mense conventuelle des chanoines ; le second pour la mense prieuriale du prieur ; le troisième pour l'acquittement des charges dont l'administration fut confiée au prieur.

Le lot des chanoines comprenait la majeure partie des maisons du chapitre avec le mobilier, le domaine de Laveyron, les dîmes de la paroisse de Saint-Vallier, le pré et le bois de

---

(1) *Inventaire de Saint-Ruf*, arch. de la Drôme. — (2) Arch. du Château de Saint-Vallier. — (3) Arch. du Ch. de Saint-Vallier.

Saint-Philibert. Sur ce lot les chanoines furent soumis à payer la partie congrue du vicaire de Saint-Vallier, à fournir le pain, le vin et le luminaire pour le service de l'église, l'hospitalité aux chanoines de l'ordre et autres religieux, l'aumône en pain et vin aux pauvres passants étrangers, et celle du jeudi saint à douze pauvres, enfin à faire le service de l'église paroissiale de Saint-Vallier, à la forme des statuts de leur ordre.

Le lot du prieur fut composé du surplus des bâtiments et des meubles dont il était fait inventaire, des dîmes de Creure, Saint-Martin, Saint-Romans, Saint-Philibert, du péage du Rhône, des fonds vendus par le curé de Creure, des prés et terres du Colombier, des dîmes de l'enclos du château de Saint-Vallier. Sur ce lot le prieur fut chargé d'acquitter les portions congrues des curés de Creure, d'Albon, de Saint-Martin et du vicaire de Saint-Philibert, la pension de 25 livres au monastère de Tournus, celle de 45 livres due au prieuré de Saint-Robert et la vingt-quatrième des pauvres d'Albon, Saint-Martin, Creure et Saint-Philibert.

Le troisième lot destiné à l'acquittement des charges fut composé de la rente de 1300 livres sur le moulin de Saint-Vallier, du terrain du prieuré de Saint-Vallier et des dîmes de la meyrie. Les charges imposées à ce lot consistaient dans l'aumône générale due aux pauvres de Saint-Vallier trois jours par semaine, depuis la Toussaint jusqu'à la Saint-Jean, laquelle aumône a été postérieurement convertie en 70 setiers de blé moitié seigle et moitié froment, dans la charge d'entretenir l'horloge, les cloches, les ornements et vases sacrés, de payer le prédicateur de l'Avent et les frais de visite de l'abbé de Saint-Ruf, de fournir deux chambres garnies pour l'infirmerie et la réception des passants, enfin d'acquitter les décimes ordinaires et extraordinaires, dons gratuits et autres charges accoutumées.

Après avoir terminé ce partage, l'abbé de La Croix voulut aller prêcher l'évangile aux sauvages du Canada en 1683, et fut nommé deux ans après évêque de Québec, où il mourut en

1727 (1) dans l'hôpital qu'il avait fondé, « laissant la réputation de l'un des prélats les plus distingués et les plus vertueux de son temps ». Pour perpétuer le souvenir de ses bienfaits les habitants de Québec donnèrent à une des rues de leur cité le nom de Saint-Vallier qu'elle porte encore aujourd'hui.

Avant son départ pour le Canada, l'abbé de La Croix avait rétabli, avec le concours de quelques personnes charitables, les bâtiments de l'hôpital de Saint-Vallier qui étaient abandonnés depuis longtemps (2). Un acte de fondation, du 7 janvier 1683, appela deux sœurs hospitalières de Saint-Joseph du Puy à la direction de cet hôpital. Leur nombre fut successivement augmenté et elles contribuèrent par leurs soins et leur dévouement à la prospérité de l'œuvre si précieuse pour les infirmes et les malades pauvres.

L'hôpital fut administré par le curé, le prieur, le maire, le châtelain, les consuls, le procureur et le trésorier. Un arrêt du Conseil d'Etat du 3 août 1696 et des lettres patentes de décembre de la même année portant réunion des revenus des hôpitaux d'Albon, de Serves et de Champagne à celui de l'hôpital de Saint-Vallier assurèrent un revenu annuel de 700 livres (3). La municipalité de Saint-Vallier de son côté contribua à la prospérité de son nouvel hôpital en allouant quatre sols par jour pour chaque malade.

En 1680, M. le président de Chevrières Jean de la Croix IV, mourut dans la maison seigneuriale de Curson et fut enterré dans l'église de Saint-Martin de Chanos (4). Son fils aîné, Pierre-Félix de la Croix qui lui succéda était né à Grenoble, le 10 juin 1644. Il avait embrassé la carrière des armes. Nommé colonel d'un régiment d'infanterie de son nom, en 1666, il se distingua trois ans après au siège de Candie et fut pourvu, le 1er avril 1670, de la charge de capitaine des gardes de la porte du roi pour laquelle son père se rendit caution de la somme de

---

(1) Rochas, v° *La Croix Jean-Baptiste*. — (2) Vincent, *Notice sur Saint-Vallier*, 56. — (3) *Arch. de l'hôpital*. — (4) De Gallier, *Bulletin d'arch. de la Drôme*, 4, 364.

quatre cent mille livres. Pour récompenser ses bons et excellents services, Louis XIV érigea successivement en sa faveur la terre de Chevrières et celle de Blanieu en marquisat de Chevrières, par lettres patentes de février 1682, la terre et seigneurie de Saint-Vallier en comté par lettres patentes du mois d'avril 1687, et la terre de Vals en comté par lettres patentes du mois de septembre 1690 (1).

Pierre-Félix, mourut à Grenoble, le 16 juin 1699, laissant cinq enfants qu'il avait eu de Jeanne de Rouvroy, fille de Charles de Rouvroy, chevalier, seigneur du Puy et de Fressy, capitaine au régiment des gardes françaises et de Marie-Ursule de Gonterie. Saint-Simon nous apprend que Jeanne de Rouvroy, fille d'honneur de la reine, était belle, spirituelle, galante et qu'elle régnait sur les cœurs et les esprits (2).

Revenons aux actes de la communauté de Saint-Vallier. Le plus ancien registre des délibérations municipales conservé à la mairie remonte seulement à 1687, mais il existe dans les archives de la préfecture de la Drôme un cahier constatant qu'en 1684, sur les représentations des notables, le capitaine chatelain Brunet dut ordonner que les habitants seraient convoqués à la diligence des consuls Besson (Benoît) et Guérin (Etienne), afin de nommer deux consuls, pour l'année 1685. D'après les règlements, on devait procéder chaque année au renouvellement des consuls, mais les consuls Besson et Guérin, qui étaient en exercice depuis trois ans, n'avaient réuni aucune assemblée pour pourvoir à leur remplacement. De plus, le premier consul Besson résidait presque toute l'année à Serrières dans le Vivarais et son administration laissait beaucoup à désirer. Des élections eurent lieu le 24 décembre 1684 et elles furent précédées de la lecture de l'ordonnance de Fontanieu qui défendait « à toutes personne de cabaler les voix et faire aucun monopole lors de l'élection pour faire

---

(1) *Archives de la ch. des comptes.* Chazot de Nantigny, table chron., t. v., folios 212-213). — (2) Saint-Simon, *Mémoires*, 2, 322.

nommer des consuls affidés qui sont continués pendant plusieurs années. » Jacques Ramel et Jean Paradier furent élus consuls pour l'année 1685.

La première délibération mentionnée sur le registre de 1687, que possède la commune, est à la date du 26 octobre de cette année. Elle est ainsi conçue : « pardevant Jacques Fleury, capitaine et chatelain de Saint-Vallier, dans la maison commune, le greffier écrivant, comparaissent Georges Ramel, conseiller du roi, lieutenant exempt de la maréchaussée de Valence, premier consul, et Pierre Larue, second consul, lesquels remontrent qu'ils remplissent leurs fonctions depuis une année et qu'ils désirent en être déchargés ; qu'en conséquence ils ont fait advertir par le son de la cloche à la forme ordinaire, les habitants du lieu, afin de pouvoir nommer de nouveaux consuls qui sont nécessaires pour péréquer la taille royale. » Les habitants présents au nombre de trente environ nomment pour l'année suivante, à la pluralité des voix, Charles Barral, premier consul, et Collet Imbert, second consul, qui prêtent en la manière accoutumée le serment « de bien et fidèlement remplir leur charge et de procurer l'avantage de la communauté de tout leur pouvoir. »

L'assemblée des habitants s'occupe ensuite du règlement des affaires de la communauté. Elle décide que pour subvenir aux dépenses ordinaires, permission sera demandée de joindre à la taille royale de l'année suivante trois cents livres. Le même jour sur la réquisition de M. Jean-François Ollivier, capitaine d'office à Saint-Vallier, le capitaine chatelain des comtés de Saint-Vallier, Laveyron et Ponsas rend une ordonnance portant défense aux boulangers revendeurs de rien acheter les jours de marché sous la halle ou dans les rues et chemins avant onze heures du matin, sous peine de trois livres d'amende et de confiscation des grains et fruits par eux achetés. Cette défense pour prévenir les accaparements a été souvent renouvelée depuis.

Le procès-verbal des diverses délibérations du 26 octobre 1687 offre un double intérêt. Il constate que si les assemblées des habitants de la communauté étaient présidées par le capitaine chatelain, représentant le seigneur, elles étaient convoquées par les consuls élus par les habitants.

Deux mois après Charles Barral, premier consul, annonce à l'assemblée des habitants qu'il a reçu avis du receveur des tailles de l'élection de Romans, que la commune a été déchargée par Mgr l'Intendant de la province de la somme de deux cents livres, en raison des dommages causés par la grêle pendant l'année 1687. Le premier consul représente en outre, à l'assemblée que la communauté est en coutume de faire présent de quelques charges de vin de l'Hermitage à un personnage à Paris, dont elle reçoit depuis longtemps de grands services et soulagements, et auquel le sieur Mure de Tain, conformément aux intentions de la communauté, a livré du vin pour une somme de cent quinze livres. L'assemblée approuve cette dépense et décide, le 28 octobre 1687, qu'il y a lieu de payer au sieur Mure la somme qu'il réclame. Cette déclaration nous apprend que le vin de l'Hermitage était justement apprécié au XVIIe siècle et que les plus modestes bourgs avaient besoin pour la défense de leurs intérêts de constituer un mandataire puissant à Paris.

Le 23 février 1688, la taxe du pain est l'objet d'une ordonnance du capitaine châtelain. Le prix du pain blanc est fixé à un sou et celui du pain bis à neuf deniers, parce que le plus beau froment ne se vend que 20 à 21 sous le quartal.

Le 6 janvier 1689, la communauté de Saint-Vallier qui, depuis quelques années, est soulagée du logement des troupes par le crédit de M. le comte de Saint-Vallier et de M. Charpentier premier commis de Mgr de Barbézieux, arrête que, par reconnaissance de ce service, il sera délivré au seigneur, comte de Saint-Vallier, le vin qu'on a coutume de lui envoyer, et au seigneur Charpentier, douze douzaines de bouteilles d'ozier du vin de l'hermitage.

L'année suivante, Charles Barral remontre à l'Assemblée

générale des habitants, qu'au mois de juillet précédent, il a reçu une lettre de M. Basset, subdélégué de Mgr l'intendant, par laquelle il lui demande de donner une déclaration des fonds, rentes, paquérages, etc., sujets aux droits d'amortissement prescrits par la déclaration du roi du 5 juillet 1689. Pour satisfaire à la demande du sieur Basset et aux intentions de sa Majesté, l'assemblée déclare que la commune possède une broussaille servant seulement à faire paître les chevaux et à y prendre des buissons, étant en fort mauvais état et ne pouvant être affermée la somme de trente livres. Cette broussaille d'une contenance d'environ soixante sétérées, a été albergée à la communauté par Aymard de Poitiers et par dame Diane de Poitiers, anciens seigneurs de Saint-Vallier, sous la cance de vingt sous. La communauté possède, en outre, une terre et une broussaille joignant la Brassière et le fleuve du Rhône de la contenance d'environ douze sétérées, appelée Tagoulle.

Le 2 mai 1692, le sieur Collet, consul, a été autorisé à faire l'avance nécessaire pour l'équipement de huit jeunes gens que la communauté doit fournir comme soldats de milice. Leur équipement se composait d'un chapeau bordé d'or, d'une paire de bas rouges, d'une paire de souliers, d'une cravate en taffetas noir et d'un sarreau. Ils reçurent de plus une somme de neuf livres dix-huit sous pour leur aider à faire plus facilement la campagne,

En 1695, l'hiver fut si rigoureux dans le Dauphiné que, le 23 février de cette année, Mme de Sévigné écrivit de Grignan à M. de Coulanges : « Mme de Choulans me mande que je suis trop heureuse d'être ici avec un beau soleil ; elle croit que tous mes jours sont filés d'or et de soie. Hélas ! mon cousin, nous avons cent fois plus froid ici qu'à Paris : nous sommes exposés à tous les vents : c'est le vent du midi, c'est la bise, c'est le diable, c'est à qui nous insultera ; ils se battent entre-eux pour avoir l'honneur de nous renfermer dans nos chambres ; toutes nos rivières sont prises, le Rhône, ce Rhône si furieux n'y résiste pas... contez un peu cela à votre duchesse de Choulans, qui nous croit dans des prairies avec des parasols, nous promenant à l'ombre des orangers... le froid me glace et me fait tomber la plume des mains. »

A la fin du XVIIe siècle, les impôts ordinaires étaient souvent insuffisants pour faire face aux dépenses de l'Etat, et le gouvernement avait recours à la création de charges nouvelles peu utiles, mais vivement recherchées et très chèrement payées. Le 21 octobre 1696, l'Assemblée générale des habitants de Saint-Vallier, arrête que le tiers de la somme de 630 livres et deux sols par livres mis à la charge de la commune pour être exonérée de la finance des offices de jurés compteurs, mesureurs et peseurs de bois et de charbons, créés par édit du mois de mars 1696, sera payé au moyen d'un emprunt contracté par les consuls. La généralité de Grenoble avait été exemptée de l'exécution de cet édit moyennant le paiement d'une somme de soixante-dix mille livres avec les deux sols par livre, par arrêt du conseil du roi du 18 août 1696.

D'après l'intendant Bouchu, la communauté de Saint-Vallier, vers 1697, était le seizième bourg du Dauphiné par l'importance de sa population évaluée à 880 habitants. (1).

En 1700 l'ordre de Saint-Ruf comptait déjà quarante-cinq généraux et il était gouverné, à cette époque, par le révérend père de Valernod, issu d'une famille de Saint-Vallier. Destiné à réformer le clergé, cet ordre eut besoin d'être réformé à son tour ; il dut surtout sa destruction aux discussions et aux procès qui divisaient les chanoines et les abbés commendataires depuis que ces derniers, devenus séculiers et exempts de la résidence, consommaient ailleurs les fruits de leurs bénéfices. Le 8 août 1715, l'abbé de Saint-Ruf, Marcelin Rollin, présenta requête au grand Conseil pour avoir la continuation de la possession et jouissance de la mense prieuriale de Saint-Vallier, à la charge d'obtenir de la Cour de Rome des bulles conformément à la déclaration du 15 juin 1511 (1). Deux arrêts du conseil, des

---

(1) *Mém. sur le Dauph.* 1698. 1 v., in-f°, coté Mortan, 92. — (2) *Inv. des arch. de la Drôme.*

19 août 1715 et 17 février 1716, permirent à l'abbé Rollin de jouir du prieuré aux conditions exprimées en sa requête et un brevet du roi, du 9 juillet 1717, lui accorda l'union des revenus du prieuré de Saint-Vallier à la mense abbatiale de Saint-Ruf de Valence, à la charge par elle de subvenir à la subsistance des chanoines, aux besoins du service religieux et aux fondations et obits. A cette époque, les revenus du prieuré étaient de cinq mille livres. Le 12 décembre de la même année, Clément XI unit le prieuré de Saint-Vallier à la mense abbatiale de Saint-Ruf, et le 9 avril 1718 l'abbé de Saint-Ruf prit possession du prieuré de Saint-Vallier. Le 9 juillet suivant, un nouveau brevet du roi ordonna l'extinction du prieuré de Saint-Ruf, vacant par le décès du cardinal d'Estrée dernier titulaire, avec incorporation à l'abbaye de Saint-Ruf. Enfin un arrêté du Conseil du 10 septembre 1718 ordonna que les bulles et lettres patentes ci-dessus rappelées seraient enregistrées au Conseil pour être exécutées selon leur forme et teneur. Ces mesures, loin d'assurer la conservation et la régénération de l'ordre de Saint-Ruf, amenèrent sa suppression quelques années plus tard.

Revenons aux actes consulaires. Le 26 juin 1701, les officiers de la communauté, MM. Vincent, Dreveton, Fayard, Servient et Ramel présentèrent les remontrances des habitants aux commissaires chargés de réviser les feux en Dauphiné. Ils firent une affligeante peinture des ravages causés par les débordements fréquents du Rhône et de la Galaure, de l'insuffisance des réparations effectuées au pont de pierre sur la Galaure, du passage incessant des troupes, des impôts et redevances à payer au seigneur, des dîmes levées par le prieur. Tous leurs efforts pour obtenir une révision favorable des feux n'aboutirent pas. Les cinq feux de la taillabilité depuis 1619 furent portés à la suite de la révision de 1701 à six feux 1/6 (1).

En 1709, le gouvernement fit venir de l'étranger de la graine de vers à soie pour suppléer à celle du pays qui était devenue

(1) *Arch. imp.*, t. XXII. Coté KK. p. 205.

extrêmement rare. Cette mesure fut heureuse pour Saint-Vallier et les communes voisines qui n'eurent pas besoin de réclamer de nouveau de la graine étrangère. L'hiver de 1709 devint si rigoureux que les blés furent gelés en majeure partie. Le gouvernement redouta la famine, et fit défense d'ensemencer de nouveau les terres *emblavées* avant le 20 avril. Cette mesure de prévoyance ne suffit pas pour prévenir une affreuse disette, et la mortalité augmenta dans toute la France dans une proportion considérable. A Saint-Vallier, le nombre des décès qui avait été de 56 en 1708, s'éleva à 150 en 1709, et il redescendit à 88 en 1710 et à 59 en 1712.

La perte des registres municipaux nous conduit à 1723. Cette année-là, les consuls Alexandre Bardon et Benoît Peyssel, sont remplacés par Jacques Ferrandin et Charles Laurens. L'adjudication des bancs de boucherie donne lieu à divers arrêtés qui indiquent que les bouchers abattaient beaucoup plus de vaches et de brebis que de bœufs et de moutons.

Le registre des actes de l'état civil pour 1730 donne la mortalité la plus forte subie pendant le siècle dernier par les habitants de Saint-Vallier. Elle a atteint cette année-là le chiffre de 181 décès. En 1729, le nombre des décès n'avait pas dépassé 73, et en 1731, il s'abaissait à 62. La mortalité si considérable de 1730, avait eu pour cause la peste qui causa de très grands ravages dans le Dauphiné et dans les provinces voisines.

En 1740, MM. Laurent Fayard, premier consul et François Triboulet second consul, en exercice depuis deux ans, sont remplacés, sur leur demande, par MM. Joseph Genin et Pierre Gautier. Le consul Triboulet ajourne la reddition de ses comptes et l'assemblée générale des habitants charge le premier consul M. Genin de la réclamer par toutes les voies légales.

La refonte de l'une des cloches de l'église nécessite en 1741, une imposition extraordinaire et donne lieu à la nomination d'un marguillier pour recevoir les rétributions que nécessitera la sonnerie des cloches. Le curé déclare consentir à la nomination d'un marguillier, à la condition que le produit de la sonnerie sera compté en sa présence, qu'il ne sera payé aucune rétribution pour les enterrements auxquels le chapitre assistera, et que les deux petites cloches seront seules sonnées lorsque le chapitre n'assistera pas aux enterrements. Alexandre Seul est ensuite nommé marguillier à l'unanimité moins une voix, celle de Dreveton qui dit hautement et avec colère, en coupant la parole à noble Monet Duclos : « il ne faut pas nommer des marguilliers, ce sont tous des faquins. » Des protestations se produisent de toute part et le premier syndic qui ne peut obtenir le calme, s'empresse de lever la séance. Quatre jours après, le 7 juin, l'assemblée convoquée extraordinairement arrête que Dreveton, à raison de l'insulte qu'il a faite à ses concitoyens, sera expulsé de l'assemblée, et que requête sera présentée par deux députés à M. l'Intendant pour ordonner ce qu'il appartiendra.

La réflexion amène Dreveton à présenter des excuses. Le 18 juin il comparaît devant l'assemblée et déclare qu'il a dit inconsidérement et sans réflexion qu'il y avait certains faquins qui coûteraient cent écus à la communauté, mais que depuis il s'était expliqué avec plusieurs des membres de l'Assemblée et n'avait pas entendu offenser personne ni en général ni en particulier. Il ajouta « que si quelqu'un de l'Assemblée s'était cru blessé des termes dont il s'était servi, il lui en demandait excuse n'ayant entendu insulter personne, et il requit acte de sa comparution. »

L'assemblée, satisfaite des explications et des excuses de Dreveton, arrêta que la déclaration du 11 juin demeurerait non avenue quant à la réparation demandée et que les Consuls ne présenteraient aucune requête à Mgr l'Intendant à raison de cette réparation.

De 1742 à 1760, les registres des délibérations de la commune manquent. En 1750, M. le comte Henri Bernard de la Croix de Saint-Vallier crut qu'il était utile pour ses vassaux du marquisat de Clérieu de faire exercer pendant quelque temps la justice de ses terres à Romans. Il fut confirmé dans cette pensée par le sieur Jomaron, qui écrivit, le 12 septembre 1750, au sieur Dochier, juge du comté de Saint-Vallier « que M. le Comte ne pouvait rien faire de mieux que de transférer de Saint-Vallier à Romans le siège de la juridiction de ses terres. »

Quelques mois plus tard, le 15 juillet 1750, M. de Saint-Vallier annonça au sieur Thomé qu'il l'avait choisi pour son procureur d'office à Romans : « je ne doute pas que vous ne donniez vos attentions dans tout ce qui pourra me concerner. Je compte aussi que vous veillerez au maintien de mes droits lorsque vous le croirez pouvoir faire dans vos fonctions. (1) »

Malgré tous les soins du procureur Thomé et les protestations de dévouement de ses confrères de Romans, les résultats espérés par le comte de Saint-Vallier ne se réalisèrent pas. Les habitants du comté de Saint-Vallier, qui souffraient de cet état de choses, protestèrent et, le 16 janvier 1759, sur la requête du comte de Saint-Vallier, Nicolas-Amédée, héritier de Henri-Bernard, le Parlement de Grenoble ordonna que la justice des comtés de Saint-Vallier et de Vals, de la baronnie de Serves et Chantemerle, du marquisat de Clérieu et des lieux de Crozes, Chanos et Curson serait transférée à Saint-Vallier et qu'en conséquence le greffier desdites justices, alors en exercice à Romans, remettrait dans la huitaine au greffier qui serait nommé et établi à Saint-Vallier tous les registres de présentations, défauts, affirmations, ordonnances, sentences et procédures, tant civiles que criminelles desdites justices (2). Cette organisation de la justice du comté de Saint-Vallier a subsisté jusqu'à la Révolution.

Henri-Bernard de la Croix, comte de Saint-Vallier, second fils de Pierre-Félix de la Croix auquel il avait succédé en 1699, était né en 1678. Il avait d'abord embrassé l'état ecclésiastique, mais à la mort de son frère aîné, Jean-Baptiste, il s'était voué à la carrière des armes. En 1713, il était colonel d'un régiment

(1) Arch. de la Drôme, B. 1512, 59, — (2) Arch. de la Drome, B. 1512.

d'infanterie de son nom et chevalier de l'ordre de Saint-Louis. Il avait épousé l'année précédente Denise-Renée de Louviers-Morevers, fille du marquis de Louviers et de Vauchamps et de Marie-Elisabeth de Louviers. Il mourut à Grenoble en janvier 1754. Il avait eu trois enfants, Nicolas-Amédée, Jean-Claude et Baptiste-Paul ; l'aîné, Nicolas-Amédée, avait hérité du comté de Saint-Vallier.

Une ordonnance rendue, le 3 décembre 1755, par l'intendant de la province du Dauphiné nous apprend que si les fonctions de consul étaient onéreuses et obligatoires elles ne pouvaient pas cependant être imposées aux habitants qui résidaient momentanément dans une commune autre que celle où ils exerçaient une charge publique. Le sieur Graillat André, secrétaire depuis 1735 des communautés de Claveyson et de Mureil, ne passait que trois mois d'hiver à Saint-Vallier lorsqu'il fut élu premier consul de cette commune, le 26 novembre 1755. Il s'empressa d'adresser une requête à l'intendant du Dauphiné. Il fit valoir qu'il n'habitait pas Saint-Vallier mais Mureil et que ses provisions de greffier le dispensaient de toute charge publique. Cette requête était parfaitement fondée et elle fut accueillie par l'intendant qui ordonna, le 3 septembre 1755, que les habitants de Saint-Vallier nommeraient l'un deux pour remplir les fonctions de premier consul au lieu et place du suppliant.

Dès 1759, le nombre des religieux Picpus du couvent de Saint-Vallier était réduit à trois et leur position devenait chaque jour plus précaire. Loin de recevoir aucun secours de la province de Saint-Louis, ils étaient obligés de lui payer l'intérêt des sommes, dont elle leur faisait l'avance pour la restauration de leur église et de supporter les frais d'inspection annuelle par un père visiteur de la Custodie de Lyon. Dans cette situation les religieux de Saint-Vallier joignirent leur requête à celles des autres religieux de leur ordre pour demander « une sage affiliation telle qu'elle existait chez plusieurs corps religieux et chacun d'eux désigna la maison à laquelle il désirait être affilié. »

Dix ans après, le 15 avril 1769, les douze couvents de la province de Saint-Louis étaient composés de soixante-dix-neuf religieux profés et de vingt-trois frères. Le couvent de Lyon possédait alors un revenu de 10,342 livres, non compris les quêtes, pour dix-sept religieux profés, et celui de Saint-Vallier n'avait qu'un revenu de 2,166 livres pour cinq religieux profés et deux frères (1). La dernière peste qui avait ravagé la Provence et fait parmi les franciscains de nombreux martyrs de la charité et de l'humanité dans les hôpitaux d'Aix et d'Avignon, explique dans une certaine mesure le petit nombre de religieux Picpus. Il tenait surtout à des dissidences intérieures de l'ordre qui réclamait des réformes. Le 20 mai, le chapitre général prit une délibération portant : qu'on solliciterait auprès du Saint-Siège un bref qui permettrait aux religieux du tiers ordre de Saint-François l'usage des chemises et qui fixerait l'heure des matines à quatre heures du matin en été et à cinq heures en hiver. Cette double demande trouva des contradicteurs, mais, grâce aux démarches faites à Rome par le cardinal de Bernis, elle fut accueillie, et, le 7 mai 1770, dans une assemblée générale tenue à Paris en présence de l'archevêque de Toulouse, par les provinciaux du tiers ordre de Saint-François, procès-verbal fut dressé de ce double changement de l'heure des matines et de l'usage du linge qui était inséré dans la nouvelle constitution (2).

Le 24 août 1760, Louis Brotin, premier consul, fait convoquer l'assemblée de la communauté de Saint-Vallier, au son de la cloche en la manière accoutumée et les conseillers par avertissement particulier, chez M. Eymard Raymond, chatelain de la ville, pour délibérer sur les charges locales qui portaient les unes sur les trois ordres, les autres sur les taillables seulement. Les premières consistaient en la somme : 1° de 20 livres

---

(1) *Archives départementales du Rhône*, section C., n° 39, carton 61. —
(2) *Archives départementales du Rhône*, section B., n° 62, carton 40). —
(3) *Archives départ. du Rhône*, section C., n° 41.

pour les gages du précepteur ; 2° de 20 livres pour les gages du valet de ville ; 3° de 10 livres pour récurage des puits communs ; 4° de trois livres pour le voyage des députés aux assises de la maîtrise des eaux et forêts de Saint-Marcellin qui statuaient sur les infractions aux ordonnances et règlements des eaux et forêts.

Les secondes plus considérables comprenaient : 1° la somme de 150 livres pour l'abonnement de la banalité du four du seigneur comte de Saint-Vallier ; 2° de 24 livres pour le corps de garde ; 3° de 204 livres pour le logement des gens de guerre. Comme la communauté n'avait ni fonds, ni revenus pour subvenir au paiement de ces charges, les habitants supplièrent l'intendant de leur accorder la permission de s'imposer avec l'impôt de la feuille royale de l'année suivante, si mieux il ne plaisait à sa grandeur d'accorder à la communauté un dégrèvement pour cette partie de leurs charges. L'intendant n'accueillit que la première partie de la requête. A cette époque l'assemblée de la communauté de Saint-Vallier se composait des sieurs Brotin, premier consul, Pierre Goubertier, deuxième consul, Claude Forcheron, Jean-Michel Rostaing, Jean-Baptiste Galland, noble Joachim Monet-Duclos, Mᵉ César-Antoine Besson, et sieur Jean-François Triboulet. Le 14 décembre 1760, le premier consul représente à l'assemblée de la communauté qu'il a reçu la déclaration du roi du 27 août précédent, en interprétation de l'édit du mois d'août 1758 concernant l'état des sommes à payer par chacune des villes et bourgs de la province pour don gratuit. Le bourg de Saint-Vallier était compris pour 375 livres, plus huit deniers par livre, dans la répartition de la somme à payer par la province du Dauphiné.

En 1761, les membres de la communauté se composent de MM. Forcheron (Claude), Galland (Joseph), Seul (Alexandre), Fayard (Nicolas), d'Antony (Jacques), Goubertier (Jean), Triboulet (Jean-François), Rostaing (Jean-Baptiste), conseillers, du maire, M. Baborier (Jean-Baptiste) et des deux consuls, MM. Brottin et Denesson.

L'année suivante, l'assemblée des trois ordres consent, sur la demande du procureur juridictionnel, à l'établissement de la justice dans la maison commune pour que la justice soit rendue avec plus de décence et de stabilité.

Le 18 octobre 1762, MM. Forcheron (Claude) et Sauze (Jean), sont élus consuls. M. Forcheron refuse parce qu'il a huit enfants et un gros commerce qui l'oblige à des absences longues et fréquentes, mais sur les instances de ses concitoyens il accepte. Le 23 janvier 1763, les nouveaux consuls font convoquer l'assemblée des trois ordres et exposent que les irruptions du Rhône ayant dégradé et emporté une partie considérable du terrain le long du bourg et du faubourg de Saint-Vallier avaient nécessité, en 1714, des réparations considérables, qui furent mises par le Conseil aux frais de la province du Dauphiné et de celle du Lyonnais. Ces réparations considérables ayant été détruites, tant par les crues du Rhône que par les anticipations du seigneur de Sarras et plusieurs maisons s'étant écroulées, le conseil avait bien voulu ordonner, en 1753, de nouvelles réparations aux dépens des mêmes provinces. Ces réparations avaient été commencées, mais les besoins de la guerre avaient fait surseoir, depuis quatre ans, à leur achèvement. Plusieurs maisons se trouvaient dès lors d'autant plus menacées d'être emportées et la grande route d'Aix d'être interceptée, que le seigneur de Sarras avait fait construire « contre toute sorte de règle, de droit et de justice, des digues très fortes vis-à-vis du bourg de Saint-Vallier et qu'il importait de s'y opposer. »

Après avoir entendu cet exposé des faits, l'assemblée des trois ordres arrête que les consuls se pourvoiront par placet adressé à Mgr le contrôleur général et à Mgr de Trudaine, intendant des finances, pour supplier Leurs Grandeurs d'ordonner la continuation des réparations auxquelles il a été sursis et la destruction de celles faites par le seigneur de Sarras comme rebelles et contraires à celles ordonnées par le Conseil.

Mgr l'intendant sera aussi supplié d'appuyer de son crédit les plans qui sont présentés et les consuls feront signifier au seigneur de Sarras un acte extra-judiciaire qui contiendra dénonciation de nouvelles œuvres, réquisition de faire cesser toutes réparations vis-à-vis du bourg et du faubourg de Saint-Vallier et de détruire celles qu'il a déjà fait faire. Pleine satisfaction ne put être donnée à la demande de l'assemblée et les ravages causés par le fleuve continuèrent.

Nous avons vu qu'il n'était pas permis aux habitants notables de la commune de décliner l'honneur et la charge de consul pendant un an. MM. Michel Rostaing et Jean Sauze ayant été nommés consuls, le 16 obtobre 1763, refusèrent, mais deux jours après, se voyant menacés d'être assignés par-devant qui de droit, ils revinrent sur leur détermination et prêtèrent serment de bien remplir leurs fonctions pendant une année. Le 28 octobre 1764 ils furent remplacés par MM. Seul (Alexandre), premier consul, et Crochat, deuxième consul, collecteur chargé de la recette des impositions. Ces deux nouveaux consuls firent décider par l'assemblée de la communauté qu'un corps de garde serait établi sous la halle pour le passage des troupes, mais cette décision fut rapportée quelques mois après parce que la halle était à peine suffisante pour contenir les grains qu'on y apportait les jours de marché.

Le 31 décembre 1764 décédait dans l'auberge du Sauvage, très haut et très puissant seigneur Mgr Henri-François de Paule d'Aguesseau, conseiller d'Etat ordinaire, seigneur d'Hervolet, Trouville, Bonne Ville et autres lieux, âgé d'environ 66 ans, fils de feu très haut et très puissant seigneur Mgr Henri-François d'Aguesseau, chancelier de France et de très puissante dame Marie-Anne Le Fevre d'Ormesson ; époux de très haute et de très puissante dame née Angélique-Marthe-Françoise de Nollent. Le fils du chancelier se rendait dans le Midi dont le séjour lui avait été conseillé par son médecin ordinaire lorsqu'il succomba à Saint-Vallier. Le 3 janvier 1765, il fut déposé dans le caveau du chapitre de l'église paroissiale en présence de messire Louis-François de Paule d'Ormesson, chevalier profès de Saint-Jean-de-Jérusalem, commandant de la commanderie de Villedieu en la Montagne, brigadier des armées du roi, son cousin germain. des sieurs Martin Rollin de Marsilli, Joseph-Philippe Cournes, Pierre Verri et de MM. les chanoines du chapitre de Saint-Vallier : Dubesse, aumônier ; Musi, infirmier ; Dupré, pénitencier ; de Laroche, prieur de Murette ; Biquet-Dupré, vicaire ; Courbis, curé.

Le même jour, les chanoines, le curé et le vicaire de l'église paroissiale de Saint-Vallier déclarèrent qu'ils n'avaient qu'en dépôt le corps de Mgr Henri-François de Paule d'Aguesseau, conseiller ordinaire, etc., et que Mme de Nollent, sa veuve, pourrait le faire transporter quand bon lui semblerait, dans l'endroit qu'elle indiquerait. Le 2 juin suivant, le corps de Mgr d'Aguesseau, renfermé dans un cercueil de plomb, fut retiré du caveau des chanoines de Saint-Vallier, en présence des dits chanoines, et remis au sieur Joseph Cournes, chirurgien du dit feu seigneur, pour être transporté, accompagné du curé Courbis, dans l'endroit indiqué par la dame de Nollent.

Le 10 mars 1765, le premier consul expose à l'assemblée des habitants qu'en vertu de plusieurs arrêtés du parlement de Grenoble, et notamment celui du 7 septembre 1744, le chapitre de Saint-Ruf devait délivrer aux officiers de la commune pour les pauvres de la paroisse le vingt-quatrième de la dîme qu'il percevait, comme tous les autres curés et ecclésiastiques décimant de la paroisse ; que la somme de trois cents livres payée annuellement par le prieur ne saurait remplacar l'aumône générale qu'il était tenu autrefois de faire trois jours de la semaine à la porte du prieuré depuis la fête de la Toussaint jusqu'à la Saint-Jean-Baptiste. On ignore de quelle manière ce changement s'est opéré.

Ce paiement du vingt-quatrième de la dîme n'était pas la seule obligation du chapitre ; il devait faire l'aumône aux pauvres passants étrangers et leur donner du pain et du vin en la manière accoutumée. Le premier consul ajoute : nous voulons bien penser présentement que, pendant que le chapitre a vécu en communauté dans le prieuré il s'est acquitté exactement de cette obligation, mais depuis environ une année, que les chanoines se sont séparés pour vivre en leur particulier, cette aumône a complètement cessé d'être distribuée, et ce défaut de distribution occasionne à la communauté une surcharge très préjudiciable aux pauvres de la paroisse qui sont privés de l'aumône que les habitants font aux passants pour suppléer à celle qu'ils recevaient au prieuré.

Enfin la piété de nos pères les avait engagés à faire plusieurs fondations dont les revenus constituent aujourd'hui la richesse du prieuré. Parmi ces fondations se trouvait celle de la messe matinière appelée de Notre-Dame, qui a été célébrée depuis un temps immémorial à cinq heures et demie du matin en été et à six heures en hiver pour que les ouvriers et les cultivateurs pussent y assister avant de se rendre à leurs travaux. Or, depuis quelques années le chapitre s'est rétracté de son obligation en ne célébrant cette messe qu'après six heures en été et après sept heures en hiver, de telle sorte que les travailleurs sont privés d'un secours spirituel que la dévotion et la pieuse générosité de nos pères leur avait procuré.

L'assemblée, vivement frappée des faits signalés par le premier consul arrête qu'une consultation sera prise à Grenoble pour, sur l'avis qui sera rapporté, être plus amplement délibéré.

En 1766, les moyens de communication laissaient beaucoup à désirer, et les rapports entre Saint-Vallier et les communes de la vallée de Galaure étaient très difficiles. Le 16 août 1766, les habitants de Saint-Uze prirent l'initiative. Ils présentèrent une requête à l'intendant pour obtenir l'établissement d'une route à voiture dans la vallée. De Saint-Vallier au pont actuel de Saint-Uze il fallait traverser sept fois la rivière à dos d'âne ou de mulet. La requête des habitants de Saint-Uze était dès lors parfaitement fondée et les travaux qu'elle nécessitait ne tardèrent pas à être commencés mais d'une manière incomplète.

Le 20 avril 1767, pour faciliter le logement des troupes, l'administration municipale ordonna, en exécution d'une instruction du roi du 5 mai 1765, que des numéros seraient placés sur chaque maison. Cette dépense fut mise à la charge seulement des taillables de la communauté conformément à l'article 17 du règlement fait par le roi entre les trois ordres de la province, le 24 octobre 1693.

Le 15 août 1767, après deux jours de pluie diluvienne, le pont en pierre établi sur l'emplacement où se trouve actuellement la passerelle en fer fut emporté totalement par les eaux de la rivière de Galaure ainsi que plusieurs maisons voisines, une des tours et une partie des remparts de la ville le long de la rivière. Quelques personnes qui étaient sur le pont au moment de sa chute, furent entraînées également et périrent. Ce pont en pierre, formé d'une seule arche, très large et très élevée, était très ancien. Il mettait en communication la partie du territoire de la commune située sur la rive gauche de la Galaure avec la côte du Ravelin et la rue de la Charrière. Sa rupture rendait impossible l'usage de la grande route de Lyon à Antibes dans la traversée de la ville. Le lendemain le Conseil de la commune, composé de MM. Antoine Diousse, Pierre Goubertier, Jacques-Laurent Fayard, avocat; Antoine Cany, Jean-Baptiste-Michel Rostaing, Joseph-Alexandre Seul, avocat; Pierre Genin, médecin, et Nicolas Danthony, se réunit par devant le maire, M. Jean-Baptiste Baborier, et arrêta « que Mgr l'Intendant serait informé sans retard de l'état présent des lieux, afin qu'il plût à sa grandeur de pourvoir le plus tôt possible aux réparations les plus pressées pour l'utilité publique et pour rétablir la grande route. Il arrêta, en outre, à l'égard des dommages soufferts par divers particuliers, qu'il en serait dressé procès-verbal à leur réquisition pour les constater. » Malgré leur urgence, les réparations demandées furent ajournées. Les offices de maire créés à cette époque, mais qui ne tardèrent pas à être supprimés, expliquent la présence à l'assemblée du 16 août 1767 de M. Baborier comme maire de Saint-Vallier.

Le 6 décembre 1767, les membres du conseil général de la commune se réunissent, et l'un d'eux, M° Fayard, fait observer « que l'objet le plus pressant et le plus intéressant pour la commune, serait d'adresser à Mgr l'Intendant des supplications afin d'obtenir le rétablissement du pont sur la Galaure, dans l'endroit où il était avant sa chute, parce que sa construction à l'extrémité de la rivière et hors de la ville, comme l'indique le plan de l'ingénieur, priverait les marchands et les artisans des avantages très réels que leur procurait le passage de la grande route dans la grande rue de la ville, et rendrait très onéreuse la taille considérable à laquelle les maisons de cette rue étaient soumises ». L'assemblée arrête : que le premier consul, conjointement avec M°. Fayard, se pourvoiront par requête à Mgr l'Intendant, au nom de la communauté, pour le supplier d'ordonner que le pont provisoire sera construit sur les masures de l'ancien, et pour signaler à sa grandeur, la nécessité pressante de la construction d'un pont en pierre, afin de prévenir les dégradations journalières que la rivière occasionne. Ils supplieront en même temps M. le comte de Saint-Vallier d'appuyer leurs demandes de son crédit.

Un pont provisoire en bois fut établi au couchant de celui qui était en pierre et il a subsisté pendant plus de quarante ans, malgré les réclamations réitérées des habitants de Saint-Vallier.

Le 14 octobre 1767, MM. Jullien (Louis-Balthasard) et Gabet (Alexandre), ont été élus consuls. Quelques mois plus tard, le 27 mars 1768, en exécution de l'art. 57 de la déclaration royale du 12 mai 1766, Saint-Vallier a été divisé en trois quartiers et les habitants de chaque quartier ont élu quatre députés. Ces douze députés ont élu les notables qui ont ensuite nommé les échevins et les conseillers de la ville, le syndic receveur et le procureur juridictionnel, Sa Majesté ayant bien voulu laisser aux villes et bourgs le choix de leurs officiers municipaux et celui de leurs notables.

Le 22 avril 1768, noble Claude Berne de Levaux, chevalier de Saint-Louis, est élu premier échevin par bulletins secrets et M° Jean-Baptiste Raymond, avocat, est élu second échevin.

Le 29 septembre 1768, M° Laurent Fayard, avocat, représente que, par délibérations des 26 octobre 1766 et 15 janvier 1767, il a été chargé de proposer à M. Tardivon, abbé général de l'ordre de Saint-Ruf et prieur de Saint-Vallier, de terminer par un arbitrage de deux des seigneurs du parlement de la province du Dauphiné, le différend relatif aux aumônes dues par le prieur de Saint-Vallier aux pauvres de la paroisse, dont la distribution, qui se faisait autrefois en pain, a été changée en treize cents livres données annuellement. Les arbitres choisis : les seigneurs Devaux, président, et Garnier, conseiller au parlement, ont décidé que le prieur de Saint-Vallier distribuerait chaque année aux pauvres de la paroisse, à partir de la fête de Toussaint trente-cinq setiers de froment et trente-cinq setiers de seigle, mesure de Grenoble, sans que cet engagement pris personnellement par le prieur Tardivon, put engager son successeur. L'assemblée déclare accepter ce projet de transaction et charge M° Fayard de passer tout traité à cet égard avec M. de Saint-Ruf.

Le 10 décembre 1769, sur la demande du curé M. Courbis, la communauté des habitants décide que les soixante-dix setiers de blé dus annuellement par l'abbé de Saint-Ruf seront remis à l'hôpital pour être distribués aux pauvres en nature, ou en secours donnés dans l'hôpital. Cette rente a été réunie à l'hôpital par un décret de l'archevêque de Vienne, du 29 mai 1779, et elle a été servie jusqu'à la mort de M. Tardivon, abbé de Saint-Ruf et prieur de Saint-Vallier (1).

Au mois d'avril 1770, la communauté des habitants arrête que l'aumône annuelle de cent livres fondée par M. Jean

---

(1) *Archives de l'hôpital.*

Servient, notaire, le 29 novembre 1710, pour être employée à donner du pain et de la soupe à vingt pauvres de la paroisse, du 10 janvier au dernier jour de février, sera réunie à l'hôpital ainsi que la fondation du 19 janvier 1705, par laquelle M. Servient avait chargé le sieur Brotin, d'entretenir un poêle pour faire chauffer les pauvres à perpétuité pendant les mois de décembre, de janvier et de février. L'administration municipale, avait fait valoir pour obtenir la réunion à l'hôpital des deux fondations Servient, qu'elle serait très avantageuse pour les pauvres et qu'elle assurerait leur conservation. Ces fondations ont cessé d'être exécutées pendant la Révolution, mais elles ont été rétablies en 1802 avec quelques modifications.

En 1771, l'établissement d'une digue sur la rive gauche du Rhône et de Galaure est arrêté, et l'année suivante la communauté offre de payer la moitié de la dépense qu'il nécessitera. Deux ans après, Raymond Bonnet se rend adjudicataire de cette digue. Les travaux sont conduits avec activité, et la somme de 13,840 livres, prix de l'adjudication du communal de la Brassière, devra être employée à la construction de cette digue.

Une lacune regrettable dans les registres des délibérations municipales de Saint-Vallier, de 1770 à 1775, ne permet pas de reproduire les actes qui émanèrent de l'autorité locale pendant les dernières années du règne de Louis XV et à l'avènement de son petit-fils Louis XVI. A la mort de Louis XV, le 10 mai 1774, le royaume était divisé, les finances dilapidées, le gouvernement sans force et les populations agitées par tous les genres de troubles et de désordres. Un profond désaccord existait entre les éléments constitutifs de la Société, entre les idées et les institutions. Partout pour les personnes et les choses il y avait les plus choquantes inégalités, la plus étrange confusion. La France n'avait pas de constitution écrite, tout reposait sur des usages. La mauvaise organisation administrative était accrue par le droit de battre monnaie en créant des places inutiles qui grevaient le public. La justice était lente et coûteuse. La procédure criminelle était secrète, compliquée, et la loi pénale commandait les supplices les plus atroces.

L'administration des finances était rendue déplorable par la confusion du trésor public avec le trésor particulier du prince et par la mauvaise perception des contributions publiques confiée à des fermiers généraux qui se disaient les colones de l'Etat et l'écrasaient bien plus qu'ils ne le soutenaient. Dans l'armée, recrutée par des enrôlements volontaires, les grades étaient multipliés outre mesure; ils s'achetaient, et les acquéreurs pouvaient, sans avoir fait aucun service, devenir officiers généraux.

L'administration ecclésiastique n'était pas moins défectueuse. Les diocèses étaient trop inégaux; il en était de même des revenus. Les évêques, abbés, prieurs et chanoines se partageaient près du tiers des revenus de l'église; beaucoup de curés étaient fort riches, mais beaucoup de vicaires étaient réduits à la portion congrue,

Au point de vue social, les inégalités étaient plus grandes encore. Les trois ordres, le clergé, la noblesse et la roture établissaient la diversité dans les conditions des personnes, comme les pays d'Etat et les pays d'élection dans les provinces. L'inégalité quant aux fonctions publiques, à l'impôt et à la justice, froissaient et irritaient la très grande majorité des Français; le travail et l'industrie étaient entravés par les corporations, les jurandes, les maîtrises, et le commerce par les péages et les douanes intérieures qui isolaient les provinces et imposaient de lourdes charges sur les produits transportés. L'agriculture souffrait des rentes et des dîmes qui pesaient sur la terre et de l'insuffisance et du mauvais état des voies de communication. La liberté individuelle était très mal garantie, les mœurs publiques étaient gravement atteintes par les exemples déplorables de la cour et la misère du peuple était affreuse.

En même temps que ces inégalités et ces abus frappaient tous les esprits, un immense travail intellectuel se faisait en France. Des réformes étaient demandées par les hommes d'Etat, les philosophes, les économistes, et l'opinion publique commençait à s'imposer. Des idées nouvelles appelaient nécessairement des institutions nouvelles contre lesquelles réagissaient tous ceux qui vivaient des abus et des privilèges féodaux que la royauté n'avait pu détruire. « Tout était dérangé dans les esprits et dans les mœurs, signe certain d'une révolution prochaine. » (1)

Tel était l'état de la France lorsque Louis XVI monta sur le trône, à peine âgé de vingt ans. Ce prince aimait le bien et le voulait ; mais il n'avait aucune expérience des affaires. D'un caractère faible et indécis, il lui était difficile de gouverner par lui-même, et cependant la France était arrivée à une de ces crises suprêmes dont elle ne pouvait sortir que par de grandes réformes ou une révolution. Louis XVI renonça au droit de joyeux avénement, rappela les parlements, pour donner satisfaction à l'opinion publique, et confia les finances à Turgot qui déclara ne vouloir ni augmentation d'impôts, ni emprunts. Ces premiers actes du nouveau souverain furent accueillis avec une vive satisfaction par l'opinion publique. Toutes les communes envoyèrent des adresses à Sa Majesté pour lui exprimer leur reconnaissance. La perte des registres des délibérations de la commune de Saint-Vallier, de 1770 à 1775, ne nous permet pas de donner l'adresse de ses habitants.

Le 1er mars 1776, la digue de la Buissonnée était en cours de construction par l'entrepreneur Bonnet lorsqu'elle fut gravement endommagée par une crue du Rhône. Des plaintes très vives se firent entendre et de nouveaux travaux furent ordonnés.

Le 14 du même mois, Me Fayard rend compte de la démarche dont il a été chargé avec les échevins auprès de Mgr l'archevêque de Vienne pour faire appliquer à la paroisse de Saint-Vallier les revenus et les biens dépendants du prieuré et du chapitre de Saint-Vallier anciennement unis à l'ordre de

(1) Chateaubriand, *Etud. hist.*, I, 151).

Saint-Ruf. Il ajoute que la requête de la commune a été accueillie avec faveur par l'archevêque qui a promis que droit y serait fait lorsque le temps serait venu.

L'année suivante, Mgr l'archevêque de Vienne, pendant sa visite pastorale à Saint-Vallier, insiste sur la nécessité d'établir un cimetière hors de la ville. Celui qui existe autour de l'église est trop petit, et, d'ailleurs, il est contraire à l'ordonnance du roi du 10 mars 1776 portant que les cimetières seront transférés hors des villes. Le 26 août, le corps municipal voulant remplir les intentions de Mgr l'archevêque arrête que Sa Grandeur sera suppliée de vouloir bien accorder une indemnité au curé pour une terre que la commune espère obtenir de lui pour y établir le cimetière.

Depuis que le prieuré de Saint-Vallier avait beaucoup souffert des dévastations des coréligionnaires et perdu son existence propre en 1717, par l'union de la mense prieuriale à la mense de Saint-Ruf de Valence, il s'amoindrissait sans cesse lorsque parut la bulle de Clément XIV, du 1er juillet 1771, qui prescrivit la sécularisation et l'extinction de l'ordre de Saint-Ruf et son union à celui de Saint-Lazare. Cette bulle ordonna, en outre, qu'à l'avenir le service divin continuerait à être célébré et les messes des fondations acquittées par un nombre suffisant de prêtres qui seraient établis et subrogés à la place des chanoines réguliers de Saint-Ruf dans toutes les églises où ils avaient des collégiales. Cette bulle reçut quelques modifications par celle du mois de février 1772 qui révoqua la commission donnée à l'évêque d'Auxerre pour la suppression de l'ordre de Saint-Ruf et la transféra à chacun des évêques dans le diocèse desquels étaient situés les chapitres et bénéfices de Saint-Ruf. Par une seconde modification, les biens et revenus de l'ordre de Saint-Ruf ne furent plus unis à l'ordre de Saint-Lazare, mais les évêques diocésains purent les unir aux collèges, hôpitaux et églises paroissiales dans l'étendue de leur diocèse.

La congrégation de Saint-Ruf de Valence ayant été supprimée par décret de l'évêque de Valence du 12 août 1774, confirmé par lettres patentes du mois de septembre suivant, un avis concernant la suppression et la sécularisation de l'ordre de Saint-Ruf fut affiché, le 14 août 1775, pour prévenir les habitants de Saint-Vallier que, le 19 août, il serait procédé devant messire Tuillier, official du diocèse de Vienne, à la visite de la mense conventuelle du prieuré de Saint-Vallier et à la vérification des revenus et charges du dit prieuré. Invitation était faite en même temps à ceux qui auraient quelque demande à former de se présenter devant messire Thuillier à l'auberge de la poste pour déduire leurs droits et demandes.

Le corps de ville chargea M. Rostaing, premier échevin, et Mᵉ Fayard, de paraître devant messire Tuillier et de faire toutes protestations qu'ils jugeraient utiles pour la conservation des droits de la paroisse. Leurs protestations n'aboutirent point, parce que l'archevêque de Vienne, Mgr Le Franc de Pompignan, par décret du 14 février 1777, disposa des biens de la congrégation de Saint-Ruf et unit le prieuré de Saint-Vallier à l'évêché de Valence à la charge par lui de continuer l'exécution du concordat du 14 mars 1679 intervenu entre l'abbé Jean de la Croix de Saint-Vallier, prieur de Saint-Vallier, et les chanoines du chapitre de Saint-Ruf. Le décret du 14 février 1777 fut confirmé par lettres patentes du roi du 23 septembre 1778 et l'antique prieuré de Saint-Vallier, qui avait longtemps contribué au développement intellectuel et moral des habitants et au soulagement des pauvres, disparut pour jamais.

La communauté de Saint-Vallier ayant protesté contre la suppression des bénéfices dépendant de la mense conventuelle du chapitre de Saint-Vallier, l'archevêque de Vienne, par décret du 29 mai 1779, sécularisa les biens de l'ordre de Saint-Ruf dans son diocèse et en détermina l'application. Quoique froissés par ce second décret, les habitants de Saint-Vallier crurent devoir temporiser; ils se bornèrent à présenter, en 1785, une requête au parlement du Dauphiné pour qu'il lui plût ordonner, lors de l'enregistrement du décret du 29 mai 1779, que le décret du 14 février 1777 et le concordat du 14 mars 1679 seraient exécutés suivant leur forme et teneur. Le décret du 29 mai 1779 ayant été approuvé par lettres patentes du roi du mois de mai 1780, la communauté de Saint-Vallier interjeta appel comme d'abus, le 24 août 1785, contre l'évêque de Valence, contre le syndic général du diocèse de Vienne et contre le curé de Saint-Vallier. Cet appel fut-il accueilli ou rejeté par le parlement? Les documents font défaut à cet égard; mais la Révolution ne tarda pas à anéantir les droits du clergé en ordonnant la vente de ses biens et à rendre ainsi impossible l'exécution des fondations dont il avait été chargé par les habitants de Saint-Vallier.

En 1778, M. Laurent Fayard, avocat, est nommé échevin. Il propose de vendre un emplacement appelé Morthiet, situé près de la porte d'Aillot, pour employer le prix de cet emplacement à l'acquisition d'un fonds hors de la ville destiné à l'établissement d'un cimetière devant servir à une population de 2066 personnes. Le corps municipal adopte cette proposition et il charge Me Fayard, échevin et Me Goubertier, l'un des notables, de traiter avec l'un des trois propriétaires dont les fonds pourraient convenir. Leurs démarches aboutirent, le 28 août 1782, à la vente consentie par J.-B. Galland à la communauté, moyennant 1,200 fr., d'un terrain de quinze pugnerées pour l'établissement d'un nouveau cimetière en remplacement de celui qui était autour de l'église et de l'annexe du Morthiet. Le cimetière actuel, qui a été agrandi en 1887, n'est autre que celui créé en 1782.

Une requête adressée, en 1779, à l'intendant de la province du Dauphiné nous apprend que dame Marguerite Bouvat, veuve O'Farrell, étant obligée d'habiter Saint-Vallier, lieu exposé aux corvées et logements de gens de guerre qui y passaient fréquemment, demanda à être exemptée de cette double charge. Elle faisait valoir que feu Jean-Antoine O'Farrell, son mari, était fils de noble Jean-Eyral O'Farrell, officier irlandais venu en France à la suite de Jacques II, souverain de la Grande-Bretagne. Elle ajoutait que la noblesse de son mari avait été attestée à Monseigneur en diverses occasions par noble Alexandre, frère de Jean-Antoine, et par plusieurs pièces qui justifiaient les prétentions dudit Alexandre aux immunités de la noblesse.

Cette requête était parfaitement fondée et elle fut répondue en ces termes, le 10 août 1779 : « Vu la présente requête, les titres produits par le sieur Alexandre O'Farrell, beau-frère de la suppliante, reconnu pour gentilhomme à Grenoble, et le § 3 de l'article 57 du titre 5 de l'ordonnance du roi du 1er mars 1768; nous, intendant, déclarons Marguerite Bouvat, veuve de Jean-Antoine O'Farrell, suppliante, exempte du logement des gens de guerre et du service de la corvée tant qu'elle vivra individuellement et qu'elle ne fera aucun commerce et n'exercera aucun état dérogeant à la noblesse. »

Le 13 janvier 1780, M. Laurent Fayard, premier échevin, annonce au Conseil de la communauté que l'intendant de la province a accordé, dans la distribution des fonds destinés par le roi aux travaux de charité, une somme de trois mille livres pour être employée à la construction d'un chemin dans la vallée de Galaure sous la condition qu'il sera versé une semblable somme de trois mille livres par les communes intéressées. Pour se conformer à l'ordonnance de l'intendant, il est arrêté que la communauté de Saint-Vallier contribuera avec toutes les autres communes riveraines proportionnellement et par impositions sur les trois ordres, à la moitié de la dépense de ce chemin.

M. Genin est élu échevin pour l'année 1781. Cette année là, les habitants demandent la confection d'un nouveau péréquaire de la commune contenant les noms de tous les possesseurs d'immeubles tant nobles que roturiers. Cette demande révèle les préoccupations de l'époque. Les réformes de Turgot pour remplacer la corvée par les impôts et pour assurer la liberté de l'industrie par la suppression des maîtrises et des jurandes avaient échoué. Celles de Necker pour relever le crédit public excitèrent les clameurs des courtisans et irritèrent la Cour contre la publication du compte rendu des finances qui initia pour la première fois la France aux mystères du budget de l'Etat. Necker dut se retirer le 25 mai 1781, et sa retraite fut alors considérée comme une calamité pour le pays. Désormais les réformes furent abandonnées pour les expédients.

Le 3 février 1782, les échevins, MM. Pierre Genin et Pierre Goubertier, et l'un des notables, M. Fayard, avocat, sont délégués par le Conseil de la communauté pour témoigner à madame la marquise de Murat, héritière du Seigneur président de Valernod, la plus vive reconnaissance de la paroisse pour le legs de six mille livres fait par ledit Seigneur pour l'agrandissement de l'église.

La famille de Valernod, originaire de Saint-Vallier, tirait sa noblesse d'Alexandre de Valernod, sieur de Champfagot, qui fut pourvu, en 1583, d'une charge de maître ordinaire en la chambre des comptes de Grenoble. Il épousa Sébastienne de Garaguel, de laquelle il eut Jean de Valernod, seigneur de Fay. Jean de Valernod fut marié le 24 avril 1604 avec Louise de Lionne, fille de Sébastien de Lionne et de dame Bonne de Portes. Il eut deux fils : 1° Hugues, seigneur de Fay, qui épousa, en 1630, Anne Mistral, fille de Laurent Mistral, conseiller au parlement du Dauphiné ; 2° Humbert qui devint abbé de Saint-Ruf.

Hugues de Valernod eut cinq enfants. L'aîné, Jean-Baptiste, seigneur de Fay, président et lieutenant général à la sénéchaussée et au présidial de Valence, eut deux enfants. Le cadet, Elzéard de Valernod, fut chanoine d'Ainay et membre de l'académie de Lyon ; l'aîné, Hugues-Joseph, seigneur de Fay, de Chavagnieux en Dauphiné, Montferrat, Lâbatie-sur-Cerdon, etc., fut, comme son père, président et lieutenant-général du présidial de Valence. Il avait épousé Louise de Montferrand dont il eut trois filles. L'aînée, Marie de Valernod, épousa, le 4 juillet 1759, Victor de Murat, marquis de Lens-

Lestang, président à mortier au parlement du Dauphiné, depuis 1754, en remplacement de Claude de Murat, son père, qui avait été lui-même président à mortier, le 23 juin 1734, sur la résignation et en remplacement de Jean-Dominique de La Croix de Sayve (1).

La seconde, Marie-Gabrielle, fut unie au marquis du Viennois, et la troisième, Louise-Gabrielle, épousa messire Joseph-Séraphin Turtelle, prenant ce nom par son testament au lieu de celui de Labeaume-Pluvinel, marquis de Laroque et plusieurs autres lieux. Il résulte des registres de l'état civil de Saint-Vallier que la bénédiction nuptiale des trois filles de Hugues-Joseph de Valernod fut donnée dans la chapelle du château des Rioux.

Messire Hugues-Joseph de Valernod était décédé en 1777 et avait été enterré dans l'église de Saint-Vallier. Sa fille, madame la marquise de Murat, était veuve lorsque, le 23 mars 1784, elle mourut empoisonnée au château de la Sône par un potage de farine d'orge préparée avec de l'arsenic pour détruire les rats. Deux de ses fils et le vicaire de Lens-Lestang, qui avaient mangé également de ce potage, éprouvèrent de vives douleurs, mais ils purent être sauvés par les soins du célèbre docteur valentinois Daumont. Madame de Murat laissait quatre fils : l'aîné, Hugues-François-Casimir de Murat, marquis de Lestang, qui épousa le 16 juin 1788, à Paris, très haute et très puissante damoiselle Aglaé-Charlotte-Marie de Broglie, princesse du Saint-Empire, fille de très haut et très puissant seigneur Monseigneur Victor-François duc de Broglie, prince du Saint-Empire romain, maréchal de France, chevalier des ordres du roi, gouverneur et commandant en chef de la province des évêchés, et de très haute et très puissante dame Louise-Augustine Salbigothon-Crozat de Thiers.

Hugues-François-Casimir de Murat, marquis de Lestang, fut

(1) *Généalogie de la Maison de Murat de Lestang*, par le marquis de Murat, p. 4.

nommé colonel d'infanterie le 27 octobre 1791 et servit dans l'armée des princes de 1792 à 1795. Il avait hérité du château des Rioux et de ses dépendances qui furent vendus en 1794 comme bien d'émigré. Dès son retour en France, en 1815, le marquis de Lestang fut nommé colonel d'infanterie et chevalier de Saint-Louis, mais il ne tarda pas à quitter le service « pour essayer de recueillir les débris de la grande fortune de sa famille dispersée par la Révolution. » (1).

Il mourut en 1843, laissant un fils, Victor-Marie-Maurice de Murat, marquis de Lestang, qui épousa, en 1834, Mademoiselle Marie-Françoise-Pauline de Guillet de Moidière, dont il eut deux filles. Avec lui s'est éteinte la branche aînée des Murat de Lestang.

Revenons à 1782. Le 18 juin de cette année, le premier échevin annonce à l'assemblée que, sur les représentations faites à l'archevêque de Vienne par M. Tavernier, curé de la paroisse, de l'impossibilité où ses habitants se trouvaient de reconstruire leur église détruite depuis plusieurs siècles par les protestants, Sa Grandeur a bien voulu promettre un prompt secours de quatre mille livres pour être employé à cette reconstruction. L'assemblée, très satisfaite de cette communication, charge les échevins de témoigner à Sa Grandeur toute la satisfaction de la paroisse pour les secours qu'il lui a plu d'accorder à cet effet et de lui en faire ses très humbles remercîments. Le 4 août, l'assemblée arrête que la reconstruction de l'église est de la plus urgente nécessité et qu'elle approuve les plans et devis qui ont été dressés par le sieur Linossier, architecte à Valence. Un examen plus particulier de ses plans fit reconnaître qu'ils étaient inexacts. Les échevins demandèrent alors un nouveau plan au sieur Dubost, architecte à Lyon, qui avait la conduite des travaux du collège de Tournon et son plan fut adopté le 18 mars 1783. L'adjudication des travaux fut

---

(1) *Généalogie de la Maison de Murat de Lestang*, par le marquis de Murat, p. 77.

tranchée au profit de l'entrepreneur Armand Bonnet qui devait employer de la pierre de taille de Claveyson et de Clérieu. Cette pierre peu maléable fut remplacée par du tuf pour les arceaux.

M. Laurent Fayard, qui avait été élu de nouveau échevin, fut chargé, en 1784, par l'assemblée de la communauté de proposer au comte de Saint-Vallier, seigneur haut justicier de la paroisse, de placer sur la façade de l'église ses armoiries en relief pour remplacer la litre qu'il avait le droit d'y faire mettre et qui nuirait à l'agrément de l'architecture de la façade. M. le Comte de Saint-Vallier témoigna sa satisfaction de cette proposition et exprima qu'il serait bien aise que ses armoiries fussent accolées à celles de Madame la comtesse son épouse. En même temps il remit les deux écussons qui furent placés sur la façade de l'église où ils subsistèrent jusqu'en 1793.

Pendant que la construction de l'église s'achevait, M. Laurent Fayard était député auprès de Mgr l'archevêque de Vienne pour lui représenter l'état malheureux de la paroisse de Saint-Vallier épuisée par des impositions extraordinaires et multipliées qui la mettaient hors d'état de contribuer aux réparations de son église paroissiale. M. Fayard était chargé de faire valoir que, par suite de la mort imprévue du chanoine Dubessi, tous les bénéfices claustraux unis à la fabrique de la paroisse étaient libres et devaient lui être attribués pour achever les réparations de l'église. Cette requête fut accueillie en partie et la fabrique de la paroisse reçut la dotation du domaine du prieuré situé à Laveyron dont jouissait le chapitre de Saint-Ruf, et une somme de treize cents livres à prendre sur le lot du prieuré de Saint-Vallier; dont l'abbé de Saint-Ruf avait la jouissauce en vertu du décret d'union du prieuré à l'évêché de Valence, en date du 14 février 1777.

La fabrique de l'église de Saint-Vallier avait été établie par décret de l'archevêque de Vienne, du 27 mai 1779, revêtu de lettres patentes du mois de mars 1780, sur l'union et application des biens de l'ordre de Saint-Ruf. Son administration fut confiée au curé, au maire et au juge de Saint-Vallier, fabriciens nés, et, en conformité d'un règlement du 8 juillet 1783, approuvé dans l'assemblée de la paroisse du 26 septembre 1784, à M. Fleury père nommé premier marguillier, à MM. Monier et Rostaing, marguilliers comptables, à M. Gleizolle, procureur, et à M. Bonnet, notaire secrétaire. La dotation de la fabrique était de 6,300 livres de revenus en 1784. Elle se composait spécialement de 1,300 livres dues par l'évêque de Valence, de 3,000 livres, produit annuel du domaine et de la dîme de Laveyron, de 117 livres du terrier de l'aumônerie, de 436 livres pour le produit de la maison du prieuré de Marette à Andancette.

Les dépenses s'élevèrent cette année-là à 4,900 livres, d'où il résulta un excédent de recettes de 1,406 livres. Les dépenses comprenaient notamment 1,800 livres pour la congrue du curé, 1,400 livres pour les deux vicaires, 300 livres pour l'hôpital, 200 livres pour le prédicateur du Carême, 100 livres pour le précepteur de la jeunesse, 300 livres pour les réparations annuelles et 300 livres pour les aumônes du Jeudi-Saint, frais de luminaire et de la sacristie (1).

Depuis le décès de M. Dubessi, chanoine du chapitre ancien, la paroisse était réduite les jours de fête et dimanches à trois messes. Elle adressa à Mgr l'archevêque de Vienne la demande d'un troisième vicaire, mais elle éprouva un refus contre lequel elle protesta vainement.

L'impossibilité de rétablir la conventualité de la part des frères du tiers-ordre de Saint-François à Saint-Vallier, qui était prescrite par l'édit du mois de mars 1768, se trouvant démontrée par les délibérations particulières et générales, et par les dépositions des témoins entendus dans la procédure, détermine, le 21 décembre 1785, le révérend père Basile Tuallion, visiteur des religieux du tiers-ordre de Saint-François de la Custodie de Lyon, à passer vente privée du couvent des

---

(1) *Arch. de l'hôpital.*

Picpus de Saint-Vallier à MM. Raymond, avocat, et Bonnet, notaire, pour y établir un pensionnat d'enfants. Le prix fixé à 15,000 livres sera payable comptant lors de la vente publique qui suivra la permission de vendre obtenue par la Custodie de Saint-Louis-roi dite de Lyon. Le 14 janvier suivant, cette Custodie déclare qu'elle accepte la proposition faite par les principaux habitants de Saint-Vallier et qu'elle va s'adresser au régime général de la congrégation de France pour obtenir du roi la permission de vendre le couvent de Saint-Vallier et d'en appliquer le prix à l'extinction d'une partie de ses dettes qui sont considérables. Cette résolution du régime particulier de Lyon fut approuvée, le 27 du même mois, par l'assemblée générale de la Congrégation gallicane réunie à Paris dans le couvent de Notre-Dame de Nazareth.

En exécution de ces deux résolutions, il intervint, le 4 février 1785, un arrêt du Conseil d'Etat portant : « que pour faciliter à la custodie de Lyon les moyens de satisfaire aux engagements dont elle était surchargée, les supérieurs se pourvoiraient devant l'archevêque de Vienne à l'effet d'obtenir la suppression du couvent de Saint-Vallier, dont les lieux claustraux seraient cédés à la ville de Saint-Vallier.

Le 16 mars 1786, le corps de ville de Saint-Vallier, après avoir pris connaissance de cet arrêt du Conseil d'Etat, déclara que l'acquisition de la maison conventuelle des Picpus deviendrait très avantageuse aux habitants en y établissant un pensionnat pour l'éducation de la jeunesse ou des manufactures pour augmenter le commerce de la ville. En même temps il pria les échevins de conférer avec les principaux habitants pour les déterminer à se charger de faire eux-mêmes cette acquisition. Cinq jours après, les échevins annoncèrent au corps de ville que quatorze habitants offraient d'acquérir en commun la maison des Picpus pour en faire l'application aux établissements demandés.

En vertu de l'arrêté du Conseil d'Etat du 4 février 1786, Mgr Lefranc de Pompignan, archevêque et comte de Vienne, primat des primats des Gaules, conseiller du roi en tous ses conseils, commit son official Joseph Tuillier pour faire une enquête de *commodo et incommodo* à laquelle M. de Saint-Vallier, comme héritier des fondateurs du couvent, fut appelé. La suppression demandée ne pouvant être ordonnée sans le consentement du comte de Saint-Vallier, qui était alors absent, un délai lui fut imparti pour défendre ses droits, mais il ne put ou ne voulut pas en user et l'archevêque de Vienne rendit, le 7 juin 1786, un décret autorisant les religieux du tiers-ordre de Saint-François de la Custodie de Saint-Louis-roi de Lyon à vendre les bâtiments, l'église et les dépendances qu'ils avaient occupés et occupaient encore. Ce décret transférait provisoirement l'acquit des fondations dans l'église paroissiale de Saint-Vallier au curé et aux vicaires de ladite paroisse, ainsi que les honoraires et rétributions payés par les religieux du tiers-ordre de Saint-François de Lyon et prescrivait que le prix de la vente serait hypothéqué sur la maison conventuelle située à la Guillotière, faubourg de Lyon, et confirmé par la délibération du régime général dudit ordre en faveur du diocèse de Vienne et de la ville de Saint-Vallier.

Dans cet état de choses, le 21 juin 1786, le révérend Père Tuallion, visiteur, et le révérend Père Rey, secrétaire de la Custodie de Lyon, offrirent à MM. Raymond et Bonnet de leur passer vente publique du couvent de Saint-Vallier à la charge par eux et par leurs co-intéressés de payer comptant le prix de 15,000 livres arrêté par la convention privée du 22 décembre 1786. MM. Raymond et Bonnet ne crurent pas devoir accepter cette offre. Ils opposèrent que les biens d'église comme ceux des mineurs ne pouvaient être aliénés que pour l'acquit de dettes légitimes de l'ordre et par préférence pour celles de la maison de Saint-Vallier ; le tout préalablement réglé par un décret du régime général et du régime particulier de la Custodie de Lyon.

A ces observations, les supérieurs de la Custodie de Lyon répondirent qu'ils offraient de passer une vente publique de leur couvent de Saint-Vallier moyennant la somme de 15,000 livres qui serait comptée le jour du contrat ainsi qu'il était porté dans les conventions passées avec MM. Raymond et Bonnet. Ils ajoutèrent qu'ils voulaient remplir les conventions à la lettre et qu'ils étaient en droit d'exiger de MM. *les observateurs* la même fidélité à leurs promesses.

Pendant que ces mémoires étaient produits, le frère Anastase Laurent, supérieur de la maison conventuelle du tiers-ordre de Saint-François établie dans la paroisse de Saint-Vallier, fit remontrer, par acte d'huissier du 21 juillet 1786, à M. Laurent Fayard, avocat, et en sa personne, à tous les prétendus acquéreurs de la Maison conventuelle de Saint-Vallier, que lui seul, en sa qualité de supérieur de cette maison, avait le droit de la vendre et qu'il protestait contre la vente faite secrètement et sous seings privés par les révérends Pères visiteurs de la Custodie de Lyon. « Cette vente au prix modique de 15,000 livres, était, disait-il, un attentat à son droit et même une déshonnêteté des plus grandes, n'y ayant pas même été appelé; c'est pourquoi il s'opposait à tout ce qui avait été fait sans sa participation. »

Les prétentions contraires du supérieur de la Maison conventuelle de Saint-Vallier et du supérieur de la Custodie de Lyon, rendirent impossible la réalisation de la vente privée de 1783, et, le 30 juillet 1791, le couvent des Picpus de Saint-Vallier et ses dépendances, furent vendus comme biens nationaux pour le prix de 13,200 livres, au sieur Nicolas Gondard (1). M. Bonjour en devint ensuite acquéreur, et y installa une maison de santé. Sous la Restauration, cette maison fut acquise par MM. Chartron frères, qui la transformèrent en une vaste et agréable habitation, et créèrent dans les dépendances trois importantes fabriques pour la filature des cocons, l'ouvraison de la soie et le tissage des étoffes de soie.

Le 16 janvier 1787, Raymond Bonnet, adjudicataire des

(1) *Arch. de la Drôme.*

travaux de reconstruction de l'église, se présente devant le Conseil de la commune, et déclare que les travaux sont achevés conformément au plan de l'architecte Dubost, de Lyon. Une inscription en lettres d'or, gravée sur une table en marbre blanc, placée au-dessus du portail de l'église, rappelle que : « cette église a été détruite par l'hérésie en 1583 et rétablie en 1786. »

En 1788, l'adjudication de la digue sur les bords du Rhône, depuis longtemps demandée, est reçue par le sieurs Badon, au prix de 90,000 livres, et par le sieur Raymond Bonnet, pour 8,650 livres, d'après les devis des ingénieurs Rolland et Lormet (1). A cette date, Raymond Bonnet tenait à ferme, au prix de 6,900 livres, le bac sur le Rhône (2).

Depuis que l'opinion publique a été vivement surexcitée par l'annonce prochaine des Etats-Généraux, les évènements qui se produisent à Paris ont un grand retentissement dans les provinces. Après le lit de justice du 8 mai 1788, dans lequel Louis XVI fit enregistrer militairement divers édits sur la réforme judiciaire et rétablit la cour plénière, un mécontentement général se manifesta dans le pays que ces mesures désarmaient contre le despotisme ministériel. Dans quelques provinces, les manifestations allèrent jusqu'à la révolte. A Grenoble, le Parlement protesta, le 9 mai, contre les édits qui devaient lui être communiqués le lendemain par le duc de Clermont-Tonnerre, commandant en chef de la province du Dauphiné. L'enregistrement forcé eut lieu le 10 mai 1788, et il motiva deux jours après, des observations adressées par le conseil municipal de Grenoble au ministère, pour rappeler que depuis la cession faite par le dauphin Humbert II, le Dauphiné se trouvait dans une situation différente de celle des autres provinces, et que le Parlement, dont le siège était à Grenoble, se trouvait amoindri par la création de deux grands bailliages.

Le Parlement continuait à se réunir, « ne se doutant pas

(1) *Arch. départ.*, c. 266. — (2) *Arch. départ.*, c. 278.

que par ses remontrances passionnées, il prononçait son arrêt de mort, et provoquait la ruine de la monarchie » (1), lorsque des lettres de cachet enjoignirent à chacun de ses membres de quitter Grenoble le 7 juin. Ce jour-là, un soulèvement général éclata dans la ville et la population opposa une vive résistance aux troupes. La nuit suivante les magistrats, voulant prévenir toute nouvelle émotion, sortirent secrètement et individuellement de la ville, pour se rendre dans les lieux qui leur avaient été assignés, et la Chambre des vacations resta seule chargée de rendre la justice. Après cette journée, connue à Grenoble sous le nom de Journée des tuiles, « où, suivant Barnave, coula le premier sang qui ait été versé pour la Révolution, » (2) le conseil général de la ville se réunit pour adresser à Sa Majesté de nouvelles supplications, afin d'obtenir de sa justice la conservation des priviléges de la province, le rétablissement de l'ordre ancien et pourvoir aux besoins des habitants que les circonstances ont réduit à l'indigence. En même temps, les trois ordres des villes et des bourgs furent invités à envoyer des députés à Grenoble pour délibérer dans une assemblée générale, sur les droits et intérêts de la province, et réunir leurs supplications auprès de Sa Majesté.

Les habitants de Saint-Vallier s'empressèrent de répondre à cet appel. Le 21 juin 1788, une convocation générale des trois ordres eut lieu à la maison commune, où se trouvaient :

ÉCHEVINS
MM.
Rey.
Raymond, père.

CLERGÉ
MM.
De la Roche, ancien chanoine de Saint-Ruf.
Tavernier, curé de cette ville.
Baborier, prêtre.
De la Fayolle, prêtre et vicaire.
Joumel, prêtre et vicaire.

NOBLESSE
MM.
Le marquis de Saint-Vallier.
Le marquis de Beausemblant.
De Sibaud.

AVOCATS
MM.
Fleury, père.
Seul.
Fayard (Laurent).
Raymond, fils.
Fleury, fils, juge de Saint-Vallier.

(1) Berger, *le Parl. de Grenoble*, 22. — (2) Barnave, œuvres, I, 97.

MÉDECINS
MM.
Gagnière.
Genin.

NOTAIRES ET PROCUREURS
MM.
Danthony.
Bonnet.
Fayard (Nicolas).
Baborier.
Paturel.
Brette.
Gleizolle.

CHIRURGIEN
M.
Morel.

HUISSIER
M.
Cluas.

BOURGEOIS ET NÉGOCIANTS
MM.
Monier.
Martignac.
Rostaing, père.
Forcheron.
Bonnet.

MM.
Goubertier.
Caise.
Gondard.
Ronjat.
Garcin.
Gueyton.
Fay.
Aulier.
Chatron.
Bonnet cadet.

NOTABLES DES DIFFÉRENTS CORPS DE MÉTIERS
MM.
André Boucod.
Gilbert Cluas.
Antoine Thomas.
Jean-Baptiste Galland.
Pierre Pessel.
Joseph Sarrère.
Jacques Dangon.
Joseph Galland.
Henri Terrasson.
Pierre-Elzéar Roux.
Antoine Falcon.
Thomas Ducurtil.
Antoine d'Imbert.

Les officiers municipaux donnèrent lecture de la délibération de la municipalité de Grenoble, relative au retour du Parlement, et l'assemblée prit la résolution suivante : « Considérant que les nouveaux édits, enregistrés militairement dans toutes les cours du royaume, annoncent le projet d'écarter toute espèce d'obstacle à la perception arbitraire des impôts ; que la création d'une cour dépendant de l'autorité, ôte à la nation l'espérance de la convocation des états regardés généralement comme l'unique remède aux maux dont elle est accablée ; que l'exil des magistrats prive les peuples de leurs défenseurs, suspend le cours de la justice, compromet la fortune et la vie des citoyens; que par les nouveaux établissements, les privilèges de la province sont ouvertement violés; que, loin de trouver des motifs de consolation dans l'espoir d'un avenir plus heureux, l'on n'y aperçoit que des sujets de crainte et les suites les plus effrayantes.

« Considérant que cette ville en particulier n'a d'autres ressources que celles que lui procurent la grande route et les différentes justices qui s'y exercent, qu'elle est à la veille d'être privée de l'un de ses avantages par l'établissement de la nouvelle route que la province du Languedoc fait construire sur la rive droite du Rhône, et que la seconde lui est enlevée par l'édit concernant l'administration, qui porte une atteinte manifeste à la propriété des seigneurs hauts justiciers et qui rend la justice beaucoup plus onéreuse pour le peuple, par les droits exhorbitants du fisc dans les nouveaux tribunaux ; qu'elle sera bientôt dans l'impuissance de payer ses impositions actuelles, et à plus forte raison d'en supporter l'augmentation.

« A délibéré unanimement qu'elle se réunit, dans tout son contenu, à la délibération de l'hôtel de ville de Grenoble, pour porter aux pieds du trône ses doléances et ses réclamations, et pour solliciter de la justice du roi la révocation d'édits dont les peuples conçoivent de si justes alarmes, le retour des magistrats, le rétablissement des états particuliers de la province dans la forme proposée par la délibération de la ville de Grenoble et la tenue prochaine des états généraux si solennellement promis et ardemment désirés. »

Les délibérants arrêtent, en outre, qu'ils chargent M. le marquis de Saint-Vallier et à son défaut M. de Sibaud pour le clergé et la noblesse; M. Fleury père, et à son défaut M. Gagnière, médecin, pour le tiers état, de se rendre à Grenoble, lorsqu'ils en seront requis, afin de concourir, avec les autres députés de la province, à tout ce qui pourra tendre au bien général du royaume et de la province en particulier, leur donnant, à cet effet, tous pouvoirs nécessaires.

M. le marquis de Saint-Vallier et M. Gagnière se rendirent à Grenoble et prirent part à l'assemblée des trois ordres réunis à Vizille le 21 juillet 1788. Cette Assemblée déclara que les arrêtés du conseil qui venaient d'être publiés, sans lettres patentes et sans enregistrement, ne sauraient altérer les privilèges du Dauphiné et conséquemment que les assemblées des trois ordres de la province étaient légales et qu'elles seraient prorogées et organisées par intervalle jusqu'au temps où les nouveaux édits seraient retirés et les tribunaux rétablis dans leurs fonctions.

Ces vœux des représentants du Dauphiné reçurent du gouvernement pleine satisfaction. Un arrêt du conseil du 2 août convoqua les trois ordres à Romans pour le 8 août, et un second arrêt, qui fixa au 1er mai 1789 la réunion des Etats généraux, suspendit jusque-là le rétablissement de la cour plénière. Le Dauphiné venait de donner à la France un grand exemple et il devint un modèle pour les autres provinces. Celles qui n'avaient point d'état voulurent en avoir qui fussent organisés sur le même plan, et celles qui en avaient voulurent se réformer d'après les mêmes principes.

La situation de la France empirait chaque jour et le gouvernement était à bout de ressources et d'expédients. La banqueroute était imminente et l'impopularité du premier ministre Loménie de Brienne était à son comble. Il fut congédié le 25 août, après avoir promis, quelques jours auparavant, la réunion des Etats généraux pour le 1er mai de l'année suivante. Le garde des sceaux de Lamoignon succomba également, et une déclaration du roi, du 23 septembre, retira les édits du mois de mai. Les parlements reprirent leurs fonctions et Necker, qui avait été rappelé le 27 août, renouvela la promesse de rassembler les députés de la nation dans les premiers mois de l'année 1789. Tous les français durent être appelés à prendre part à l'élection des députés de la nation.

En attendant le corps municipal de Saint-Vallier, composé de MM. Gaspard Rey, premier échevin, Genin et Fayard, conseillers; Goubertier, Gleizolle, Duclos et Bonnet, notables, se réunit et entend la lecture des arrêts du conseil des 2 et 8 août concernant la nomination d'un député chargé de se rendre à Romans pour délibérer avec les autres députés de l'élection, sur les propositions qui leur seront soumises. La lecture de ces arrêtés est à peine commencée que plusieurs habitants pénètrent dans la salle de l'assemblée en disant : qu'ils avaient le droit de délibérer avec la municipalité et qu'ils voulaient en être.

Le corps municipal ne pouvant délibérer dans ces conditions s'ajourne au 29 août. Ce jour-là M. Antoine Fleury, avocat et juge à Saint-Vallier, est élu député pour assister, le 31 août, à l'assemblée indiquée en la ville de Romans et délibérer conjointement avec les quatre députés de l'élection, sur les objets qui leurs seront soumis.

Le 1er janvier 1789, Necker, cédant à l'opinion publique, avait fait décider par le conseil d'état que le tiers état aurait une représentation double. Cette résolution impliquait le vote par tête, mais elle laissait la question indécise et l'opinion publique s'en émut. Le 1er mars 1789 devant le premier échevin, M. Pierre Morel, le conseil municipal et un grand nombre de notables habitants de Saint-Vallier déclarent : « que le vœu constant de la communauté est que les délibérations aux Etats généraux soient prises en trois ordres réunis et par tête ; que les impôts soient également répartis sur les trois ordres sans indemnité ; qu'elle supplie très humblement sa Majesté d'ordonner que les communautés de la province exprimeront leurs vœux, plaintes et doléances dans les assemblées générales de chaque comité pour leurs cahiers être ensuite rédigés en un seul, de conformité à ce qu'il a plu à sa majesté de statuer pour les autres privilèges dans ses règlements pour la convocation aux états généraux ». Le lendemain cette délibération fut envoyée au ministre M. Necker « avec prière de continuer d'être l'appui et le soutien de la nation française dans la régénération qu'elle est au moment de faire sous ses heureux auspices. »

Le 2 avril 1789, MM. Fleury père, Fayard, avocat, Gagnière, médecin, Danthony, notaire, et Martignac, géomètre, sont députés par l'assemblée de la communauté de Saint-Vallier pour rédiger le cahier des doléances sur les abus dont elle a intérêt à obtenir la réformation aux états généraux. Cinq jours après, des personnes mal intentionnées n'ayant pas craint de supposer que le corps municipal avait adopté, dans une précédente délibération, des principes contraires à la constitution, les citoyens de la communauté sont convoqués et ils déclarent à l'unanimité que le corps municipal a toujours été pénétré de la plus grande vénération pour la constitution qui a mérité l'approbation universelle de la France et qui doit opérer la prospérité de la province du Dauphiné.

Le 14 avril les cinq députés chargés de rédiger le cahier des vœux et doléances de la ville soumettent leur travail à leurs concitoyens. Ce travail qui comprend quatre-vingt et un articles est précédé d'un préambule ainsi conçu : « Vœux et doléances que la ville de Saint-Vallier, en Dauphiné, a l'honneur d'adresser à Messieurs de la commission intermédiaire des états de cette province, avec prière de les prendre en considération dans les instructions à donner à MM. les députés aux états généraux pour procurer à la France une régénération heureuse, sous un roi, le père de son peuple, secondé dans ses vues bienfaisantes par un ministre dont le génie et le zèle patriotique préparent le bonheur de la nation ».

Les articles premier à trois portent qu'on ne reconnaîtra que deux pouvoirs dans le royaume : le pouvoir législatif à la nation, le pouvoir exécutif au roi ; qu'il ne sera octroyé aucun impôt qu'après la constitution de la monarchie sur des bases équitables entre la nation et le souverain. Les abus seront réformés ; les privilèges contraires au bien général anéantis, et il sera procédé à la rédaction d'un nouveau code des lois d'après les notions de l'équité, de la morale universelle et de la nature même des choses,

Les articles quatre à six concernent les états généraux. Ils devront être rassemblés à des époques déterminées et rapprochées. Les délibérations seront prises par tête, à la pluralité des suffrages et non par ordre séparé. Les décrets des états généraux, sanctionnés par le roi, auront force de loi dans tout le royaume.

D'autres articles relatifs à l'administration de la justice demandent la suppression des tribunaux d'exception, des justices seigneuriales, l'administration gratuite de la justice, la réduction des juridictions à deux degrés et l'institution des juges de paix.

Les articles suivants ont trait : les uns à la liberté individuelle, à l'abolition de toute servitude personnelle, à l'admission du tiers état à tous les emplois civils, militaires et ecclésiastiques ; à l'identité des peines pour la punition des crimes dans toutes les classes de citoyens ; les autres à l'inviolabilité de la propriété, à l'égalité des impôts réels et personnels, à la suppressions des octrois sur les denrées de première nécessité, au rachat de tous droits féodaux, cens, rentes foncières, lods et milods, banalités de fours et moulins, droit de ban vin.

L'article soixante-et-onze demandait non seulement l'abolition du droit exclusif de chasse, de pêche et de colombier, mais la défense absolue de chasse dans les fonds ensemencés.

Les ministres seront comptables et responsables de leur administration à la nation, et la presse sera libre.

Les articles 49 à 59 proposaient de réduire les ecclésiastiques aux seuls évêques, curés, vicaires et chanoines de cathédrale, de donner les cures au concours, d'appliquer à la chose publique les biens et revenus des emplois inutiles, des offices, bénéfices, abbayes, monastères d'hommes et de femmes ; de supprimer les dîmes ecclésiastiques et de réunir les fêtes aux dimanches pour l'avantage de l'agriculture et des arts et métiers.

Dans chaque ville de district une maison devait être établie pour l'instruction et l'éducation de la jeunesse et l'enseignement devait être gratuit dans les universités et maisons d'instruction. L'uniformité des poids et mesures dans tout le royaume était réclamée ainsi que la multiplication des écoles vétérinaires.

Les pauvres n'étaient pas oubliés; dans chaque ville de district, un hôpital devait être établi pour les infirmes et les enfants trouvés des communautés qui en dépendaient et chaque communauté était chargée des autres pauvres.

Ces vœux, comme ceux des autres communes, appelaient des réformes et non le renversement des institutions. Ils étaient empreints de l'idée qui préoccupait, en 1789, le tiers état : que la Révolution devait être moins politique que sociale. Ils expliquent comment la Révolution, guidée essentiellement par le principe de l'égalité, détruisit tous les restes des temps féodaux. Les Etats généraux de 1614 n'avaient fait que des doléances; ceux de 1789 étaient appelés à faire une constitution. En 1614, le tiers état s'étant hasardé à dire que les trois ordres étaient frères : « à quelle misérable condition sommes-nous tombés, si cette parole est véritable, » s'écria la noblesse. A la veille de la Révolution, le tiers état se trouvait dans des conditions bien différentes. Depuis Henri IV, il s'était élevé sans cesse par ses richesses et son activité intellectuelle. Aussi, en 1789, loin de n'être rien, comme le disait l'abbé Siéyès, il possédait autant de territoire que la noblesse et partageait le pouvoir dans une proportion au moins égale. L'unité avait fait de grands progrès et l'opinion publique devenait souveraine. Ce progrès paraissait désormais devoir être infini et la bourgeoisie entrevoyait l'idéal d'un Etat social parfait fondé sur la justice et la raison. « Il semblait, comme le dit un contemporain, qu'on respirât alors, dans le beau pays de France, le parfum de la félicité publique. » (1) Mais le mouvement de 1789, très légitime dans ses aspirations premières, ne se maintint pas dans les

---

(1) Beugnot, *Mém.*, I, 41.

limites tracées par les cahiers. Il ne fut bientôt plus seulement question de prévenir ou de corriger des abus et d'établir l'unité politique et administrative de la France dans la liberté et dans l'égalité; mais on ne se proposa rien moins que de régénérer le royaume et d'assurer le bonheur public. Malheureusement les passions des partis ne permirent pas que la Révolution, entreprise au nom de la justice et de l'humanité, s'accomplît par la justice et l'humanité.

Après cent soixante-et-quinze ans d'interruption, le 5 mai 1789, Louis XVI ouvrit à Versailles, dans la salle des menus plaisirs, les Etats généraux par ces paroles : « Tout ce qu'on peut attendre du plus tendre intérêt au bonheur public, tout ce qu'on peut demander à un souverain, le premier ami de ses peuples, vous devez l'espérer de mes sentiments. » Le roi recommanda ensuite aux Etats la question financière et les convia à remédier avec lui aux maux de la France « sans se laisser entraîner au désir exagéré d'innovations qui s'était emparé des esprits et finirait par égarer totalement les opinions, si on ne se hâtait de les fixer par une réunion d'avis sages et modérés. »

Necker présenta ensuite un rapport sur le produit des revenus et des dépenses et proposa divers moyens pour combler le déficit. L'ivresse était générale et tous les cœurs battaient des plus généreux sentiments. La Révolution semblait facile à faire et le gouvernement ne parut pas se douter de la lutte terrible qu'elle allait amener.

Dès le lendemain de l'ouverture des Etats généraux, une scission profonde éclata entre les députés des deux premiers ordres et ceux du tiers état à propos de la vérification des pouvoirs. Animé par la conscience de sa force, le tiers état, sur le refus de la noblesse et du clergé de se réunir à lui pour travailler en commun, se déclara assemblée nationale le 17 juin et prit le nom de Constituante le 9 juillet : c'était la Révolution qui s'affirmait. Elle allait bouleverser complètement l'ordre social qui existait depuis huit siècles et la lutte pour atteindre ce résultat devait être terrible « parce que la direction en fut abandonnée entièrement au peuple. »

Les souffrances causées par la crise financière qui avait motivé la convocation des Etats généraux étaient accrues par la pénurie des blés. Après une année mauvaise, la récolte des céréales s'annonçait fort mal pour 1789. Aussi, malgré la déclaration de l'Assemblée nationale qu'elle place la dette de l'Etat sous la sauvegarde de l'honneur national et qu'elle va chercher des remèdes à la misère publique, l'inquiétude ne tarde pas à devenir générale. Dès le 19 juin, l'approvisionnement du marché de Saint-Vallier est devenu si difficile, que les échevins ont été obligés de faire distribuer le peu de grains qu'il y avait ce jour-là, quartal à quartal, pour que chaque particulier en fût pourvu. Afin d'assurer la subsistance de la ville, les échevins furent autorisés par le corps municipal à faire l'achat de grains dans les communes voisines pour approvisionner les deux premiers marchés suivants. Des achats eurent lieu et ils permirent de subvenir aux nécessités les plus pressantes et de calmer les inquiétudes des habitants.

Les délibérations de l'Assemblée nationale étaient lues avec un extrême empressement et elles excitaient un grand enthousiasme. Le 1er juillet 1789, un membre de la municipalité exprime à ses collègues que ce serait une indifférence coupable de ne pas témoigner de la reconnaissance aux généreux citoyens qui travaillent avec tant de courage et d'activité au grand œuvre de la régénération de la France, et il demande que le Conseil s'empresse de payer ce tribut par une adresse qui renferme l'expression de ses sentiments. Cette proposition est approuvée à l'unanimité par l'assemblée, et elle arrête que le projet de délibération déposé sur le bureau, sera envoyé par les échevins à M. Mounier, l'un des députés de la province du Dauphiné, pour le présenter à l'Assemblée nationale.

Des préparatifs militaires considérables autour de Paris et le renvoi, le 11 juillet 1789, de Necker, qui avait refusé d'assister à la séance du 23 juin, dans laquelle le roi avait dit :

« J'ordonne que la distinction des trois ordres soit conservée en son entier », donnent lieu aux bruits les plus sinistres, et font redouter des mesures violentes de la part de la cour. Pour les prévenir, le peuple de Paris s'empare des armes de la maison commune et attaque la Bastille dont il se rend maître le 14 juillet 1789. Pendant que ces graves événements s'accomplissent à Paris, leur retentissement se fait vivement sentir dans les provinces. Presque partout on se prononce pour l'inviolabilité de l'Assemblée nationale qui s'est proclamée constituante.

Les habitants de Saint-Vallier partagent ce sentiment. Ils se réunissent le 18 juillet au conseil de la commune, et, après avoir entendu la lecture d'une délibération prise trois jours auparavant par l'universalité des citoyens de la ville de Grenoble, ils déclarent « que les entreprises tramées sourdement par la tyrannie ministérielle et par l'aristocratie doivent donner plus de zèle aux bons citoyens pour le bien public, et les rendre plus attentifs à lever les obstacles qui s'opposent à l'exécution des projets du meilleur des rois; que la source de tout bien réside dans l'amour d'une liberté inséparable de l'amour des lois; qu'une confédération contre des citoyens qui oublient le principe, l'objet et la fin de toute société, est une preuve certaine qu'on aime l'ordre et qu'on veut l'établir. » Ils ajoutent « que la religion de sa Majesté a été surprise sous le prétexte séduisant du bien public, d'autant plus fâcheux que ses bonnes intentions tranquillisent sa conscience ». Par tous ces motifs, l'assemblée adhère entièrement à la déclaration prise le 15 juillet par la ville de Grenoble, en adopte les principes, et déclare qu'elle se fera toujours un devoir de suivre des exemples aussi patriotiques ».

Necker est rappelé par le roi le 28 juillet 1789, et son retour est salué par les acclamations de la France. La municipalité de Saint-Vallier, qui a été prévenue de son retour par M. Florent

Baboin, attaché au secrétariat de l'Assemblée nationale (1), s'empresse d'envoyer l'adresse suivante au ministre : « La France n'a pu voir sans indignation le mensonge et l'intrigue cacher la vérité au plus chéri des rois, et le forcer à éloigner de sa personne, celui qui voulait être le restaurateur des malheurs de nos pères, aussi, monsieur, votre disgrâce avait-elle donné l'alarme et porté la désolation dans tous les cœurs citoyens. Mais depuis que Sa Majesté, cédant à l'exemple du grand Henri, a rendu son Sully à la France, des jours d'allégresse ont succédé au deuil universel, et chaque français ne pense plus qu'à vous donner de nouvelles preuves de son idolâtrie.

« Ministre national, vous, le témoin des tendres sollicitudes de Sa Majesté pour le sort de ses peuples, daignez agréer notre respectueuse reconnaissance. Le seul vœu qui nous reste à former, est de vous voir adopter pour patrie, le lieu de vos bienfaits ».

Cette adresse révèle les préoccupations de l'époque et le changement qui s'était produit dans l'opinion publique à l'égard de la royauté.

Après la prise de la Bastille, qui brisa toutes les idées d'obéissance et de subordination, le mouvement de Paris se communiqua dans les provinces au cri « de guerre aux châteaux, paix aux chaumières ». On répandit le bruit que des bandes d'affamés, qu'on appelait des brigands, venaient pour détruire les nouvelles institutions et parcouraient les campagnes brûlant les granges et coupant les blés. Le tocsin sonna dans toutes les paroisses, et les gardes nationales s'organisèrent pour repousser les prétendus brigands, que, dans chaque commune, on disait être dans les communes voisines. Cette alerte n'amena

(1) « M. Necker est arrivé, il s'est rendu à deux heures après midi à l'Assemblée nationale. Vous pouvez juger avec quel transport de joie et d'attendrissement il a été accueilli par la réponse qui lui a été faite par le président. Sa présence a semblé dissiper toutes les alarmes, on espère enfin que tout ira bien. » (Lettre de M. Florent Baboin, *Arch. municipales.*)

d'abord aucun excès ; mais les paysans excités par les démagogues des villes, refusèrent de payer les impôts et ne tardèrent pas à attaquer et à brûler les châteaux, sous prétexte d'y chercher les émigrés cachés, et en réalité pour prendre et détruire les titres des rentes féodales. Dans quelques localités ils tuèrent leurs anciens seigneurs. Aucun désordre ne se produisit à Saint-Vallier, mais il n'en fut pas de même dans plusieurs communes voisines. Le 28 juillet 1789, M. le comte Fay de Maubourg mandait de Lamotte-de-Galaure, aux officiers municipaux de Saint-Vallier, « qu'il venait d'arriver à Châteauneuf un exprès apportant la nouvelle qu'une troupe de brigands attaquait le bourg de Serre, mettait tout à feu et à sang et que le tocsin sonnait dans toutes les paroisses. Il ajoutait : « les brigands sont en petit nombre et mal armés, et nous comptons sur votre bonne assistance comme vous pouvez compter sur notre bonne volonté à prêter main-forte de tout notre pouvoir ».

Le lendemain, des lettres adressées à la municipalité de Saint-Vallier par les officiers municipaux de Tain, Roussillon, Andance, Anjou, pour connaître la marche des brigands et se promettre réciproquement les secours que se doivent des frères, révèlent combien les nouvelles étaient alarmantes et préoccupaient toutes les communes.

Le 1ᵉʳ août 1789, M. Fay de Maubourg écrivait de nouveau. « Je crois, messieurs, devoir vous donner avis de ce qu'on me mande de Beaurepaire. Les brigands, au nombre de quatre-vingts environ, armés de quelques fusils et ayant un fifre et un tambour, vont brûlant les châteaux et disant qu'ils ont de bons ordres ; au moment où je vous écris, le château de la Somme est tout embrasé ; quels ordres peuvent avoir de pareils brigands ? qu'il serait à souhaiter qu'on pût arrêter les porteurs de pareils ordres ! »

M. Fay de Maubourg exprimait ensuite le « regret de ne pouvoir se joindre aux dragons pour battre l'estrade, mais accablé de 74 ans et d'infirmités, il ne pouvait faire un pas ;

cruelle situation pour un quelqu'un qui aime les vrais citoyens et qui voudrait leur être utile. »

Le même jour, M. Quincieu, avocat et officier de la garde bourgeoise de Moras, annonçait à la municipalité de Saint-Vallier que la commission intermédiaire faisait venir un détachement de chasseurs royaux de Corse pour repousser les voleurs et les incendiaires qui désolaient tout, mais qu'il craignait que ce détachement n'arriva point à temps pour sauver le château de la Pérouse. M. Quincieu demandait en conséquence l'envoi d'un détachement de dragons de Saint-Vallier pour aider les habitants de Moras à repousser cette canaille qui incendiait non seulement les châteaux des *dissidents,* mais faisait main basse sur tout ce qu'elle rencontrait.

L'inquiétude et les alarmes augmentaient chaque jour. Le 3 août 1789, M. Allizon de Moras écrivait à la municipalité de Saint-Vallier, que la veille pendant les vêpres, on avait pillé les châteaux de Revel et de Barbarin, quoique M. Lamolély, propriétaire de ce dernier château ne fût pas un dissident.

Le même jour, l'abbé de Montgolfier et le sieur Fournel d'Ay, commissaires d'Annonay, annonçaient qu'une affaire avait eu lieu entre un détachement de Serrières, appuyé de quelques hommes de Salaise et les brigands qui pillaient le château de Terrebasse. Ils ajoutaient que vingt-deux de ces brigands étaient restés sur le carreau, et qu'il y avait lieu d'espérer que cette troupe serait bientôt dispersée.

Une lettre du 4 août 1789, de M. Moreau de Bonrepos, de St-Rambert, fournit des détails plus complets sur cette scène d'horreur et de brigandage qui s'est passée sous ses yeux. « J'étais hier à Serrières, à deux heures, lorsqu'un exprès de Terrebasse nous annonça que l'on dévastait le château. Nos braves compatriotes se disposent à partir sur le champ pour porter secours et nous arrivons à Terrebasse en même temps que les habitants de Chanos et plusieurs dragons. Les brigands s'éparpillent tout de suite, mais il y en a eu cependant plusieurs de tués dans les vignes' dans les jardins et dans le château. Il y en avait huit de morts, lorsque Serrières et Saint-Rambert se retirèrent. Les dragons qui forcèrent les habitants de Roussillon, du Péage et de Salaise à rester, en tuèrent encore cinq ou six; les hommes tués sont des gens qui ne sont pas éloignés, m'a-t-on dit, de Terrebasse et qui viennent pour piller. Le château est absolument tout dévalisé. Il n'y a plus ni portes, ni fenêtres et malheureusement le peuple est imbu de l'idée que ceux qui font ces dégâts ont des ordres. Il serait important de les dissuader et vous me feriez grand plaisir de m'envoyer copie des ordres que vous avez reçus de la commission intermédiaire pour en faire part à notre paroisse. »

Deux jours après, M. de Bonrepos écrivait de nouveau : « Si j'avais été informé plus tôt des motifs qui ont porté le peuple à de tels dégâts, nous n'aurions pas été présents à cette scène d'horreur qui sera toujours le malheur de ma vie lorsque j'y penserai. Ces individus étaient si enragés que M. Rigod leur ayant offert ou fait offrir de se désister de ses droits, ils n'avaient rien voulu entendre. Il faut espérer que cela finira bientôt. Déjà beaucoup de seigneurs se sont désistés de ces droits odieux. Cela donnera l'exemple aux autres et fera rentrer dans le calme tout le monde. »

Ce même jour, 6 août 1789, M. Jean-Denis-René de la Croix de Saint-Vallier, qui avait eu sans doute connaissance de la dernière lettre de M. de Bonrepos, écrivait au conseil municipal de Saint-Vallier : « J'espère qu'on me connaît assez dans ce pays pour savoir que je n'ai pas besoin d'exemple quand il s'agit de donner des marques de désintéressement et de patriotisme. Si j'avais eu des droits seigneuriaux en personne dans les terres de Saint-Vallier, les marques d'intérêt qu'on m'a données, et qu'on me donne chaque jour, m'auraient déterminé à prendre des arrangements et à faire des sacrifices qui eussent été agréables à tout le monde, mais je n'en possède aucuns personnels ou autres, et le faible revenu que je retire de cette terre consiste, comme un grand nombre de personnes le savent, dans quelques prairies, un moulin, des rentes sur la

Brassière, et en un terrain affermé à M. Richard, notaire à Tain, lequel uni à celui du comté de Val, qui en fait une grande partie, est affermé 1,350 livres.

« Parmi les droits qui se perçoivent en mon nom, un seul me paraît souffrir des difficultés et être désagréable au pays. C'est celui du vingtain ; j'avoue franchement que je n'ai jamais examiné les titres qui établissent l'existence de ce droit que très superficiellement. J'en prendrai une connaissance plus approfondie et s'ils ne me paraissent pas claires comme le jour, non seulement à mon propre jugement mais encore à celui du corps municipal que je prierai de vouloir bien être mon juge, je déclare que j'y renonce ainsi qu'à tous autres droits mal fondés ou onéreux. »

Cette déclaration fut accueillie avec une vive satisfaction par les habitants de Saint-Vallier, et les membres du comité de la ville écrivirent, le 12 août 1789, à M. de la Croix de Saint-Vallier : « nous avons appris que vous aviez des craintes, on a même ajouté que vous preniez des précautions en faisant démeubler votre château. Nous voulions, ce matin, vous envoyer un exprès pour vous dire de nous faire part des motifs de vos craintes en vous renouvelant, pour les faire cesser, les offres de secours que nous vous avons déjà présentées. »

Ces diverses lettres font parfaitement connaître les préoccupations et les vives inquiétudes du pays, à partir du mois de juillet 1789, et les moyens violents auxquels avaient recours les factions qui aspiraient alors à le gouverner. En même temps la lettre de M. de la Croix et celle du comité de Saint-Vallier expliquent comment M. René La Croix de Saint-Vallier put, en prévenant certaines réclamations, résider pendant les plus mauvais jours de la Terreur, parmi ses anciens vassaux, devenus ses concitoyens, sans être inquiété comme suspect.

Pour arrêter les troubles qui agitaient la province, l'Assemblée constituante, après avoir accueilli par acclamation les généreux sacrifices offerts par tous les ordres, par tous les corps, et par toutes les provinces, de leurs privilèges et de leurs prérogatives, avait déclaré, dans la mémorable nuit du 4 août, que les privilèges personnels ou réels en matière de subside étaient abolis, que les justices seigneuriales étaient supprimées et que tous les citoyens étaient admissibles à tous les emplois et dignités ecclésiastiques, civiles et militaires. Elle proclama ensuite Louis XVI restaurateur de la liberté française et se sépara aux cris de : Vive le roi. Il y eut alors un de ces moments de concorde et d'espérance qui firent croire que les rivalités allaient s'effacer, mais aux premières heures d'exaltation succéda la réflexion. Quand il fallut transformer en décrets les résolutions générales, les difficultés apparurent et le roi refusa sa sanction en disant : « que ce n'étaient que des textes pour des lois futures. » L'assemblée constituante déclara alors que : « la nation était souveraine et le roi son premier mandataire. »

Tandis que ces évènements considérables se passaient à Paris, l'anarchie et la défiance étaient partout; dès le mois de juillet, les habitants de Saint-Valier se sont organisés en municipalité pour régler les affaires de la commune et en milice citoyenne pour se garantir contre les brigands et les ennemis communs de la patrie. La milice a nommé par acclamation pour son commandant en chef M. de Grailly, chevalier de l'ordre de Saint-Louis, ancien capitaine au régiment de Barrois. La milice citoyenne comprend : deux officiers généraux, le chevalier de Grailly, commandant général, et M⁰ Fayard, avocat, inspecteur de la milice ; deux officiers de place, Duclos, major et Rey, trésorier ; un état-major composé de : Fleury, colonel; Genin, lieutenant-colonel; Cluas, major; Gleyzolle, major en second; Garcin, aide-major et Perrot, sous-aide major; Tavernier, curé, aumonier; Morel, chirurgien-major.

Les compagnies de grenadiers ont pour chefs : Baborier et Bonnet, capitaines, Rostaing et Bret fils, pour lieutenants, et Goubertier fils pour sous-lieutenant.

La première compagnie des fusiliers a pour capitaines

Chazalet et Goubertier, pour lieutenants Dubois et Second, pour sous-lieutenant Granjon ; la seconde compagnie des fusiliers a pour capitaines Danthony père et Rostaing père, pour lieutenants Loups et Danthony fils ; la troisième compagnie a pour capitaines Cambron et Nublat, pour lieutenants Raymond de la Tour et Forcheron fils, pour sous-lieutenants Aubrun et Fayard fils de l'avocat ; la quatrième compagnie a pour capitaines Gagnière et Forcheron père, pour lieutenants Fayard Dominique et Perroton, pour sous-lieutenants Gondard et Casimir Fayard.

Tous ces officiers étant assemblés à la tête de leur compagnie au-devant de l'hôtel-de-ville ont publiquement prêté serment entre les mains de M. de Grailly, leur commandant général, et en présence des officiers municipaux « de bien et fidèlement servir la nation pour le maintien de la paix, la défense des citoyens et contre les perturbateurs du repos public ».

Ce même serment a été prêté par MM. Seul, Fayard, notaire, Martignac et Monier, capitaines des deux compagnies de Saint-Barthélemy-de-Vals, par MM. Raymond et Perdriolat, capitaines de la compagnie de Saint-Uze, par le citoyen Soleil, sergent-major de la compagnie de l'Aveyron, et par MM. Graillat, Faure, Carrier et Revol, officiers de la Compagnie de Ponsas.

M. de Grailly a ensuite reçu le serment des officiers de la compagnie de dragons, formée à Saint-Vallier depuis environ sept ans, et dont la municipalité a reconnu les services dans toutes les occasions qui se sont présentées. Les officiers de cette compagnie étaient MM. Cany, ancien militaire, Rufin, capitaine aide-major, Galland, capitaine en second, Boucod, lieutenant, Gueyton, lieutenant en second, Mauglun, quartier maître, et Genin fils, porte-étendard.

Les journées des 5 et 6 octobre provoquées par l'imputation faite aux aristocrates de vouloir affamer Paris, amenèrent le triomphe de la force populaire sur la puissance royale et accrurent les maux de la France. Le roi fut forcé d'habiter les

Tuileries, l'assemblée nationale vint siéger à Paris et les parlements restèrent en vacances jusqu'à nouvel ordre.

Le 27 octobre 1789 les officiers municipaux de Saint-Vallier instruits par le bruit public que la commission intermédiaire avait convoqué pour le 2 novenbre les états de province et les membres du doublement dans la ville de Romans, protestent contre cette convocation qui ne peut avoir lieu sans la permission du roi et ils enjoignent à M. le marquis de Saint-Vallier et à M. Raymond, avocat, délégués par la commune, de ne paraître à aucune assemblée à moins qu'elle ne soit légalement ordonnée. Ils députent en même temps MM. Fayard, avocat, et Gagnière, médecin, pour se rendre à Romans et déclarer à l'assemblée que la municipalité de Saint-Vallier s'oppose à toute délibération qui pourrait tendre à modifier les pouvoirs donnés aux députés de la province à ladite assemblée. Ils ajoutent : que pour manifester leur patriotisme ils offrent de se soumettre à payer dans les délais déterminés, la contribution du quart de leurs revenus d'une année, dès que les décrets auront été sanctionnés et promulgués ; qu'enfin ils s'unissent de cœur et de fait aux efforts patriotiques de la commune de Paris pour la régénération de la nation française.

Cette contribution patriotique demandée à la France ne pouvait suppléer au produit des impôts ordinaires qui ne rentraient pas. La situation financière empirait chaque jour et « la hideuse banqueroute, disait Mirabeau, était prête à nous consummer », lorsque le 2 novembre, sur la proposition de Mgr l'évêque d'Autun, de Talleyrand Perrigord, l'assemblée constituante, considérant les biens ecclésiastiques comme un simple dépôt dans les mains du clergé, arrête qu'ils seront mis à la disposition de la nation et qu'ils seront vendus pour éteindre les dettes de l'Etat.

Le 22 novembre, les membres de la municipalité de Saint-Vallier constatent que suivant les propositions déterminées par l'assemblée nationale, pour consommer la glorieuse entreprise de la régénération de la France, le Dauphiné peut être divisé en trois départements et vingt-et-un districts. Cinquante-huit bourgs et villages désignés comme devant faire partie de l'un de ces vingt-et-un districts ayant leurs relations d'affaires avec Saint-Vallier, il importe que l'un de ces districts soit fixé dans cette ville. Les représentants de la commune font valoir que ces cinquante-huit bourgs et villages supporteront le vingtième des contributions réelles de la province, que leur territoire est très étendu et leur population considérable. Ils font valoir que Saint-Vallier qui est privé de ses justices seigneuriales, possède des édifices suffisants pour l'érection d'un tribunal et pour les assemblées des membres du district. Enfin sa situation entre les villes de Vienne, de Valence et de Romans réclame qu'un tribunal y soit établi. Nous verrons que cette demande sera renouvelée deux fois encore.

La rareté du numéraire, dont la véritable cause était le défaut de confiance produit par les troubles publics, amène le 1ᵉʳ décembre 1789 l'assemblée constituante à créer les assignats hypothéqués sur le produit des biens ecclésiastiques dont la vente fut ordonnée jusqu'à concurrence de quatre cents millions. Ces assignats, qui facilitaient la vente des biens nationaux, devaient être détruits au fur et à mesure de leur rentrée dans les mains de l'Etat. Malheureusement il n'en fut rien. Le gouvernement émit plus d'assignats qu'il n'avait de biens pour leur servir d'hypothèques et l'abus qu'il en fit contribua puissamment à la ruine du crédit public.

L'agitation causée par des souffrances trop réelles ne se calme pas et, le 10 décembre 1789, la municipalité de Saint-Vallier fait l'achat de soixante-huit fusils pour l'armement de la garde nationale et la sûreté de la ville. Elle arrête ensuite qu'un détachement de la garde nationale se rendra, sous le commandement du colonel Fleury fils, au camp fédératif qui doit avoir lieu le 31 janvier 1790, sous les murs de Valence, et que l'inspecteur de la garde nationale Mᵉ Fayard, aura tous les pouvoirs nécessaires pour former au nom de la ville, les fédérations et unions qui seront arrêtées pour le bien général, le maintien de la liberté et assurer l'exécution des décrets de l'Assemblée nationale.

Dans chaque commune, un corps municipal est établi par la loi du 14 décembre 1789. Un procureur de la commune est chargé de défendre les intérêts et de poursuivre les affaires de la commune auprès des notables, en nombre double de celui des membres du corps municipal, composant avec eux, le conseil général de la commune. Tous les fonctionnaires élus par les citoyens actifs, doivent être renommés tous les deux ans. Le conseil général de la commune n'est convoqué que pour les affaires importantes, déterminées par les lois.

Le décret du 15 janvier 1790, en partageant le France en quatre-vingt trois départements subdivisés en districts, cantons et communes, et en créant un tribunal criminel par département, un tribunal civil par district, un tribunal de paix par canton, complète la destruction du régime féodal et l'unité du pays.

La requête présentée par les membres de la municipalité de Saint-Vallier, le 22 novembre 1789, afin d'obtenir la création d'un district dans leur ville, étant restée sans réponse, ils en adressèrent une seconde à l'Assemblée nationale, le 4 février 1890. Ils exprimèrent : « qu'il était plus utile aux peuples de multiplier les tribunaux, pour rapprocher la justice des justiciables, que de trop augmenter le nombre des juges d'un même tribunal; que la ville de Vienne était éloignée de celle de Valence ou de Romans de dix-huit lieues; que la ville de Saint-Vallier, où s'exerçait depuis plusieurs siècles la justice de vingt-quatre paroisses ou communautés, placée au milieu de ces villes, avait par sa situation, l'assurance d'être le chef-lieu d'un district et le siège d'un tribunal, puisqu'en donnant trois lieues de rayon soit à Vienne, soit à Valence ou Romans, il restait encore six grandes lieux intermédiaires pour former le district de Saint-Vallier. » Elle ajoutait : « c'est contre le besoin général et la sûreté générale, qu'on laisserait sans tribunal une contrée de cent soixante lieues carrées, sur la route la plus fréquentée et dans un des territoires les plus peuplés de la province. Quant aux limites de ce tribunal, elles étaient naturellement tracées, depuis et y compris Tain jusqu'au Péage-de-Roussillon inclusivement, et entre le Rhône à l'ouest et Beaurepaire, le Grand-Serre et Montrigaud à l'est. Pour fixer ainsi les limites du district de Saint-Vallier, il suffirait de porter la ligne de démarcation du département du bas Dauphiné, deux lieues plus au nord, jusqu'au Péage-de-Roussillon ». La municipalité terminait sa requête en disant : « qu'elle osait espérer de la haute sagesse des représentants de la nation, qu'ils auraient égard à ses justes réclamations, et elle chargeait M. Laurent Fayard, avocat, membre de la municipalité, de porter ses doléances auprès de l'auguste Assemblée nationale. »

Trois jours après, le 7 février 1790, l'assemblée générale des habitants convoquée par avertissement au prône, par affiches et encore au son de la cloche, procède à la formation d'une nouvelle municipalité, en exécution du décret des 14 et 30 décembre 1789. Les citoyens actifs, c'est-à-dire, qui payent la valeur de trois journées de travail, après avoir nommé M. Danthony, président, M. Gleyzolle, secrétaire de l'assemblée, ont élu par voie du scrutin individuel, pour maire, M. Joachim Gagnière; pour les cinq officiers municipaux, MM. Seul, Fayard, avocat, Belle, Rostaing et Ronjas; pour procureur, M. Danthony, et pour les douze notables, MM. Crochal, Galland, Forcheron, Genin, Cany, Thomas, Gueyton, Chatron, Chazalet, Ruffin, Martignac, Fayard, notaire; et pour suppléants, MM. Fleury fils, Fay, Morel et Buissonnet. Tous ont prêté serment entre les mains du président de l'assemblée générale, de maintenir de tout leur pouvoir la Constitution du royaume, d'être fidèles à la nation, à la loi et au roi. Le lendemain, M. Gleyzolle est nommé secrétaire par le conseil général de la commune, qui est composé des membres du corps municipal et des notables.

Le 10 février 1790, la municipalité, élue pour deux ans,

s'empresse de renouveler la demande de rétablissement d'un tribunal à Saint-Vallier, en remplacement des cinq juridictions de Tain, Anjou, Montbreton, Roussillon et Saint-Vallier. Elle fait valoir que de Vienne à Valence ou Romans, dans une étendue de vingt-quatre lieues, il n'existe qu'un tribunal à Vienne, tandis que depuis Valence jusqu'à Saint-Marcellin, qui n'est éloigné que de sept lieues, il y en aurait trois : un à Valence, un autre à Romans et un troisième à Saint-Marcellin. Ces considérations n'étaient point sans valeur, mais il fallait porter la ligne de démarcation du bas Dauphiné deux lieues plus au nord, jusqu'au Péage de Roussillon inclusivement, et jusqu'à Bourgoin à l'est. Ce changement dans la division des deux départements de l'Isère et de la Drôme fut une objection sérieuse contre laquelle échouèrent toutes les démarches des habitants de Saint-Vallier.

Le 29 mars 1790, publication est faite de la loi martiale en présence des détachements de la garde nationale des communes voisines rangés en bataille sur la place de l'hôtel-de-ville, sous le commandant général des brigades de Saint-Vallier et lieux circonvoisins. Des gardes nationaux sont ensuite envoyés à Grenoble, le 6 avril, pour resserrer les nœuds d'une union fraternelle entre les citoyens des deux villes, et porter l'adhésion de la municipalité de Saint-Vallier à tout ce qui pourra y être arrêté pour le maintien de la tranquillité publique. En même temps, sur la plainte de plusieurs propriétaires de la Buissonnée, il est arrêté que quatre hommes de la garde nationale feront la nuit et le jour des patrouilles dans l'étendue du territoire de la commune pour dresser procès-verbal contre ceux qui mènent paître des bestiaux dans les terres d'autrui ou qui se livrent à des actes de maraudage. Ces mesures, commandées par la crainte des brigands qui dévastaient les campagnes et par la violation du droit de propriété, furent prises également par les communes voisines et contribuèrent à assurer la sécurité des habitants.

L'approvisionnement des marchés devient plus difficile chaque semaine. Des souffrances réelles, jointes à de fausses rumeurs d'accaparement par quelques propriétaires, contribuent à augmenter l'inquiétude et la surexcitation publique. Pour prévenir les désordres qu'elles peuvent entraîner, le maire, accompagné de trois notables et d'un détachement de la garde nationale, se transporte dans les différentes maisons où il espère trouver des grains. Cette recherche permet de constater une insuffisance réelle qui expose la ville à une disette totale des blés. Dans cette situation, le Conseil général de la commune, après avoir envoyé inutilement des délégués dans la Valoire pour faire des achats de grains, décide que la ville de Lyon sera suppliée de laisser acheter dans ses ports deux cents années de blé pour l'approvisionnement du marché de Saint-Vallier. Cette demande est accueillie en partie et 349 bichets de froment, formant 65 années et un tiers, sont achetés à la Guillotière moyennant le prix de 3.725 livres. Cette mesure très sage et l'approche de la récolte nouvelle qui s'annonce devoir être bonne, calment les craintes de la famine et les marchés sont suffisamment approvisionnés (23 mai 1790).

Après avoir proclamé l'égalité de tous devant la loi, et fondé l'unité de la France, l'assemblée constituante abolit les droits seigneuriaux, ordonna la suppression des titres de noblesse, décréta le 12 juillet 1790, la constitution du clergé qui réduisit le nombre des évêques à un par département, supprima les chapitres, abbayes, prieurés, chapelles, bénéfices, et voulût que les évêques et les curés fussent nommés par les électeurs et astreints au serment civique. Les curés choisissaient leurs vicaires. Cette constitution civile, qui rompait les rapports du clergé avec le Saint-Siège et changeait la discipline, souleva de vives protestations de la part des évêques et produisit des troubles dans le midi. Les prêtres qui refusèrent de prêter le serment civique furent destitués et remplacés par des prêtres constitutionnels. Ces innovations, qui introduisirent le schisme dans l'Eglise de France, amenèrent dans le Dauphiné la suppression de l'archevêché de Vienne dont Mgr Daviau de

Bois Sanzay était alors titulaire, et Saint-Vallier fit désormais partie du diocèse de Valence.

Les 16 et 24 août 1790, l'Assemblée Constituante pose les bases définitives de l'organisation judiciaire. Désormais, la justice sera rendue au nom du roi, elle sera gratuite et les juges seront élus pour six ans par les justiciables et salariés par l'Etat. Les officiers du ministère public seront nommés à vie par le roi. Les degrés de juridiction seront réduits à deux et les juges de district seront juges d'appel les uns à l'égard des autres. Les jugements seront motivés, les audiences seront publiques et les tribunaux ne pourront faire des règlements ni prendre directement ou indirectement aucune part à l'exercice du pouvoir législatif, ni empêcher ou suspendre l'exécution des décrets du corps législatif, sanctionnés par le roi, sous peine de forfaiture. Il y aura dans chaque canton un juge de paix et des prud'hommes assesseurs élus par les citoyens actifs réunis en assemblée primaire. Au-dessus de cette hiérarchie, un tribunal de cassation est établi pour fixer l'interprétation de la loi.

Au moment où l'ordre judiciaire est complètement réorganisé, les affaires en instance devant la juridiction de Saint-Vallier sont portées au tribunal du district de Romans. C'est ainsi qu'a disparu la justice haute, moyenne et basse de messire de la Croix de Chevrières, seigneur de Saint-Vallier. En 1790, elle était exercée par un juge, M. Fleury ; un lieutenant, M. Raymond père ; un procureur juridictionnel, M. N. Fayard, et un greffier, M. Bonnet. Elle ressortissait au baillage de Saint-Marcellin et les appels des jugements de ce baillage étaient portés au parlement de Grenoble. Près du tribunal civil du seigneur de Saint-Vallier, il existait un autre tribunal compétent en matière de police composé d'un juge, M. Raymond père, d'un procureur juridictionnel, M. N. Fayard, d'un greffier, M. Bonnet.

Au civil, tous les habitants du comté et même les forains en matière réelle et mixte dépendaient de la justice du seigneur ds Saint-Vallier. Au criminel, tous les habitants du comté en étaient justiciables. D'après la reconnaissance de 1651, les officiers de justice avaient non seulement la connaissance de tous les faits en matière de police, mais ils devaient faire entretenir les grands chemins royaux, *voisinaux* et autres de ce comté.

Cinq avocats et six procureurs étaient attachés à la juridiction de Saint-Vallier qui comprenait vingt-et-une communes ou paroisses : Saint-Vallier, Saint-Barthélemy de Vals, Saint-Uze, Laveyron, Ponsas, Serves, Erôme, Gervans, Croze, Chantemerle, Saint-Pierre-les-Bleds, Notre-Dame, Clérieu, Saint-Bardoux, Marsas, Chavannes, Veaunes, Chanos-Curson, Beaumont-Monteux et Granges près de Romans. La suppression de cette juridiction importante devait être une cause d'amoindrissement pour Saint-Vallier. Les habitants l'avaient parfaitement compris et ils s'étaient efforcés de la conjurer. Mais toutes leurs démarches avaient échoué et ils dépendirent dorénavant du district de Romans jusqu'à la constitution du 22 août 1795 qui supprima les tribunaux de district et y substitua, dans chaque département, un tribunal unique composé de vingt membres. Cette organisation qui plaçait la justice trop loin des justiciables, a subsisté jusqu'en 1799. La constitution consulaire du 13 décembre 1799, qui a établi les tribunaux d'arrondissement, a assuré le maintien du tribunal de première instance de Valence en réduisant toutefois le nombre de ses membres et l'étendue de son ressort. Depuis 1800, les appels des jugements du tribunal de première instance de Valence ont été portés au tribunal d'appel de Grenoble devenu cour d'appel en 1808.

Le 18 septembre 1790, M. Fayard, avocat et officier municipal, nommé procureur syndic à Romans, est remplacé par M. Rostaing comme membre du bureau. A cette époque, le bureau de la municipalité se composait exclusivement du maire et d'un membre du conseil municipal.

M. Fleury, qui a été élu juge de paix du canton de Saint-Vallier par les citoyens actifs, prête serment le 29 décembre 1790 devant le conseil général de la commune. Le procureur de la commune déclare : « Qu'il requiert avec d'autant plus d'empressement l'installation de M. Fleury que ce magistrat possède à un degré éminent toutes les qualités qui font un bon juge, comme il en a donné les preuves les plus éclatantes pendant plus de vingt ans en qualité de juge des justices seigneuriales de Saint-Vallier. »

En 1791, le conseil général de la commune dénonce au tribunal du district de Romans le citoyen Frandon, curé de Lemps-Lestang, qui a engagé le vicaire Lafayolle à ne pas prêter le serment civique prescrit par le décret du 27 novembre 1790. M. Jean Tavernier, curé, et ses deux vicaires, MM. Lafayolle et Léopold Tavernier s'empressent de prêter serment de fidélité à la nation, à la loi et au roi, et de se soumettre aux décrets relatifs à la constitution du clergé. Cette prestation de serment a lieu dans l'église en présence du conseil général de la commune et des fidèles.

Le district de Romans ayant décidé provisoirement que, suivant le décret de l'assemblée nationale, la chapelle du château de Saint-Vallier était un bénéfice et devait être supprimée, M. de Saint-Vallier « pria, par notification d'huissier du 30 novembre 1790, M. le curé Tavernier de cesser l'acquittement des fondations faites par les seigneurs de Saint-Vallier et déclara qu'il en suspendait le paiement jusqu'à un examen nouveau. »

M. le Curé Tavernier adressa alors une copie de cette notification et une requête à MM. du directoire du district de Romans pour leur faire connaître qu'il était en usage, depuis un temps immémorial, d'acquitter, dans l'église paroissiale de Saint-Vallier, différentes fondations créées par les seigneurs de Saint-Vallier en 1504, 1514 et postérieurement ; que ces fondations consistaient dans quatre messes par semaine, dont 42 étaient acquittées dans la chapelle du château moyennant le paiement d'une somme de 270 livres par le seigneur de Saint-Vallier.

L'exposant ajoutait : que M. de Saint-Vallier refusant d'acquitter ces fondations, il requérait le directoire du district de vouloir bien décider si ces fondations faisaient partie des nationaux et comment il devait y être pourvu pour leur acquittement. Cette requête ne fut pas accueillie et les fondations pieuses des Poitiers et de leurs successeurs cessèrent d'être exécutées.

Le 19 juin 1791, plusieurs citoyens se réunissent dans la chapelle des pénitents et nomment des commissaires pour préparer le règlement d'une société des amis de la Constitution qui doit s'occuper des questions relatives au bien-être public et au maintien de la Constitution. Elle doit correspondre, avec la société de Paris et avec toutes les sociétés qui pourront s'établir dans le royaume, afin de réunir toutes leurs lumières pour se fortifier dans les vrais principes de la liberté et opposer une résistance capable d'intimider ceux qui seraient tentés de la ramener sous le joug du despotisme. Sept jours après, les statuts proposés furent votés et la société constituée. M. Joachim Gagnière fut élu président, MM. Eymard Raymond et Baborier, furent élus secrétaires, et M. François, fut élu trésorier. Le nombre des membres admis ce jour là fut considérable et il s'accrut à chaque nouvelle séance.

Le 28 juillet 1791, le directoire du département ordonne, sur la demande du corps municipal, que le maître-autel de l'église des Picpus ainsi que deux petits autels, deux confessionaux, les boiseries du chœur, un pupitre et un bénitier en marbre rouge seront distraits de la vente de la maison conventuelle pour être transportés dans l'église paroissiale de Saint-Vallier. Inventaire sera dressé par un expert de la valeur de ces objets et du prix de chacun et la commune de Saint-Vallier s'engagera à payer, le cas échéant, ladite valeur à la nation. D'après une expertise faite le 30 octobre 1791, la valeur de tous ces objets qui décorent aujourd'hui encore l'église de Saint-Vallier, s'éleva à 176 livres (1).

Le 31 juillet 1791, en exécution de la loi du 18 juin 1790,

(1) *Archives de l'hôpital.*

les drapeaux et les guidons de la compagnie des grenadiers volontaires et de la compagnie des dragons de la milice citoyenne de la commune, ont été suspendus à la voûte de l'église pour y demeurer consacrés à l'union, à la concorde et à la paix.

La Constitution, qui porte en tête la déclaration des droits de l'homme et décrète que la France est une monarchie et que la personne du roi est inviolable et sacrée, est achevée le 3 septembre 1791. Louis XVI jure de la maintenir au dedans, de la défendre contre les attaques du dehors et de la faire exécuter par tous les moyens qu'elle met en son pouvoir. Le 30 du même mois, la Constituante déclare que sa mission est terminée et elle est remplacée, le 1er octobre 1791, par l'Assemblée législative. Cette nouvelle Assemblée se montre plus hostile à la royauté que la constituante, dont les membres avaient été écartés par un décret du 20 du même mois, et elle ne remédie pas aux maux publics.

Le 15 novembre 1791, M. Seul est élu maire, MM. Fay et Buissonnet sont élus conseillers municipaux et M. Danthony est confirmé comme procureur de la commune. Le maire et l'officier municipal Goubertier forment le bureau et le tribunal de police municipale est composé de : MM. Seul, Morel et Goubertier.

Par lettre du 18 février 1792, M. Fayard, procureur-syndic du district de Romans, rappelle aux officiers municipaux de Saint-Vallier qu'aux termes de la loi du 27 mars 1791, ils doivent faire transférer les minutes et les registres de la justice seigneuriale de Saint-Vallier au greffe du district de Romans. En même temps il les invite à se conformer sans délai aux dispositions de la loi pour qu'il puisse rendre compte au plustôt de leur exécution au ministre de l'intérieur. Les officiers municipaux se conformèrent, mais non sans regrets, à cette invitation qui ne leur laissait plus aucun espoir d'obtenir un tribunal de district dans la commune de Saint-Vallier.

Les minutes les plus anciennes de la judicature de Saint-

Vallier qui se trouvent au greffe de la justice de paix du canton de Saint-Vallier ne remontent qu'à 1770. Elles s'arrêtent au 28 juin 1787 et comprennent de nombreuses condamnations au profit de messire de la Croix, marquis de Chevrières et de Clérieu, comte de Saint-Vallier et de Vals, contre ses redevanciers. L'une d'elles porte que Long Vincent de Clérieu, est condamné à payer pour les annuités de 1781 à 1786, les cens, rentes, pensions, droits et devoirs seigneuriaux, spécifiés en la demande déduite du 22 mai 1787, arrivant annuellement : 1° à trois pugnères froment, quatre deniers argent ; 2° trois pugnères seigle, un quart géline, six deniers argent ; 3° seize sols pour pension ou rente ; 4° trois pugnères seigle, trois deniers argent ; 5° trois pugnères froment, un quart géline, et pour droits seigneuriaux, deux pugnères et demi avoine et cinq sols argent, le tout suivant les mesures indiquées aux reconnaissances ; la dernière des dites, six annuités en espèce et les précédentes en argent, liquidées à la somme de quarante livres. Cette condamnation et celles prononcées le même jour contre plusieurs propriétaires prouvent combien les devoirs, cens, rentes féodaux paraissaient lourds en 1787 et combien leur recouvrement commençait à devenir difficile.

En exécution de la loi du 20 avril 1791, le conseil municipal ordonne l'enlèvement des deux bancs dans l'église, qui appartiennent à M. de Murat, émigré, et il nomme MM. Seul et Thomas commissaires, pour assister à l'inventaire des effets mobiliers du château des Rioux qui est la propriété de M. de Murat.

La pénurie de la petite monnaie augmentant chaque jour, soit par la crainte des bruits répandus, soit par l'avidité des agioteurs, soit par des méfiances aussi mal fondées qu'injustes, le conseil général de la commune ordonne, le 29 mai 1792, l'émission de billets de confiance par les officiers municipaux, pour une somme de 4,500 livres. Ces billets sont émis sans retenue et revêtus de la signature de l'un des douze commissaires, MM. Gagnière, Fayard, Danthony, Baborier,

Monier, Morel, Thomas, Bonnet, Forcheron, Paturel, Rostaing et Rey.

Après le départ et l'arrestation du roi à Varennes ; l'Assemblée populaire de Vallibre « qui est pénétrée de la plus vive confiance dans la sagesse des représentants de la nation », se réunit le 29 juin 1792 et entend la protestation d'un de ses membres contre : « l'évènement incroyable qui vient de frapper de la plus vive indignation tous les français. » Elle jure ensuite, avec un saint enthousiasme, de « vivre libre ou de s'ensevelir sous les ruines de la liberté, en volant avec ardeur sur les ordres de l'Assemblée nationale et des corps administratifs partout où cela serait nécessaire pour maintenir l'ordre et la tranquillité publique. »

L'agitation et l'inquiétude qui règnent dans toute la France, deviennent extrêmes et le territoire français est violé par les Prussiens. La patrie a été proclamée en danger et le roi a été suspendu de ses fonctions. Un tribunal extraordinaire a été créé pour juger les crimes du 10 août, c'est-à-dire tout ce qui a été fait pour la défense du roi, et les gardes nationaux doivent se réunir au chef-lieu de canton pour prêter serment de maintenir la liberté et l'égalité ou de mourir en les défendant.

RÉPUBLIQUE 1792-1804

Le 21 septembre 1792, la convention ouvre ses séances par l'abolition de la royauté et la proclamation de la République. A partir du 22 septembre tous les actes doivent être datés de l'an I de la république française. Les Jacobins accusent les Girondins de vouloir morceler la France en petits états, d'encourager la fédération et ils font proclamer la république une et indivisible. La lutte entre les deux partis met en fermentation toutes les passions populaires et amène un resserrement considérable des valeurs monétaires. Les billets de confiance, créés au mois de mai, ont rendu un véritable service, mais ils sont insuffisants. L'administration de la commune de Saint-Vallier fait une seconde émission de 4.750 livres, le 22 septembre 1792 et les billets cesseront d'avoir cours le 1er janvier 1793. La municipalité publie une adresse au peuple pour prévenir tout trouble dans le canton et elle ordonne l'achat de grains dans les communes voisines pour approvisionner les marchés où les habitants ne trouvent plus à se pourvoir du blé nécessaire à leur alimentation. Il ne suffit pas de pourvoir à la nourriture des habitants de Saint-Vallier, il faut assurer leur sécurité et le conseil municipal ordonne l'achat de cinquante-six livres de poudre pour faire des cartouches et les distribuer à la garde nationale.

Après les massacres de septembre, la commune de Paris, maîtresse de la France, envoie des commissaires dans les départements pour exciter les municipalités à suivre son exemple. Cet horrible conseil achève de déchaîner les passions révolutionnaires et jette la stupeur dans le pays. Des désordres se produisent dans beaucoup de communes et les prisons se remplissent de suspects. Le 18 septembre 1792, la municipalité de Saint-Vallier informe en ces termes le directoire du département d'un événement malheureux arrivé la veille dans la commune : « Entre 6 et 7 heures du soir, une troupe de citoyens, à l'aide d'une partie des volontaires nationaux du 5me bataillon de la Drôme logés ici du même jour, sont allés dans le château de M. La Croix y ont enlevé tous les papiers qu'ils ont pu y trouver et de suite les ont brûlés avec ceux qu'ils ont pris chez les sieurs Bonnet et Gleyzolle, fermiers ou régisseurs du sieur La Croix.

« La municipalité n'a été avertie par le bruit public que dans le moment où les papiers étaient enflammés, ce à quoi elle n'aurait pu obvier vu la grande affluence d'hommes et de femmes, et leur acharnement à vouloir les brûler. Cet exemple a été malheureusement donné à nos concitoyens, qui avaient été tranquilles jusqu'à ce jour, par les volontaires nationaux qui ont détruit les toits du château de Ponsas appartenant à M. Du Chatelard et ont brûlé ses papiers. Ces mêmes hommes, ce matin à 4 heures, avant le départ de la troupe, ont renversé les murs de clôture de la maison de M. Lazare Sibaud, sise à Saint-Vallier, sous le prétexte que l'emplacement formait anciennement les fossés de la ville et que cette destruction leur donnerait une place d'armes proche de l'arbre de la Liberté.

« Nous avons l'honneur de vous informer qu'il nous serait impossible de prévenir de semblables malheurs lorsqu'ils se commettront pendant que les troupes seront logées dans cette commune. » (1).

Ces désordres étaient de nature à en faire redouter de plus graves pour la sécurité des personnes et chacun songea à se pourvoir de certificats de résidence. C'est ainsi que M. René de La Croix de Saint-Vallier, après avoir résidé successivement à Paris et à Lyon, s'empressa de faire viser les certificats qui lui avaient été délivrés dans ces deux villes. M. Jean-Denis-René de la Croix était le fils aîné du marquis Nicolas-Amédée de la Croix de Saint-Vallier, comte de Saint-Vallier et de Vals, marquis de Chevrières et de Clérieu. Lieutenant en second au régiment des Gardes françaises en 1787, il avait quitté le service en 1789, et depuis lors, il faisait de fréquents et longs séjours dans le château de Saint-Vallier que son père lui avait abandonné en avancement d'hoirie.

Pendant que les volontaires nationaux de la Drôme et les habitants de Saint-Vallier brûlaient les titres féodaux de M. Denis-René de la Croix de Saint-Vallier, les habitants de Clérieu pillaient, démolissaient et incendiaient le château que son père, M. Amédée de la Croix de Saint-Vallier, possédait à Clérieu. L'œuvre de destruction dura quatre jours, du 18 au 21 septembre 1792. La gravité de ces faits obligea les autorités locales à poursuivre leurs auteurs mais ils ne tardèrent pas à

---

(1) *Archives de l'hôpital de Saint-Vallier.*

être relâchés. M. de Saint-Vallier se porta alors partie civile et onze accusés comparurent devant le jury criminel réuni à Valence. Les faits reprochés étaient incontestables et les accusés les avouaient. On dut admettre leur culpabilité, mais on décida que le crime avait été commis à la suite d'une insurrection ayant pour cause les droits féodaux, et on leur appliqua l'amnistie accordée aux faits de ce genre par un décret du 12 février 1793. « Ce qu'il y a d'étonnant, ajoute M. de Gallier auquel j'emprunte ces détails, c'est qu'un pareil procès n'ait pas conduit à l'échafaud celui qui avait eu l'audace de le susciter. M. de la Croix de Saint-Vallier mourut cependant dans son lit en 1798. » (1)

Le 2 décembre 1792, le maire M. Alexandre Seul, sur la réquisition de M. Antoine Thomas, officier municipal, remplissant les fonctions du procureur de la commune absent, se transporte à la sacristie de la paroisse avec le secrétaire-greffier de la municipalité et arrête les registres de l'état civil dont la tenue est attribuée aux municipalités par la loi du 20 septembre 1792. A peine les registres sont transportés à la maison commune que le maire reçoit de François Falcon, aubergiste, la déclaration que Marie-Claire Charignon, sa femme, est accouchée la veille, à 8 heures du soir, d'une fille nommée *Victoire-Liberté de Conscience*. Cet acte est signé par quatre témoins et neuf gardes nationaux.

Le 9 décembre 1792, M. Forcheron fait connaître à la Société des amis de la Constitution que, suivant son désir, il a acquis, moyennant la somme de 2,925 livres, tant en son nom qu'en celui des quatre compagnies de la garde nationale, le pré de la sacristie qui sert de place pour les exercices militaires. La Société témoigne sa satisfaction au sieur Forcheron, et ordonne à la Commission de le rembourser.

Dès le 3 décembre, l'Assemblée générale des citoyens de

---

(1) De Gallier, *Essai sur la Baronnie de Clérieu*. — Rev. Archéol. de la Drôme, IV, p. 369).

Saint-Vallier, en exécution du décret de la Convention nationale du 19 octobre précédent, s'est provisoirement formée sous la présidence du citoyen Gagnière, à ce commis par le conseil municipal, pour procéder au renouvellement des officiers municipaux, du procureur, des notables, et elle a élu pour maire le citoyen Nicolas Fayard, et pour procureur de la commune le citoyen Danthony.

Le citoyen Nicolas Fayard a refusé, parce qu'il était déjà investi de fonctions publiques et chargé d'affaires particulières qui ne lui permettaient pas d'accepter la mairie. Le citoyen Danthony a refusé également les fonctions de procureur de la commune, et le 26 décembre il a été élu maire, mais il a de nouveau décliné l'honneur qui lui était fait. Le lendemain, il a été remplacé par le citoyen Michel Rostaing, qui a déclaré ne pouvoir accepter les fonctions de maire. Enfin, le 20 janvier 1793, le citoyen Pierre-Claude Forcheron a été élu maire, et il a prêté serment de bien et fidèlement remplir les fonctions de maire, dont il acceptait la charge, et de maintenir la liberté et l'égalité ou de mourir en les défendant.

Un gouvernement n'est solide et durable que s'il donne satisfaction à la fois aux sentiments et aux intérêts. En 1793, la France était travaillée par le plus grand mal qui puisse affliger une nation: elle était divisée contre elle-même. Le 21 janvier 1793, le supplice de l'infortuné Louis XVI, malgré son inviolabilité royale, laissa en présence à l'intérieur les partis qui n'avaient été un instant d'accord que pour le perdre, et à l'extérieur il provoqua la coalition des gouvernements contre la Révolution. Pour y faire face, la Convention nationale, qui était appelée à sauver l'indépendance nationale, mais non à lui donner un gouvernement, décréta une nouvelle émission d'assignats, déclara que toutes les gardes nationales étaient en état de réquisition permanente, et ordonna une levée de trois cent mille hommes.

Le 1er mars 1793, le Conseil général de la commune de Saint-Vallier arrête que le directoire du district de Romans sera prié d'avoir égard, dans la répartition qu'il doit faire du nombre d'hommes à la charge de chaque communauté, de celui déjà fourni par la commune de St-Vallier, et il rappelle que : « l'amour sacré de la Patrie a fait voler sur les frontières un très grand nombre de jeunes citoyens de la commune, et que sur deux cents seize citoyens, dont était composé la garde nationale, soixante sont sous les drapeaux du second bataillon de la Drôme ». Un mois plus tard, le 1er avril 1793, le corps municipal distribue une somme de 2.800 livres, recueillie par souscription, aux sept volontaires qui se sont engagés pour la défense du pays. Un fusil et un équipement complet sont en outre fournis à chacun d'eux.

La lutte entre les Girondins et les Jacobins, qui doit se terminer par le triomphe de ces derniers, inquiète et agite les départements. Chacun est dans l'attente des évènements sinistres qui se préparent. Le 25 mai 1793, le maire, M. Forcheron, réunit le Conseil général de la commune et s'exprime en ces termes : « Citoyens, les flambeaux ardents de la guerre civile se font sentir dans plusieurs départements de la République ; la commune de Saint-Vallier, dans les moments de trouble et d'orage qui ont eu lieu depuis le commencement de la Révolution, a toujours joui de la tranquillité intérieure, tranquillité que l'on doit attribuer au zèle ardent de ses citoyens pour l'œuvre de la patrie. Un tiers de ses habitants combat sous les drapeaux de la liberté, et ce qui reste est prêt à mourir plutôt que de recevoir la loi des tyrans coalisés pour établir le règne des rois, des nobles et des prêtres. A un peuple libre, il faut dire la vérité : un nouveau genre de guerre plus terrible que tous les ennemis extérieurs agite tous les esprits, la méfiance, ce présage certain d'évènements sinistres est dans tous les cœurs. De toute part on entend dire que des complots se trament, que des rassemblements vont avoir lieu et que dans peu nous serons en proie au fléau cruel qui ravage les départements dont nous déplorons les malheurs. Citoyens, au nom de la Patrie en danger, unissons-nous, resserrons les liens de la fraternité que nous avons jurée, et si nous ne pouvons pas voir triompher la liberté, ayons la gloire de mourir pour elle. »

Il ajoute : « Un arrêté du Directoire qui établit un Comité de salut public chargé de correspondre avec toutes les municipalités pour tout ce qui regarde les besoins présents de la police permettra d'organiser la défense. »

Après avoir entendu cet exposé de la situation du pays, le Conseil général de la commune demande à être autorisé à prendre dans le ci-devant château des Rioux, ayant appartenu à M. Casimir de Murat, émigré, une quantité suffisante de fer pour la fabrication de cent piques. Sur les 164 hommes armés de la commune, 32 n'ont que des fusils de chasse en mauvais état qu'il serait nécessaire de remplacer par des fusils de guerre. Il serait nécessaire également d'obtenir deux pièces de canon. Les difficultés de la situation ne permettent pas la réalisation de ces désirs et une commission est chargée de faire fabriquer 80 piques destinées à suppléer à la pénurie des armes de la commune. En même temps, des visites sont faites chez les habitants pour obtenir la remise des armes qu'ils possèdent. Le citoyen La Croix, ci-devant seigneur de Saint-Vallier, remet deux fusils doubles en médiocre état, deux pistolets d'arçon et une épée. La citoyenne Duplessis, femme séparée de son mari, Claude Berne de Levaux, déclare n'avoir aucune arme ; la citoyenne Anne Diane Duport, veuve de Sibaud, ci-devant seigneur de Beausemblant, ayant un fils émigré, fait une déclaration semblable.

Le 29 mai 1793, le Conseil municipal, après avoir entendu les observations du maire qui a demandé « conformément aux droits imprescriptibles de l'homme, qu'aucune cérémonie religieuse ne soit revêtue de la pompe civile, » arrête cependant que quatre de ses membres, ceints d'une écharpe, assisteront à la procession du lendemain.

L'insurrection à Lyon et à Marseille contre la tyrannie de la Montagne, et le triomphe des Jacobins à Paris, le 2 juin 1793, font un devoir aux conseillers municipaux d'exercer une active surveillance sur tous les individus qui sont étrangers à la commune. Le 4 juin, ils procèdent à l'arrestation du chevalier Alexis du Chatelard, âgé de 30 ans, habitant Mante, porteur d'un passeport délivré à Grenoble le 8 août 1789. Il a dit être ci-devant noble, n'avoir pas émigré et venir de Marseille où il avait été vaquer à ses affaires. Ouverture faite de sa malle, on y a trouvé deux lettres qui ont paru suspectes. L'une, datée de Turin, le 28 octobre 1789 et non signée, était adressée au chevalier du Chatelard, officier du régiment de Monsieur, à Grenoble; l'autre, datée de Coblentz, le 27 mars 1792, était adressée aussi au chevalier du Chatelard mais la signature était enlevée par lacération. Ces pièces ayant été paraphées par le maire, le corps municipal décida que le dit Chatelard serait traduit devant le district de Romans. Cette dénonciation et celle du curé Frandon, que nous avons eu à rappeler, sont les seules demandes de poursuites politiques dont la municipalité de Saint-Vallier prit l'initiative pendant la période révolutionnaire.

Le 9 juillet 1793, il est procédé dans le canton à la levée de cinquante hommes demandés par le général Carteaux pour faire partie des troupes réunies à Valence afin d'empêcher la jonction des Marseillais aux Lyonnais qui refusent de se soumettre aux décrets que la Convention, trompée par les rapports des Jacobins, a rendu contre leur malheureuse cité. Pendant toute la durée du siège de Lyon, du 9 août au 9 octobre, on ne trouve sur les registres de la municipalité de Saint-Vallier, la mention d'aucun acte y faisant allusion. Le 13 juillet, seulement, les citoyens du canton d'Albon forment une union fraternelle avec ceux de Saint-Vallier pour exterminer les ennemis de la République, et les perturbateurs de la paix publique. Le Conseil général de la commune décide, ce jour-là, que la plus grosse des deux cloches qui ne sert pas de timbre à l'horloge de la commune, sera descendue et envoyée au district; l'autre sera conservée pour convoquer les assemblées du culte et les assemblées populaires.

Dans la situation terrible où la France se trouve, la levée en masse est ordonnée pour la défense de la liberté, et le citoyen Carnot est chargé d'organiser la guerre. La loi des suspects et celle du maximum sur toutes les marchandises de première nécessité sont rendues. La Constitution votée le 24 juin et sanctionnée solennellement par les délégués des assemblées primaires ne reçoit pas son exécution. Un décret du 10 octobre la suspend et lui substitue le gouvernement révolutionnaire jusqu'à la paix. Tous les corps constitués sont placés sous la surveillance du Comité de Salut public, et une armée révolutionnaire de six mille hommes et de douze cents canonniers est mise à la disposition de ce Comité pour faire exécuter ses ordres. Sous le nom de la Convention, qui lui sert d'instrument, le Comité de Salut public dispose de tout. La guillotine s'élève dans presque tous les départements et plus de quarante mille comités révolutionnaires sont installés.

La Société des amis de la Constitution se transforma alors en société populaire et comprit bientôt plus de cent quatre-vingts membres, parmi lesquels figuraient les habitants les plus notables de Saint-Vallier, qui parvinrent par leur ascendant à prévenir des dénonciations et des entraînements regrettables. Elle arrêta qu'un temple à la Liberté serait élevé dans le pré de la sacristie, et qu'un jeune arbre consacré à la Liberté serait planté au milieu. L'enceinte du temple fut formée avec des sycomores, des platanes et des arbrisseaux divers, afin que les citoyens de tous les départements pussent y trouver quelque chose de leur pays, et qu'une douce et fraternelle illusion leur persuada qu'ils y vivaient, quand ils seraient au milieu des citoyens de Saint-Vallier. La principale entrée fut ornée de deux peupliers d'Italie portant cette inscription : « La garde nationale de Saint-Vallier à la Liberté ». Un terrain fut complanté en forme circulaire de peupliers d'Italie, saules pleureurs et décoré d'une pyramide en gazon avec cette inscription : « A nos frères morts pour la défense de la Patrie ».

Dans le mois d'octobre 1793, la société populaire adressa une pétition au représentant du peuple Boisset, pour obtenir l'autorisation de *s'emparer* d'une maison habitée antérieurement par deux chanoines et appartenant à la nation. Les pétitionnaires faisaient valoir qu'ils n'avaient point de local convenable pour se réunir, et que la municipalité, qui se trouvait dans les mêmes conditions, pourrait également tenir ses assemblées dans cette maison. « Il serait possible, en outre, d'y établir des prisons qui remplaceraient avec beaucoup d'avantage celles existantes que l'humanité réprouvait. »

Les officiers municipaux s'empressèrent d'appuyer cette pétition, et ils insistèrent sur la nécessité d'avoir de nouvelles prisons, celles qui existaient « n'étant que d'affreux cachots dans la terre à deux toises de profondeur, où les eaux pluviales se répandaient et causaient la plus grande humidité ».

Par un arrêté du 7 novembre 1793, le représentant du peuple Boisset mit provisoirement à la disposition de la municipalité et de la société populaire de Saint-Vallier, la maison ci-devant habitée par le chanoine Laroche, mais ce fut seulement par un arrêté du 11 juin 1796, que les prisons purent être établies dans la maison de l'aumônerie ayant appartenu au ci-devant ordre de Saint-Ruf. L'administration supérieure avait enfin reconnu « que les prisons de la commune, enfoncées sous terre, étaient insalubres, infectes, et que l'humanité s'opposait à ce qu'on y fît descendre des hommes vivants » (1).

Heureuse d'avoir obtenu cet arrêté, la municipalité écrivit à l'administration départementale pour l'en remercier. « Votre arrêté, lui dit-elle, vient d'exaucer les vœux que nous formions depuis longtemps en faveur de l'humanité. Nous n'aurons plus à souffrir en voyant précipiter dans des souterrains profonds et meurtriers, des hommes que la sûreté publique ordonne d'y renfermer, et nous ne serons plus dans la cruelle obligation de prendre des mesures de rigueur

---

(1) *Arch. de l'hôpital.*

pour empêcher des évasions dont la situation horrible des prisons faisait, nous osons le dire, un devoir à chaque détenu. »

L'établissement des nouvelles prisons était d'autant plus nécessaire, que la commune de Saint-Vallier, lieu de passage sur la grande route de Lyon à Marseille, avait besoin d'un dépôt pour les nombreux prisonniers conduits par la gendarmerie d'étape en étape et qui étaient obligés d'y séjourner.

Le 7 octobre 1793, en exécution du décret du 21 mars précédent, il est procédé à la nomination de douze membres du comité de surveillance de la commune, chargés de recevoir les déclarations des étrangers qui y résident ou qui pourront y venir.

Le 6 novembre 1793, les membres du conseil municipal étant réunis, l'un d'eux fait observer que, suivant la loi du 1er août dernier, toutes les maisons et autres édifices portant des armoiries sont déclarés confisqués au profit de la nation, or, l'église de la commune ayant beaucoup d'armoiries, soit dedans, soit à l'extérieur, il est instant de se conformer à la loi, en les faisant effacer. Après avoir ouï le procureur de la commune, le conseil municipal arrête : « que toutes les armoiries attachées à l'église de la commune seront effacées tant à l'intérieur qu'à l'extérieur, ainsi que les fleurs de lys qui sont au bout des croisillons de la croix du clocher. »

Des ouvriers sont mandés aussitôt pour soumissionner ce travail. Le citoyen Henri Guillot, plâtrier, habitant à Ville affranchie, ci-devant Lyon, offre de se charger moyennant une somme de 130 livres, d'unir les six écussons qui sont sur la façade de l'église, les neuf écussons qui se trouvent dans l'intérieur de l'église, d'ôter une espèce de couronne qui se trouve placée au sommet du maître autel, de donner un coup de pinceau sur le tableau de David, pour effacer sa couronne sans gâter le tableau, et enfin, d'enlever les deux fleurs de lys attachées à la croix qui est sur le clocher.

Cette proposition est acceptée, mais le lendemain Guillot se présente devant la municipalité et lui déclare que l'intempérie de la saison ne permet pas d'enlever immédiatement les deux fleurs de lys de la croix du clocher, et qu'il offre seulement de faire les autres travaux moyennant le prix de 130 livres, sans quoi il ne peut tenir son engagement. La municipalité considérant qu'il n'est pas juste qu'un ouvrier soit constitué en perte, adhère à la demande de Guillot, et déclare que lorsque le temps le permettra, l'enlèvement des fleurs de lys sera l'objet d'une nouvelle soumission.

Cet ajournement ne devait pas être de longue durée. Le 1er décembre 1793, le citoyen Jacques Dangon, aubergiste, se rend auprès de l'administration municipale et lui fait la proposition suivante : « ayant appris que l'adjudicataire chargé de l'enlèvement des fleurs de lys attachées à la croix du clocher de la paroisse, n'a pu exécuter ce travail, j'offre de m'en charger, puisqu'il s'agit de faire disparaître dans la commune les dernières marques de la royauté, mais il est nécessaire d'abattre la croix et j'ai besoin de l'aide de quelques ouvriers qui se sont offerts, et demandent une somme de 50 francs. »

Le conseil municipal considérant « qu'il est intéressant pour la commune de profiter de l'offre généreuse du citoyen Dangon, déclare l'accepter ». Les travaux commencèrent immédiatement et furent payés sur les fonds de la fabrique. C'est ainsi que disparurent les fleurs de lys qui ornaient la croix du clocher, et les armoiries des seigneurs de Saint-Vallier, qui se trouvaient incrustées à l'extérieur et à l'intérieur de l'église. Les écussons des arcs des voûtes, dans l'intérieur de l'église, portent encore les traces du grattage des armoiries qui eut lieu en 1793.

Pour échapper au joug de l'étranger, la France subit l'affreux despotisme de la Terreur. Le culte catholique est remplacé par le culte de la raison, le calendrier républicain, créé dans le but de faire disparaître toutes les traces du passé, est inauguré le 24 novembre 1793, et l'ère nouvelle date du 22 septembre 1792, jour de la fondation de la République. La guerre étrangère continue, et le commissaire du district,

M. Chaptal, réquisitionne les chevaux, mulets et bœufs de la commune pour le service de la République. En exécution de la loi du *29 septembre 1793*, le prix des salaires est fixé à 2 livres 5 sous du 19 février au 19 juillet, et à 1 livre 16 sous pendant les autre mois, pour les maçons, menuisiers et charpentiers ; à 1 livre 10 sous pour la façon d'une paire de souliers ; à 150 livres pour les domestiques gros valets ; à 99 livres pour les seconds valets ; à 90 livres pour les servantes cuisinières ; à 54 livres pour les servantes ordinaires ; à 1 livre 6 deniers pour décharger les bateaux et porter dans les magasins une benne de charbon ou un minot de sel.

Le 4 décembre 1793, le corps municipal charge le serrurier Fauvet, de descendre, moyennant le prix de 20 livres, la cloche de l'église, qui doit être envoyée au chef-lieu du département. Un mois après les membres du conseil général de la commune sont soumis à l'épurement et ils sont tous réélus. La société populaire déclare qu'ils ont bien mérité de la cité, et elle arrête que les ci-devants vases sacrés seront envoyés à la monnaie « parce qu'il est ridicule, dit un de ses membres, de marchander aussi longtemps à la nation les faibles secours dont elle peut avoir besoin ». Cette résolution fut approuvée par la municipalité, mais elle ne reçut pas son exécution immédiatement.

Le 19 janvier 1794 un membre de la Société populaire exprime que le nom de Saint-Vallier déplaît depuis longtemps aux êtres pensants et libres de la commune et qu'il conviendrait de lui substituer celui de Vallibre. Un autre membre ajoute : si vous voulez vous *désaintiser* plus vite, il faut envoyer l'argenterie de l'église à la Monnaie. Ces deux propositions sont votées avec transport par l'Assemblée qui ordonne leur envoi à la municipalité. Le Conseil général de la commune après en avoir pris connaissance arrête que le nom de Vallibre sera substitué à celui de Saint-Vallier, soit parce que ce dernier nom rappelait l'ancien seigneur, soit parce que la commune ne connaissait d'autres saints que les martyrs de la liberté. En même temps, le Conseil général de la commune adresse à M. Jullien, député de la Drôme, pour en faire offrande à la Convention, trois calices, un ostensoir, deux ciboires et un porte-dieu. Cet envoi était accompagné de la déclaration suivante : « La commune ne connaissant d'autre culte que celui de la raison a, dans la séance de la Société populaire, émis librement un vœu pour que les vases de l'ostentation sacerdotale fussent envoyés à la Convention nationale en offrande à la patrie seule digne de nos hommages et de nos sacrifices. » Le 19 mars 1794, le représentant de la Drôme Jullien annonça aux habitants de Saint-Vallier que la Convention avait accepté leur offrande en applaudissant aux sentiments qui l'avaient inspiré et que mention honorable en serait faite dans le bulletin de la décade prochaine.

A la fin du mois de janvier 1794 un membre de la Société populaire demande que la ci-devant église de Saint-Vallier soit consacrée dorénavant à l'utilité publique; une partie servira de caserne et l'autre formera une salle destinée aux séances de la Société. « Une brebis du ci-devant curé s'étant permis d'élever la voix pour réclamer le lieu de sa bergerie, l'Assemblée l'improuva avec tant de violence que le pasteur et les brebis s'enfuirent. » Le 1ᵉʳ février 1794 les citoyens Tavernier curé et Tavernier vicaire se présentèrent devant la municipalité et déclarèrent ratifier la cessation de leurs fonctions qu'ils avaient faite depuis quelques jours, et ils remirent en même temps leurs lettres de prêtrise.

Peu de jours après, sur l'observation de l'un de ses membres que la Convention vient de rendre un décret, portant qu'aucun individu ne sera panthéonisé que dix ans après sa mort, la Société populaire arrête à l'unanimité que les bustes de Marat et de Chalier seront enlevés de suite de la salle de ses séances.

Un autre membre de la Société populaire fait observer que le culte de l'être suprême dégagé de toute momerie étant à l'ordre du jour, il est étrange que l'on voit encore des femmes qui s'honorent du titre de républicaines étaler sur leur poitrine les signes de la superstition, les joyaux des prêtres et les marques de notre ignorance. La Société applaudit à ces réflexions philanthropiques et, considérant que la meilleure manière de paraître religieux est de prouver à tous les citoyens et citoyennes qu'on les aime, qu'on chérit la patrie, arrête : que les censeurs feront sortir des tribunes tous les citoyens et citoyennes qui porteront sur eux des signes superstitieux. Elle invite en outre tous les membres de la Société et tous les citoyens de Vallibre à proscrire ces signes ridicules.

Cet arrêté ne satisfait point les plus ardents, et l'un d'eux dénonce des rassemblements de fanatiques qui se forment dans la ci-devant chapelle de Notre-Dame-de-Vals, où l'on célèbre la messe et autres cérémonies du culte catholique.

L'assemblée déclare que la liberté des opinions religieuses, qu'elle se fera toujours un devoir de respecter, n'entraîne pas celle de la manifester de manière à troubler l'ordre public, que la chapelle de Notre-Dame-de-Vals est un effet national qui doit être vendu et qu'elle est environnée de débris de fortifications dont la malveillance pourrait tirer partie. En conséquence, elle arrête que l'administration du district, sera invitée à donner des ordres pour que la dite chapelle de Notre-Dame soit détruite, comme étant un lieu propre à nourrir les idées superstitieuses du peuple, et que la vente du terrain sur lequel elle est bâtie soit ordonnée, ainsi que la destruction préalable des fortifications dont elle est entourée. Les murailles du vieux château-fort de Vals furent à peu près complètement démolies et la chapelle de Notre-Dame-de-Vals fût vendue avec ses dépendances comme bien national, le 24 mai 1794, à Jeanne Thérèze Mignot, moyennant 2,575 livres. Elle appartient aujourd'hui aux héritiers de M. Florent Baboin, de Saint-Vallier.

D'après une délibération de la Société populaire, du 29 avril 1794, l'humanité et le respect du malheur étant les premières vertus qui distinguent les républicains, il sera formé un Comité philanthropique dont l'objet principal sera de visiter les prisons, l'hôpital et d'indiquer à la Société les moyens qu'elle peut employer pour secourir suivant ses ressources les patriotes malheureux.

Une autre délibération constate l'offre faite par une jeune citoyenne de chanter un nouvel hymne patriotique, la Société accepte avec empressement et, après avoir applaudi aux principes de républicanisme de l'hymne qu'elle a entendu, à la beauté de la voix, aux talents anacréontiques et au patriotisme de la chanteuse, elle arrête que la jeune citoyenne recevra l'accolade fraternelle et qu'elle sera admise dans la Société.

Le régime de la terreur continue à régner et la France subit le plus effroyable despotisme. Le nombre des suspects qui gémissent dans les prisons augmente chaque jour et le sang coule sur les échafauds avec une exécrable facilité. A Saint-Vallier deux cents prisonniers sont logés jusqu'à nouvel ordre dans l'église où il n'y a que vingt lits et où il en faudrait encore quatre-vingt trois. Il sera pourvu à leur achat avec les deux sous accordés aux habitants qui sont tenus de fournir les lits nécessaires pour le casernement des troupes.

En même temps les citoyens Bret et Faujas, commissaires nommés par le district de Romans pour séquestrer les biens des pères et mères des émigrés et apposer les scellés sur leurs propriétés, placent sous le séquestre les biens que M. et Mme de Levaux possèdent dans le canton de Saint-Vallier.

Le 7 mai 1794, sur la proposition de Robespierre, la Convention institue les fêtes décadaires, et proclame l'existence d'un être suprême et l'immortalité de l'âme. Ce décret a un immense retentissement dans toute la France. Le 2 juin la Société populaire de Saint-Vallier se réunit et le président lui donne lecture du *sublime* rapport de Maximilien Robespierre sur l'être suprême et l'immortalité de l'âme, du décret de la Convention qui ordonne des fêtes décadaires et du projet de fête à l'être suprême proposé par le peintre David. La Société arrête qu'une fête semblable, suivant les ressources de la commune de Vallibre, aura lieu le 8 juin. Ce jour là les membres de la Société populaire se réunissent dans la matinée, le maire et un membre de la Société populaire prononcent chacun un discours relatif à l'être suprême et au genre humain. « Ces discours sont souvent interrompus par des applaudissements mérités. »

La pluie ne cessant pas de tomber depuis le lever de l'aurore un sociétaire fait la motion de renvoyer au décadi suivant la célébration de la fête, mais, sur l'observation de plusieurs autres sociétaires que les préparatifs arrêtés par les commissaires sont commencés, il est décidé que la fête aura lieu « pour témoigner par là que que les habitants de Vallibre savent dans tous les temps adorer l'être suprême et que les obstacles ne rebutent pas les républicains. »

Après la célébration de cette fête à l'être suprême sur laquelle on ne possède aucun détail, la Société populaire envoie l'adresse suivante à la Convention : « Si les français vous exprimaient leur reconnaissance à chaque action vertueuse que vous faites, votre temps ne suffirait pas à compter leurs adresses. Purs et invariables dans vos principes vous avez sauvé la République en anéantissant toutes les factions. Que la justice nationale achève de punir tous les coupables et la victoire ne cessera d'être à l'ordre du jour. » Cette adresse se terminait par des protestations de confiance sans borne et de dévouement absolu envers la Convention nationale de la part de la Société populaire.

Deux jours après la fête du 8 juin, Robespierre et Couthon présentèrent un projet de loi pour accélérer et étendre l'action du Tribunal révolutionnaire, nul ne devait y être traduit que par la Convention, par le Comité de sureté générale et par le Comité de Salut public. Cette dernière disposition, qui permettait aux deux Comités de renvoyer les membres de la Convention devant le tribunal révolutionnaire, souleva une très vive discussion dans l'Assemblée et elle ne fut point adoptée. Malgré la rapidité furieuse du nouveau Tribunal, le but que Robespierre s'était proposé se trouva ainsi manqué ;

ce fut sa perte. La journée du 9 thermidor an II (27 juillet 1794) amena la fin de la terreur et la mort de Robespierre.

La Société populaire de Saint-Vallier s'empressa d'envoyer l'adresse suivante à la Convention : « Citoyens législateurs, autant on doit applaudir à l'anéantissement de l'exécrable Robespierre, et de ses satellites, autant on doit vous féliciter et vous rendre grâce de l'énergie que vous avez montrée dans cette occasion périlleuse pour vous et pour la liberté que vous avez encore sauvée. Continuez dignes représentants à anéantir tous les intrigants et les ambitieux comme vous anéantissez les hordes étrangères à qui notre révolution fait ombrage et comptez que les représentants de Vallibre, qui ont toujours été réunis de cœur à la masse de la Convention et n'ont jamais adoré les individus, s'y réunissent de fait comme les braves sections de Paris si, par une audace nouvelle, des êtres astucieux et hypocrites voulaient la dominer. »

Après la chute de Robespierre, la commune de Paris est supprimée, les Comités de Salut public et de Sûreté générale sont réorganisés avec des pouvoirs plus restreints et la Convention s'attribue les fonctions de la commune qui lui avait si longtemps imposé ses volontés. Les exécutions cessent, les suspects sont délivrés et les lois révolutionnaires sont abolies. La fermeture du club des Jacobins est ordonnée, la libre circulation du numéraire est rétablie, la liberté du culte est rendue à la France, la justice et l'humanité reprennent leur empire et l'ère de réparation commence.

Du 10 août 1794 au 17 du même mois, date de la dernière séance de la société populaire de Saint-Vallier, constatée sur les registres de ladite société, nous trouvons deux délibérations à rappeler. Le 10 août, un membre de la société après avoir donné connaissance d'un mandat d'arrêt décerné le 8 août contre son père, comme ci-devant agent du ci-devant seigneur de Saint-Vallier, par le représentant du peuple Joseph Méaulle, observe que son père n'a jamais été l'agent du seigneur de Saint-Vallier, et déclare que dans cette situation il s'abstiendra d'assister aux séances de la société. Il se retire alors, mais l'assemblée considérant que, d'après la déclaration des Droits de l'homme, les citoyens sont présumés innocents jusqu'à ce qu'ils soient jugés coupables, le fait rappeler dans son sein par deux commissaires nommés à cet effet. La société les charge en outre, avec ceux du comité de surveillance et le commissaire envoyé par le représentant du peuple Méaulle, de vérifier les papiers des citoyens X., père et fils, et de présenter un rapport. Le 17 du même mois, les commissaires délégués déclarent qu'ils n'ont pas trouvé dans les papiers politiques vérifiés par eux, le moindre indice pouvant faire soupçonner le civisme de leurs possesseurs.

L'assemblée apprend avec satisfaction que la mesure nécessitée par les circonstances, n'a fait que rendre plus éclatante l'innocence des citoyens X., dont tous les membres de la société étaient déjà intimement persuadés d'avance, et il est arrêté qu'il en sera fait mention honorable dans le procès-verbal.

Après cette déclaration, le mandat d'arrêt décerné contre le citoyen X., ne pouvait être maintenu, et le représentant du peuple Méaulle en donna main levée le 20 août 1794.

Dans la séance du 17 août 1794, le citoyen Raymond, inspecteur général des poudres et salpêtres, rendit compte de sa mission dans le midi. L'assemblée applaudit vivement l'orateur et arrêta qu'il recevrait du président l'accolade fraternelle comme témoignage de la satisfaction de tous.

Le 2 octobre 1794, M. D. Fayard, avocat, nommé juge de paix par le conseil général de l'administration du district de Romans, prête serment devant le conseil général de la commune « d'être fidèle à la nation, de remplir avec exactitude et impartialité les fonctions qui lui sont confiées, de défendre la liberté et l'égalité ou de mourir à son poste ».

Malgré les modifications apportée aux lois sur le maximum, le commerce ne se relevait pas, les assignats étaient discrédités de plus en plus, et l'agiotage le plus effréné s'exerçait sur toutes les valeurs et sur tous les objets de première nécessité. La France était menacée de nouveau de la famine. Pour la conjurer dans le canton de Saint-Vallier, un comité de subsistance est organisé ; il est composé de François Baborier, Nicolas Fayard, Gaspard Rey, Danthony fils, Marc Gueyton, Pierre Thomas, Jean-Pierre Morel, et il est chargé de solliciter auprès du district de Romans les réquisitions nécessaires pour l'approvisionnement tant des citoyens de la commune que des soldats qui passent isolément sans étape. Il reçoit une somme de 16,985 livres, provenant de souscriptions recueillies dans la commune, pour acheter des blés dans l'intérieur de la République et, grâce aux démarches actives de ses membres, des grains peuvent être achetés en quantité suffisante pour calmer les craintes des habitants de Vallibre.

Pendant que ces mesures étaient prises, les biens de MM. de Murat, du Chatelard, Fay de Maubourg, de Sibaud de Beausemblant, qui avaient émigré, étaient vendus comme biens nationaux. Toutefois, sur la pétition de Mme Joséphine de Montchenu, épouse de M. Lazare Sibaud de Beausemblant, qui réclama le logement que lui attribuait son contrat de mariage, le directoire du district de Romans ordonna, le 16 décembre 1794, de surseoir à la vente du château de Beausemblant. Grâce à ce sursis, le château de Beausemblant ne fut pas vendu avec les autres biens de M. de Sibaud de Beausemblant. Ce château est aujourd'hui la propriété de M. le comte Fernand Monier de la Sizeranne.

Remarquons que M. René de la Croix, à Saint-Vallier, et M. de Tournon, à Claveyson, qui étaient restés au milieu de leurs concitoyens pendant les plus mauvais jours de la Terreur, ne furent pas inquiétés et que leurs biens furent respectés.

Le 24 janvier 1795, le sol des campagnes était couvert depuis un mois d'une couche épaisse de neige, aussi beaucoup de familles, qui subsistaient uniquement du produit de leur travail agricole, étaient réduites à une misère d'autant plus grande, que le prix du pain, par suite de la rareté des grains, des frais de transport et de la dépréciation des assignats, avait dû être fixé à vingt sols la livre.

Le 13 février 1795, les élèves de l'instituteur et de l'institutrice Chazalet, sont introduits dans l'assemblée de la société populaire et ils récitent les Droits de l'homme et du citoyen, le cathéchisme républicain et plusieurs autres œuvres tant en prose qu'en vers respirant également le plus pur patriotisme et le républicanisme le mieux soutenu. L'assemblée satisfaite du sentiment que mettaient les élèves dans leurs récits et déclamations, a témoigné aux époux Chazalet la satisfaction qu'elle éprouvait à voir qu'ils inspiraient à leurs élèves les sentiments patriotiques et les vertus républicaines. Elle a arrêté, en outre, que trois prix seraient distribués aux élèves qui feraient le plus de progrès en ce genre de récit et de déclamation.

Les insurrections des 1er avril et 20 mai 1795, qui amenèrent de sanglantes représailles contre les Jacobins, soit à Paris, soit dans les provinces, n'eurent pas de fâcheuses conséquences pour les habitants de Saint-Vallier. Aucun d'eux ne fut inquiété, mais la prison fut de nouveau encombrée de prisonniers de passage. Afin d'assurer le bon ordre et la tranquillité, dont la commune a joui dans les circonstances les plus critiques, la municipalité arrête, le 3 juin 1795, que la gendarmerie exécutera l'art. 8 de la loi du 28 mars 1792, envers tous les individus qui y sont arrivés depuis le 9 thermidor an II, et que les bons citoyens seront invités à dénoncer les dits individus et même à donner main-forte si besoin est.

Quelques jours après, le concierge de la prison, Laurent Pato, annonce à la municipalité que les prisonniers déposés au nombre de vingt-trois, ont mis le feu à la prison et qu'ils ont démoli une partie de l'un des murs. Les prisonniers interrogés se sont plaints amèrement du peu d'étendue de la prison, de son insalubrité et ont déclaré qu'ils aimaient mieux être fusillés à l'instant que de rester dans une aussi abominable prison. Le conseil municipal s'empresse de visiter la prison, de prendre les mesures nécessaires et d'ordonner que les prisonniers partiront le lendemain pour Valence, où ils seront conduits par la gendarmerie qui a apporté, les jours précédents, de la négligence dans son service et a même refusé de se conformer aux ordres de la municipalité.

D'après la loi du 30 mai 1795, les citoyens doivent avoir provisoirement le libre usage des édifices non aliénés, destinés aux exercices d'un ou de plusieurs cultes et ils peuvent servir, sous la surveillance des autorités constituées, tant pour les assemblées ordonnées par la loi, que pour l'exercice du culte. L'agent national fait observer que la ci-devant église paroissiale étant employée comme magasin à fourrage, il est urgent d'ordonner au garde magasin O'Farrell de débarrasser, dans les quatre jours, les foins qui s'y trouvent. Le conseil général de la commune s'empresse de faire droit à ces réquisitions, et il ordonne, le 18 juillet 1795, que les fourrages seront transportés de l'église paroissiale, dans celle des Picpus, appartenant au citoyen Bonjour.

Le 14 août 1795, le concierge de la prison annonce à la municipalité l'évasion de trois prisonniers. Deux étaient anglais et le troisième espagnol. Ils sortaient de la maison d'arrêt de Lyon pour être traduits à Valence. Cette évasion avait été facilitée par le mauvais état de la prison. Le corps municipal signale cette situation à l'administration départementale et il lui demande en même temps d'ordonner que le ci-devant hôpital de Saint-Vallier, qui est privé de ses revenus, soit réglé sur le pied d'hospice national et régi par des administrateurs nommés par la municipalité, auxquels il sera fourni par la nation des secours suffisants. « Cet hôpital est nécessaire dans l'intérêt de la République, parce que les militaires et les autres voyageurs y sont journellement admis pour des maladies prises ou aggravées dans leur route, sans pouvoir obtenir les secours dont ils ont besoin de Vienne à Valence. » Cette requête est accueillie, et les citoyens Nicolas Fayard, Hyacinthe Fleury et Claude Baborier, sont nommés, le 8 novembre 1895, administrateurs de l'hôpital. En les installant, le maire exprime : « que leur zèle, leur probité et leur philanthropie répondent qu'ils porteront sur cet établissement l'œil de la surveillance et les vues sages et économiques d'un bon père de famille. »

Ce jour-là encore, en exécution de la loi du 19 vendémiaire an IV, le maire M. Forcheron, assisté des officiers municipaux MM. Chatron, Rostaing et Mauglun, procède à l'installation des présidents de l'administration municipale, des agents municipaux et des adjoints du canton de Saint-Vallier. M. D. Fayard présente ensuite sa commission de commissaire du pouvoir exécutif près l'administration municipale qui lui a été délivrée par l'administration du département.

Le 26 octobre 1795 la Convention, après avoir décrété la Constitution de l'an III, dont le préambule comprend non seulement les droits mais les devoirs de l'homme et du citoyen, a déclaré que sa mission était terminée. Elle est remplacée par le Directoire qui a été nommé par le Conseil des anciens et par le Conseil des cinq cents. Le 5 novembre 1795, jour de l'entrée en fonctions du Directoire, la dépréciation subie par le papier monnaie était telle que le louis d'or valait 3,500 livres en assignats, ce qui donnait au franc en monnaie la valeur de 145 francs en papier et à 7 livres d'assignats la valeur de un sou (1). Quelques jours auparavant, en exécution de l'art. 6 de la loi du 3 brumaire, MM. Claude Forcheron, président de l'administration municipale du canton de Saint-Vallier, Aymard Raymond, agent municipal de Saint-Uze, Jean Collet, adjoint municipal du Molard, Chatron, adjoint de la commune de Saint-Vallier, D. Fayard, commissaire provisoire du Directoire exécutif, Martignac, juge de paix avaient déclaré « n'avoir provoqué ni signé aucun arrêt séditieux et contraire aux lois et n'être parents, ni alliés d'émigrés au degré déterminé par la loi. »

(1) *Moniteur* du 6 novembre 1795.

Le 28 septembre 1795 les titres et papiers du ci-devant chapitre de Saint-Ruf, qui étaient déposés chez le citoyen Nublat, furent transportés dans la maison commune pour être envoyés au département. C'est en faisant ce double déplacement que plusieurs titres ainsi que deux histoires du chapitre de Saint-Ruf, l'une de 1700 par Rollin, l'autre de 1710 par Garnier ont été perdus.

Le 18 juillet 1796, le concierge de la prison annonce à la municipalité une nouvelle évasion de deux prisonniers prévenus d'émigration. Cette évasion a été rendue facile par le mauvais état de la prison signalé plusieurs fois déjà à l'autorité supérieure.

Le 27 du même mois les autorités et la garde nationale se rendent au Champ de Mars où un autel à la patrie a été élevé. Après avoir entendu un discours du maire sur les motifs de la solennité du jour, « la garde nationale enflammée par le patriotisme s'élance rapidement sur les emblèmes de la royauté et les détruit aux cris de haine à la tyrannie. L'administration municipale se porte ensuite sur le trône décemviral et jette aux flammes la Constitution de 1793 aux cris de vive la liberté, haine à toutes les tyrannies. »

Le 7 décembre 1796, M. Gagnière, médecin, convoque à l'hospice MM. Baborier, notaire, Monier, agriculteur, Goubertier, négociant, Jean-Baptiste Martignac, juge de paix, et leur exprime qu'il a reçu, comme le plus ancien d'âge, un extrait de la délibération prise par l'administration municipale prescrivant la conservation des hospices civils dans la jouissance de leurs biens et réglant la manière dont ils doivent être administrés. Il ajoute : que l'administration les ayant désignés pour former la Commission de l'hospice il importe de répondre à la confiance dont ils sont l'objet en se constituant de conformité à la loi. M. Gagnière est ensuite élu président, et M. Martignac, secrétaire. La Commission ainsi constituée nomme M. Rostaing fils, receveur de l'hospice et elle apporte une grande vigilance dans la direction des affaires qui concernent les malades et les infirmes.

Les élections municipales ont lieu à la fin du mois de décembre 1796 et le maire M. Forcheron s'adressant à ses concitoyens leur dit : « S'occuper modestement du bonheur du peuple en songeant à tous les moyens qui peuvent assurer sa prospérité, celle du pays qu'on habite ne serait-ce donc plus une récompense digne de vous. Faites-y attention la tranquilité publique, le repos après une longue tourmente, le maintien de l'ordre, la sûreté de vos personnes et de vos propriétés sont attachés plus que vous ne pensez aux nominations que la loi vous appelle à faire dans ce moment. Sortez donc un instant du cercle de vos intérêts privés, venez inscrire sur le tableau des candidats les noms des citoyens que vous estimez et vous aurez servi votre pays. » Cet appel fut entendu par les habitants et leurs suffrages se portèrent sur leurs concitoyens les plus capables de défendre les intérêts de la commune.

Les registres de l'hôpital constatent, à la date du 30 septembre 1796, un acte de généreuse délicatesse qui ne saurait être omis. Mme Marie-Madeleine Derevetton, par son testament du 25 octobre 1788, en faveur de D^{lle} André, veuve Derevetton sa belle-sœur, avait légué à l'hôpital de Saint-Vallier une somme de 3,333 livres, payable à son décès. Quoique, d'après les nouvelles lois antérieures à la mort de la testatrice, ces dispositions fussent nulles. La veuve Derevetton manifesta le désir de remplir les intentions de sa belle-sœur en faveur des pauvres de la commune, à la condition qu'elle et sa fille unique Derevetton-Duvernay, héritière de sa tante, seraient valablement libérées de ce legs dans le cas même où des lois ultérieures le valideraient.

La commission de l'hospice déclara qu'elle applaudissait avec reconnaissance aux dons bienfaisants de la dame Derevetton et elle autorisa le trésorier de l'hospice à donner quittance à la veuve André Derevetton, des sommes qu'elle voudrait bien payer par à-compte ou en acquit de celle de 3,333 livres, montant du legs fait par Marie-Madeleine Derevetton. Elle déclara de plus que la citoyenne André Derevetton et sa fille seraient ainsi valablement libérées de ce qui était où pourrait être dû à l'hospice en vertu des dispositions de dernière volonté de Marie-Madeleine Derevetton. Quelques mois après, la veuve André Derevetton versait un premier à-compte de 1,500 livres bientôt suivi du paiement intégral du legs de Marie Derevetton. Le souvenir de pareils actes mérite d'être conservé et il est à désirer que les noms de Mme veuve Derevetton et de sa fille soient inscrits sur un tableau semblable à celui concernant les souscriptions pour la reconstruction de l'hospice en 1850.

Après les brillantes victoires d'Arcole, de Rivoli et de Mantoue, qui amenèrent le traité de Tolentino, du 19 février 1797, par lequel le pape cédait à la France Avignon, Bologne, Ancône, la Romagne, la nation était glorieuse à l'extérieur, mais à l'intérieur, elle était toujours pleine d'agitation et de souffrances. Dans cette situation les idées religieuses se réveillent. Le 25 juin 1797, la municipalité reçoit une pétition de soixante-quatorze citoyens qui demandent que l'église paroissiale soit mise à leur disposition pour l'exercice du culte catholique. Après avoir entendu la commission du directoire exécutif, l'administration municipale accorde aux pétitionnaires la ci-devant église paroissiale de Saint-Vallier à l'effet d'y exercer le culte catholique par le ministère du citoyen André Pourret, lequel a fait devant l'administration sa soumission conformément à l'art. 5, titre III de la loi du 7 vendémiaire, à la charge par les pétitionnaires d'entretenir et réparer l'église sans aucune contribution foncière.

Le 13 août 1797, le citoyen D. Fayard annonce à la municipalité que le citoyen Duclos a été appelé à le remplacer en qualité de commissaire du Directoire exécutif. « Placé près de vous depuis votre installation, par l'administration centrale, a dit le citoyen D. Fayard, j'ai tâché, par mon zèle, de seconder vos efforts et d'assurer l'exécution des lois. Le gouvernement a appelé pour son agent un de vos concitoyens que ses lumières administratives et l'estime publique lui désignaient. C'est pour moi une grande satisfaction de me voir, remplacé par un homme de bien ; elle adoucit les regrets que j'éprouve de vous quitter. » Le président s'est fait l'interprète de l'administration municipale et a témoigné au citoyen D. Fayard qu'elle partageait ses regrets.

Le coup d'état royaliste du 4 septembre 1797 réprimé par l'armée est mal accueilli par l'administration municipale de Saint-Vallier. Elle exprime dans une adresse « qu'elle est vivement affligée d'apprendre qu'une partie des membres de la représentation nationale s'était servie de la confiance dont l'avait investie la nation pour trahir ses plus chers intérêts en faisant tout ses efforts pour renverser et anéantir la constitution, replonger le pays dans de nouveaux malheurs et lui faire courber sa tête victorieuse devant tous les rois de l'Europe sous le joug d'un despote. »

Le 21 janvier 1798 tous les fonctionnaires publics du canton prêtent serment de haine à la royauté et à l'anarchie, d'attachement et de fidélité à la république et à la constitution de l'an III. En outre : « Comme rien n'est plus essentiel pour maintenir et éterniser la République que d'exterminer entièrement des écoles publiques les vices de l'instruction sacerdotale et royaliste qui peuvent y exister et d'y répandre les principes républicains, les seuls dignes de l'homme ; l'administration municipale arrête, le 20 mars 1798, que l'agent municipal et son adjoint, accompagnés d'un commissaire du directoire exécutif, feront, une fois par mois, et à des époques imprévues, la visite des écoles de la commune de Saint-Vallier, la seule du canton où il existe des écoles publiques et particulières. »

Le 25 mars 1798, l'Assemblée primaire a nommé M. Baborier, président de l'administration municipale, M. Grangeon, juge de paix, MM. Michel Raymond, Mathieu Rongeon et Pierre Rester, assesseurs, qui prêtent serment le 2 avril. Vingt jours après, M. Baborier, qui a été élu membre du corps législatif, est remplacé par M. Martignac comme président de l'administration municipale et M. Raymond, adjoint de l'agent municipal, est remplacé par M. Danthony fils.

Au commencement de l'année 1798 mourait, à Grenoble, M. Nicolas-Amédée de la Croix de Saint-Vallier, fils de Henri-Bernard et de Denise-Renée de Louviers-Morevers. Né en 1714, il avait hérité de la terre de Saint-Vallier à la mort de son père, en 1754. Il était ancien capitaine de dragons au régiment de Beaufremont et chevalier de Saint-Louis. Il avait peu habité le château de Saint-Vallier, quoique son aïeul Pierre-Félix l'eut beaucoup embelli, en créant la terrasse monumentale d'où l'on jouit d'une vue splendide sur le parc tracé par le Notre, sur la vallée du Rhône et sur la gorge de la Galaure. Par son heureuse situation sur les bords du Rhône et de la route de Lyon à Marseille, le château de Saint-Vallier était devenu une véritable étape où s'arrêtaient tous les seigneurs et les grands personnages qui se rendaient dans le midi. Afin de se soustraire aux charges qui lui étaient ainsi imposées et de jouir des charmes de la campagne, messire Nicolas-Amédée de la Croix de Saint-Vallier avait préféré Clérieu, dont il avait accru l'importance en acquérant, le 5 mai 1753, pour le prix de 125,000 livres, le fief du Merley, de dame Bénérice de Tibergeau, veuve de messire de Ponnat, seigneur de Beaurières, président au parlement de Grenoble, et en y faisant construire un vaste et magnifique château qui était à peine terminé lorsque les habitants de Clérieu, en 1792, le dévastèrent l'incendièrent et le démolirent.

M. Nicolas-Amédée de la Croix, comte de St-Vallier, marquis de Chevrière et de Clérieu, avait épousé, en 1755, demoiselle Jeanne-Gabrielle de Grolée, fille de Joseph de Grolée, seigneur de la Fourcatière, et de Marie-Rosalie de Rigaud, de Saigne, de Sérézin. Il laissait quatre fils : Jean-Denis-René, Jean-Claude-Marie, Charles-Paul et Amédée-René-Félix. La concorde et la confiance qui régnaient entre eux étaient si absolues qu'ils arrêtèrent, en moins de deux heures, les bases du partage des biens composant les successions de leurs père et mère.

C'est ce qui résulte d'une lettre, du 4 juin 1798, adressée de Grenoble par M. Jean-Denis-René de la Croix de Saint-Vallier à l'un de ses concitoyens de Saint-Vallier, M⁹ D. Fayard : « par un miracle qui, comme vous le dites fort bien, mon cher concitoyen et digne ami, ne se renouvellera pas souvent, mes frères et moi nous avons partagé en deux heures l'héritage paternel et maternel, tant meubles qu'immeubles. Il fallait nécessairement que ce partage se fît de la sorte, ou qu'il donna lieu à dix ans de difficultés. J'avais de grands droits à prélever sur l'héritage paternel. J'en ai sacrifié une partie à la paix, de sorte que le reste a été facile à arranger. Je me suis contenté, hors de ma part et pour me tenir lieu de tous mes droits, des biens de Saint-Vallier et d'un beau domaine à Clérieu qui me convenait à cause de mes autres biens dans ce pays. Nous avons enfin fait quatre parts à peu près égales et j'ai pris la mienne encore à Clérieu comme de raison.

« Il résulte de nos arrangements que j'ai environ le double de mes frères en valeurs réelles, mais que j'ai la partie la plus chanceuse qui nécessite de ma part une surveillance continuelle et active. Vous voyez que nous donnons un bel exemple d'union, de concorde et de confiance. Si j'ai fait des sacrifices, mes frères ont mis dans nos affaires une confiance et une loyauté dignes d'éloges. Nous sommes tous contents les uns des autres et nous avons lieu de l'être.

« Je ne dois ni ne puis habiter par la suite Paris sans m'exposer à voir détériorer ma fortune ; ainsi la raison d'accord avec mon goût me fait la loi de n'avoir d'autre habitation que Saint-Vallier, où j'espère que nous passerons notre vieillesse dans le repos et le calme qui font l'ambition de l'homme sage surtout après dix ans de révolution. »

Les événements politiques devaient modifier ces résolutions de M. le comte de Saint-Vallier qui fut appelé à remplir des fonctions politiques importantes sous l'empire et sous la restauration.

En 1798, le retour aux idées religieuses préoccupe les

esprits. Pour le combattre la république multiplie les fêtes patriotiques. D'après un compte rendu consigné sur le registre des délibérations de la municipalité de Saint-Vallier, « les discours prononcés par le président de l'administration et par le commissaire du Directoire exécutif lors de la fête des époux, le 29 avril, ont pénétré le peuple de la moralité de cette fête durant laquelle la satisfaction et l'allégresse des nombreux spectateurs se sont montrées dant tout leur éclat. » La modération des auteurs de ce compte rendu est confirmée par les faits suivants. Le 1er juillet 1798 le commissaire du Directoire exécutif représente à l'administration municipale qu'il vient d'apprendre que le lendemain un rassemblement considérable d'étrangers doit avoir lieu dans la commune pour y recevoir la confirmation du soit disant évêque du département de l'Isère. Il requiert en conséquence qu'un détachement de cinquante hommes soit convoqué pour le lendemain jusqu'à ce que tous les étrangers aient quitté la commune. L'administration municipale fait droit à cette réquisition et exprime le regret de n'avoir pas été prévenue à temps pour s'opposer à un rassemblement défendu par les lois.

Quelques jours après, la fête du 14 juillet fut célébrée avec faste. Les fonctionnnaires publics décorés de leurs insignes se rendirent sur la place de la maison commune, où la garde nationale et la brigade de gendarmerie étaient sous les armes. Le peuple s'y trouvait également pour célébrer la fête mémorable de la prise de la Bastille. Les autorités constituées, précédées et suivies de la garde nationale, ayant à sa tête plusieurs musiciens qui jouaient des airs patriotiques, parcoururent avec autant d'ordre que de gaieté les principales rues de la ville. Le cortège, revenu sur la place de la maison commune, entoura l'arbre de la liberté et le président de l'administration municipale et le commissaire du Directoire exécutif prononcèrent « des discours très bien faits qui démontrèrent aux auditeurs attentifs, que la destruction des anciens et nombreux abus qui existaient sous la royauté en ces temps d'intolérance sacerdotale, de maîtres et d'esclaves, de chaînes et de cachots, n'est dû qu'à la prise de la Bastille. »

Plusieurs boîtes ont été tirées et les spectateurs ont manifesté leur satisfaction et leur joie par des chants patriotiques.

La fête commémorative de l'heureuse destruction de la dernière faction royaliste et fanatique donne lieu également, dit le procès-verbal, à une vive allégresse. Le corps municipal déclare ensuite que l'exécution de la loi du 13 fructidor an VI, relative à la célébration des décadi, est essentielle pour faire oublier l'odieux régime sacerdotal et pour propager les principes républicains. En conséquence, il arrête que la réunion des citoyens aura lieu chaque décadi et jour de fête nationale dans l'église qui servira également pour les audiences de la justice de paix.

La loi du 29 novembre 1795, qui assimile les émigrés aux étrangers, est exécutée avec une extrême rigueur. Chacun réclame des certificats de non-émigration et fait sa déclaration de résidence dans la commune qu'il habite. M. Danthony et plusieurs autres habitants de la commune obtiennent un certificat de non-émigration et, le 1er janvier 1799, M. René La Croix envoye de Grenoble la déclaration suivante : « Par devant la municipalité de mon domicile je déclare que mon intention bien constante est de vivre et de mourir en France et de me conformer à toutes les lois qui y seront promulguées par le pouvoir législatif et qui y seront observées, et, attendu que tout bon citoyen doit donner des preuves de son attachement à la République, je déclare prêter serment de haine à la royauté, à l'anarchie et d'attachement à la République française une et indivisible et à la Constitution de l'an III, et je demande qu'il me soit donné acte de ma déclaration. Jean-Denis-René Lacroix. »

Ce serment fut prêté de nouveau par tous les fonctionnaires de la commune, le 21 janvier 1799, « jour anniversaire de la juste punition du dernier roi des français. » L'administration municipale déclara de nouveau qu'il était utile de célébrer dignement les fêtes nationales qui tendent à raviver l'esprit public et à consolider la république. Elle assista à la cérémonie commémorative de l'assassinat de Bornier et Roberjot, plénipotentiaires au congrès de Rastadt, à la fête de la Liberté et à la fête en mémoire de Joubert, général en chef de l'armée d'Italie, mort sur le champ de bataille.

En 1799 le Directoire complètement discrédité par son incurie, son orgueil et ses actes arbitraires était l'objet d'une opposition universelle lorsque le coup dE'tat du 9 novembre 1799 (18 brumaire an VIII) eut pour conséquence l'établissement du Consulat, qui traça avec une vigueur remarquable le programme de son gouvernement : « Rendre la République chère aux citoyens, respectable aux étrangers, formidable aux ennemis, telles sont les obligations que nous avons contractées en acceptant la première magistrature. »

SAINT-VALLIER SOUS LE CONSULAT

Le nouveau régime fut accueilli avec faveur par les départements désireux de voir mettre un terme aux mesures révolutionnaires. Les habitants de Saint-Vallier s'empressèrent d'envoyer, le 5 septembre 1799, l'adresse suivante au corps législatif : « Citoyens représentants, nous avons gardé le silence sur les diverses journées qui ont porté atteinte à la Constitution de l'an III, il n'en est pas de même de celle du 18 brumaire. La République ne sera plus un mot dont les agitateurs continueront à se servir pour perpétuer les désordres ; il nous sera permis de jouir de ses douceurs. La Constitution de l'an III succéda à la tourmente révolutionnaire. Ses bases augustes firent naître l'espérance dans les cœurs des bons citoyens, mais l'expérience a prouvé que les vices de son organisation causaient les malheurs de tous les Français. C'est à vous, législateurs, à les réprimer en nous donnant une constitution libre qui soit confiée à la propriété sur des bases assez fortes pour qu'elles soient immuables; car celui qui n'a rien désire avoir, et pour avoir, il ne craint pas les troubles qu'amène nécessairement la fréquente tenue des assemblées primaires, beaucoup trop nombreuses, où les intrigants seuls dominent, après avoir proscrit le talent, la probité et la fortune ; aussi les hommes réfléchis ont-ils reconnu que les ambitieux qui savent flatter avec adresse la multitude et la diriger à leur gré, sont la seule cause des secousses orageuses que nous avons éprouvées sans interruption. »

« Qu'elle est grande, qu'elle est sublime, la tâche honorable que vous vous êtes imposée? Vous allez créer un peuple nouveau, dont le gouvernement et les mœurs attireront le respect et l'admiration de l'univers. Français délivrés de la tyrannie des monstres aussi stupides que féroces qui avaient plongé la France dans le deuil et la désolation, nous allons recevoir une constitution sage et ferme qui nous fera jouir enfin de tous les avantages de la vraie liberté.

« Secondons de tous nos efforts les hommes généreux qui, sans s'effrayer des poignards du crime, sont constamment occupés de notre régénération dans le calme de la sagesse. »

Ce langage, qui était celui de toutes les communes, fait parfaitement comprendre que le pays tout entier soupirait après l'ordre, le repos et la liberté.

Une subvention de guerre de 25 centimes par forme de contributions foncière, personnelle et mobilière de l'an VII, est levée pour fournir aux défenseurs de la Patrie les secours dont ils sont dénués. Quoique lourde pour un grand nombre de contribuables cette subvention de guerre est acquittée sans retard.

La Constitution consulaire est soumise à la sanction du peuple le 25 septembre 1799 et acceptée avec un extrême empressement. Le premier Consul Bonaparte proclame le 18 brumaire comme la réparation de toutes les mesures révolutionnaires et il travaille avec une grande activité à la fusion des partis et à la conciliation universelle. Il rapporte la loi sur les otages, il rappelle les prêtres insermentés, il adoucit le décret contre les émigrés, il abolit le serment de haine à la royauté et rend au culte les édifices qui leur étaient destinés. En 1789, on avait voulu annuler le pouvoir au profit de la représentation nationale et donner au peuple la plus grande part des affaires. En l'an VIII, on voulut fortifier le pouvoir aux dépens de la représentation nationale et éloigner le peuple des affaires. L'unité administrative, qui avait donné tant de force à la France depuis Richelieu, servit de base à la nouvelle organisation départementale, judiciaire et financière. La France entière fut ainsi centralisée entre les mains du Premier Consul.

Le 11 janvier 1800, les habitants de Saint-Vallier pensent que le moment est opportun pour demander de nouveau l'établissement d'un tribunal dans leur ville et ils députent M. Raymond aîné, homme de loi, auprès des consuls et du ministre de la justice pour le solliciter. Ils le chargent de faire valoir qu'il est avantageux pour le peuple de rapprocher les administrateurs des administrés, et la justice des justiciables, que la sécurité publique exige un arrondissement communal et un tribunal intermédiaire dans un centre de 180 lieues carrées, sur la route la plus fréquentée de la République; que la commune de Saint-Vallier ose espérer que le gouvernement aura égard à ses justes réclamations et qu'il lui assignera un arrondissement communal et un tribunal de première instance comprenant les cantons de Saint-Vallier, Tain, Châteauneuf, Hauterive, Moras, Albon et même Chanos, qui serait en conséquence détaché du département de l'Isère.

Malgré les actives démarches de M. Raymond, cette requête ne fut pas accueillie par le gouvernement et le canton de Saint-Vallier qui, depuis la suppression par la constitution de l'an III des administrations de district, dépendait du tribunal départemental de Valence continua à faire partie du ressort de ce tribunal devenu tribunal uniquement de première instance pour les affaires civiles et tribunal d'appel jusqu'en 1856 pour les affaires correctionnelles des autres tribunaux du département de la Drôme.

Le 8 février 1800, les fonctionnaires publics prêtent serment de fidélité à la constitution de l'an VIII qui a donné l'initiative des lois au gouvernement seul et qui a créé un Sénat conservateur de soixante membres pour veiller au maintien de la constitution, un Tribunat de cent membres pour discuter les lois présentées par les consuls et un Corps Législatif de trois cents membres chargé de sanctionner ou rejeter les propositions discutées.

La France est divisée en préfectures et sous-préfectures et, pour donner plus d'unité à l'administration, les élections municipales sont supprimées. Le maire est chargé d'agir et le Conseil municipal de délibérer. Par arrêté préfectoral du 13 mai 1800, MM. Forcheron et Bonjour sont nommés : le premier maire et le second adjoint. Les membres du Conseil municipal, MM. Fleury fils, Forcheron père, Bonnet, notaire, Monyer, Rey, Maurice, Belle, Desmaras et Martignac sont également nommés par M. le préfet. M. Forcheron qui a rempli avec zèle, intelligence et dévouement les fonctions de maire pendant plusieurs années donne sa démission et il est remplacé le 12 octobre 1800, par M. Duclos. L'administration municipale se préoccupe des réparations à faire à la digue de la rive gauche du Rhône pour garantir le communal de 42 sétérées appelé la Buissonnée qui a été aliéné en vertu de diverses délibérations dont la plus ancienne date de 1768. Le prix de cette vente doit être employé à la construction d'une digue et une rente de 5 francs par sétérée de 34 ares 19 centiares, doit être servie à la commune. Afin de faire face aux dépenses nouvelles nécessitées par des réparations urgentes, la commune demande à y appliquer la rente qu'elle s'est réservée. Cette autorisation est accordée et les réparations sont exécutées.

Le 10 avril 1801 la proclamation de la paix continentale signée à Lunéville, le 9 février, est faite par le maire M. Duclos qui s'exprime en ces termes : « Citoyens, je ne viens plus aujourd'hui vous annoncer de nouvelles victoires scellées du sang de nos concitoyens, ni des espérances de paix que la bravoure et les triomphes multipliés de nos armées semblaient nous promettre chaque jour ; c'est cette paix si désirée pour le bonheur de l'humanité, que notre gouvernement par sa sagesse, sa modération et sa fermeté vient de forcer les ennemis de la république d'accepter : fruit de la bataille de Marengo, remportée par l'intrépidité de nos soldats, les talents militaires de Bonaparte et les conquêtes faites en Allemagne sous les ordres du général Moreau. De toute cette coalition formidable des rois il ne reste plus pour ennemie que la perfide Albion, qui, bientôt cédant au génie du premier consul des Français sera forcée d'accéder à la paix.

« Dans ce jour consacré à l'allégresse publique je ne vous rappellerai pas l'état désespéré où l'ineptie et la mésintelligence du gouvernement, qu'a détruit Bonaparte, nous avait plongés et sous les ruines duquel nous étions prêts d'être ensevelis sans l'arrivée miraculeuse de ce grand homme qui vient de nous procurer la paix. Toutes les blessures que la révolution a faites vont être entièrement fermées par son heureuse et douce administration. Ah! combien il doit nous être cher pour tous ses bienfaits ? mais il ne suffit pas pour rendre notre bonheur complet que sa sagesse soit profonde, que sa prévoyance soit sans égale, que ses connaissances et ses talents soient sans pareils, il faut encore que nos dissensions intestines finissent, que les différences d'opinions tant politiques que religieuses cessent, que l'intérêt public seulement nous dirige dans le choix de nos fonctionnaires; qu'enfin nous ne formions plus qu'un peuple de frères, de républicains vertueux sous un chef qui le premier a donné l'exemple. »

Le 14 juillet 1801 l'administration municipale se rendit avec M. le juge de paix et ses assesseurs sur la place publique où se trouvait la garde nationale, tambour battant, drapeau déployé, ayant à sa tête son commandant et un nombreux corps de musique placé au centre du bataillon ainsi que les fonctionnaires et autres citoyens réunis pour célébrer la fête de l'anniversaire du 14 juillet 1789, « jour de la conquête de la liberté sur le despotisme. »

Après avoir parcouru les principales places et rues de Saint-Vallier le cortège est revenu sur la place de la maison commune, et le maire, après avoir prononcé un discours qui a été fort applaudi, a invité le peuple à se livrer à la joie et à prendre part à la fête.

Quelques jours après, à cinq heures du soir, tous les corps constitués et la garde nationale se portèrent à une certaine distance de la ville, sur la grande route pour y attendre le citoyen préfet Descorches et lui exprimer la satisfaction que sa visite causait à tous les habitants de la commune. Le préfet, après avoir remercié la population de l'accueil qui lui était fait, s'est placé, ainsi que tout le cortège, au centre du bataillon de la garde nationale, et il a été conduit chez le citoyen La Croix de Saint-Vallier. Le lendemain, il s'est rendu à la maison commune et il a exprimé aux administrateurs sa satisfaction de se trouver dans le lieu de leurs séances, et combien il était charmé de leur zèle pour le bien public. Il a ajouté qu'il les seconderait dans toutes les occasions et qu'il avait pour la commune une estime particulière. Il s'est ensuite enquis des besoins de la commune, et il a constaté la nécessité de faire des réparations aux prisons, à l'hospice et à la digue du Rhône.

Le 16 septembre, la municipalité sollicite du gouvernement la jonction des communes de Saint-Jean-de-Mureil et de Ponsas au canton de Saint-Vallier. L'intérêt de ces deux communes, comme celui de Saint-Vallier exigeaient cette réunion, et elle fut ordonnée.

La paix d'Amiens du 1er octobre 1801, entre la France et l'Angleterre, vivement désirée par les deux nations, est publiée le 9 du même mois par le maire, M. Duclos. « La paix, cette fille du ciel, dit-il, est enfin descendue sur la République, conduite par le génie du premier consul. Elle a entendu du haut de l'empirée les gémissements des mères et des épouses éplorées, les unes lui demandant leurs enfants et les autres leurs époux chéris enlevés à la fleur de leur âge, par la farouche et cruelle Bellone. La guerre détruit tout, la paix au contraire conserve et améliore tout, eh bien, c'est cette paix générale que je viens, en ce jour, vous annoncer de la part du gouvernement. Par son arrêté du 12 vendémiaire dernier il a ordonné qu'elle serait proclamée dans toute la République le 18 brumaire, et que des fêtes auraient lieu ce jour-là, dans toutes les communes, pour célébrer un évènement aussi avantageux et aussi désirable. Que de grâces n'avons-nous pas à rendre au premier consul, il est parvenu par sa fermeté, sa sagesse, sa modération et son génie, avec la simple menace et les seuls préparatifs de descente, à forcer l'Angleterre à accepter les conditions de la paix qu'il offrait. Eh! quelle paix a-t-il conclu? la paix la plus avantageuse et la plus honnête qui fut jamais... Tous ces biens à qui les devons-nous? au 18 brumaire et au grand homme qui nous gouverne. Vive Bonaparte, notre premier consul, et la République. »

Pendant que la France atteint par les traités de Lunéville et d'Amiens, la plus grande puissance à l'extérieur, la prospérité renaît à l'intérieur, et l'opinion publique se manifeste ouvertement pour le premier consul dont le génie se montre le même dans les travaux de la paix comme dans ceux de la guerre. Il dote la France d'une législation unique, rêvée bien souvent par la monarchie, il conclut un Concordat avec Pie VII, il organise l'instruction publique, il crée l'institution de la Légion d'honneur pour reconnaître tous les services rendus à l'Etat, et il donne des encouragements à l'agriculture, au commerce et à l'industrie.

Le 28 février 1802, le maire, M. Duclos, procède à l'installation de M. Hyacinthe-Fleury, comme juge de paix du canton de Saint-Vallier. M. Duclos, exprime « combien il est satisfaisant pour tous les habitants du canton de Saint-Vallier, de le voir appelé à des fonctions qui vont le rendre plus encore le conciliateur que le juge de ses concitoyens. Ses lumières, ses talents et sa prudence lui rendront cette tâche légère, et chacun va se ressentir de l'heureuse influence d'un juge aussi éclairé. »

La puissance et le prestige du premier consul Bonaparte grandissent chaque jour et, le 2 avril 1802, il est proclamé par le Sénat consul à vie, conformément au vote du peuple.

Le 29 avril 1802, les citoyens Duclos, maire ; Fleury, juge de paix ; La Croix Saint-Vallier, président du conseil général du département ; Barthélemy Nublat, propriétaire et Dominique Fayard, homme de loi, se réunissent, en exécution de l'arrêté du préfet, du 11 août, pour former le bureau central de bienfaisance du canton de Saint-Vallier. A la pluralité des suffrages, M. Lacroix Saint-Vallier est élu président, M. Fayard, secrétaire et M. Rostaing, trésorier. Le bureau arrête ensuite que le président pressera par tous les moyens de conviction, les maires de l'arrondissement de Saint-Vallier, de remplir les formalités nécessaires pour la prompte organisation des bureaux auxiliaires. Le 21 janvier suivant, le bureau central de bienfaisance, dont les ressources sont fort restreintes, se préoccupe des fondations Servient en faveur des pauvres, qui n'ont jamais été exécutées ponctuellement, parce que leur surveillance a toujours été fort incomplète. Il convoque en conséquence les citoyens Genin et Goubertier, débiteurs, le premier d'une rente de 60 livres, en faveur des pauvres, comme représentant de la veuve Reboulet, son ayeule maternelle, le second tenu, comme représentant de Louis Brotin, de chauffer les pauvres pendant les mois de décembre, de janvier et de février, dans une maison à ce destinée par le fondateur, jusqu'à concurrence de la somme de vingt-sept livres.

Lecture ayant été donnée des actes et titres établissant les fondations Servient, MM. Genin et Goubertier ont été invités à les exécuter à l'avenir, et le président leur a fait observer que leur dette étant sacrée, ils ne sauraient se dispenser du payement des arrérages.

M. Genin a répondu qu'il se croyait fondé à compenser les arrérages de la rente dont il était débiteur, avec ses visites faites aux malades de l'hôpital. M. Goubertier a prétendu avoir exécuté les charges de l'acte de fondation, concernant le chauffage des pauvres ; l'un et l'autre ont ajouté qu'au surplus, pour éviter à l'avenir des reproches de négligence ou de semblables difficultés, ils étaient disposés à traiter avec les administrateurs des biens des pauvres, pour s'exonérer des charges de la fondation Servient. Le bureau de bienfaisance accueillit avec empressement ces propositions et il fut convenu que M. Genin serait admis à se libérer de la rente de 60 livres, dont il était débiteur, moyennant le paiement immédiat d'une somme de deux mille livres ou à terme en servant l'intérêt à cinq pour cent et en fournissant hypothèque sur des fonds affranchis de toutes charges.

M. Goubertier obtint, en offrant les mêmes garanties, d'être exonéré, moyennant le paiement d'une somme de mille francs, de l'obligation d'établir un poêle pour le chauffage des pauvres. Ces deux sommes furent intégralement payées peu d'années après, et leur revenu constitue aujourd'hui encore une des précieuses ressources du bureau de bienfaisance. Il résulte des indications fournies par le registre des délibérations du bureau de bienfaisance, qu'en 1806, la population du canton était de 9,500 individus, et le nombre des pauvres de 1,000, c'est-à-dire de 9 1/2 pour cent, et les ressources ordinaires du bureau central de bienfaisance, de quatre cent quatre-vingt-dix francs par an.

Le 19 avril 1803, M. Goubertier est installé comme adjoint en remplacement de M. D. Fayard démissionnaire. Les églises ont été rouvertes et il a été pourvu à la nomination des titulaires des cures. L'église et la maison presbytériale exigent des réparations que la municipalité s'empresse d'ordonner. Elle alloue de plus un traitement de cinq cents francs au curé, M. Barjac, et un traitement de quatre cents francs au vicaire,

M. Tavernier, Téofrède, « qui depuis huit mois desservent provisoirement la paroisse avec un zèle infatigable et une piété véritablement exemplaire, administrant, en outre, les sacrements dans les paroisses de Laveyron et de Ponsas, et y répandant non seulement les secours spirituels mais, encore des secours pécuniaires aux pauvres malades. »

Le 10 juillet, le citoyen Duclos, maire, et l'adjoint Goubertier, décorés des marques de leur dignité et suivis du corps municipal et autres notables de la commune, ainsi que des maires des communes réunies à la paroisse et d'un piquet de la garde nationale, mettent en possession de l'Eglise et du presbytère M. le Curé Barjac qui a prêté serment le 26 juin, entre les mains du Préfet de la Drôme après que sa nomination par Mgr l'Evêque de Valence a été approuvée par le premier consul le 25 avril 1803.

La marguillerie provisoire est composée de MM. le curé Barjac, D. Fayard, Florent Baboin, Maurice Forcheron, Martignac et Goubertier. Elle fixe à trois francs par an le prix des chaises et de chaque place dans les bancs qui sont dans l'église.

La paix avec l'Angleterre n'est pas de longue durée, le Conseil municipal est convoqué extraordinairement par le Maire qui lui communique une lettre du Préfet par laquelle ce fonctionnaire observe « que le Gouvernement, en cédant à l'heureuse nécessité où le mettent les voix d'indignation publique contre la mauvaise foi, l'ambition, les menaces et l'orgueil de l'Angleterre, croit de son devoir d'en modérer et contenir l'expression et de marquer les limites au dévouement de la nation. » Le Préfet ajoute : « Que la nation anglaise n'aurait pas autant de témérité si elle ne comptait sur l'obstacle que la mer oppose à nos moyens de répression, mais déjà la plus heureuse émulation multiplie les chantiers de constructions de bâtiments de transport afin d'atteindre l'ennemi, et le Gouvernement accepte depuis les vaisseaux de ligne jusqu'aux plus légers bâtiments. Ils porteront les noms des communes et des départements qui les auront fait construire. »

Les membres du Conseil municipal justement indignés de la conduite de l'Angleterre, déclarent fournir au nom de la commune, telle somme que le Conseil général du département désignera pour être employée à la construction d'un bâtiment devant servir à combattre les ennemis de la gloire du nom français.

Le 10 février 1804, le Conseil municipal arrête, conformément aux dispositions de l'art. 15 de la loi du 28 pluviose an VIII, le montant des dépenses de la commune à 2,008 fr. 71 c. et celui des recettes à 2,088 fr. 30 c. Les dettes arriérées s'élèvent à 1313 fr. 57 c. Le Conseil municipal vote en outre une somme de 600 fr. pour M. le vicaire Tavernier, Téofrède, dont le traitement avait été fixé l'année précédente à quatre cents francs seulement.

La conspiration de Georges Cadoudal, de Polignac, de Pichegru formée à Londres et à laquelle le général Moreau s'associa pour renverser Bonaparte amena l'arrestation et la condamnation de la plupart des conjurés. Leur procès prouva leur culpabilité et le concours qu'ils avaient reçu de l'Angleterre. Ce dernier effort de l'ancien régime contre le représentant de la Nation devait élever Napoléon sur le trône. Le 2 mai 1804, le tribunat émit le vœu que le gouvernement de la République fût confié à un empereur héréditaire.

Trois jours après, sur l'invitation du préfet M. Descorches, le Conseil municipal s'assemble et le maire, M. Duclos, lui dit : « Sans l'heureuse découverte de l'atroce conspiration ourdie par le machiavélisme du Gouvernement anglais contre les jours du premier consul des Français, la République était replongée dans l'anarchie et la guerre civile qui pouvaient entraîner sa ruine entière ; pour prévenir les malheurs, qui doivent nécessairement arriver à chaque réélection de cette première magistrature, il est donc indispensable que le Gouvernement et le Sénat prennent le plus tôt possible des mesures telles que si la France avait le malheur de perdre son chef naturel elle n'éprouve aucune secousse fâcheuse. Le seul moyen pour l'empêcher serait de rendre héréditaire la place de chef de la République dans la famille du premier consul Bonaparte qui fait la gloire et le bonheur de la Nation, par la sagesse et la bonté de son administration, ses grandes vues et ses rares talents en tous genres. »

Ces sentiments étaient partagés par tous les membres de l'assemblée et ils votèrent l'adresse suivante : « Citoyen premier consul, à votre retour d'Egypte la petite ville de Saint-Vallier eut le bonheur de vous posséder dans ses murs pendant quelques heures. Elle se rappelle avec reconnaissance que ce fut la première ville où vous prîtes du repos depuis votre débarquement à Fréjus. Elle vous manifesta son admiration, elle fit éclater sa joie dont vous parûtes satisfait et pressentit alors le sauveur de la France ; mais vos entretiens affables avec plusieurs de nos concitoyens, vos réponses pleines de bonté, sur le sort de nos enfants qui vous avaient servi dans votre expédition, vous gagnèrent tous les cœurs et c'est cet hommage que nous venons encore vous offrir.

« Une autre pensée nous occupe, et nous le dirons avec cette simplicité et cette franchise que vous avez pu remarquer en nous ; ce n'est pas assez d'avoir servi l'Etat, il faut encore assurer à la France une suite de chefs qui auront intérêt à conserver vos institutions.

« La providence, général premier consul, n'indique-t-elle pas qu'ils doivent être pris héréditairement dans votre famille, puisqu'elle a comblé de mérite et de talents tous ses membres et ne faudrait-il pas aussi au premier magistrat de la République une de ces qualifications qui impriment éminemment le respect! Notre premier pressentiment en vendémiaire an VIII n'a point été déçu ; vous avez sauvé la France ; croyez général premier consul, que le second n'est pas moins vrai, et que vous assurerez par là à jamais son bonheur et sa tranquillité. Salut et profond respect. »

SAINT-VALLIER SOUS L'EMPIRE
(1804-1814)

Le 18 mai 1804, le Sénat proclama, à Saint-Cloud, Napoléon-Bonaparte, empereur des Français, et établit dans sa famille l'hérédité au trône impérial par un sénatus-consulte, qui devint en réalité une Constitution nouvelle. Toutes les municipalités de la France s'empressèrent à leur tour de proclamer le nouveau titre du général Bonaparte qui assurait la prospérité du pays après lui avoir donné la gloire. Après dix ans de révolution, la monarchie légitime était transformée en un empire électif et la dynastie napoléonienne remplaçait celle des Bourbons.

Le 17 juin, le conseil municipal de Saint-Vallier « et les autres personnes de distinction » se réunissent à la mairie et M. Duclos prononce un discours dans lequel il retrace les vertus et les actions éclatantes du héros que toute la France admire, et les talents sublimes avec lesquels il gouverne un si grand empire. L'assemblée, précédée des tambours et de la gendarmerie, s'est rendue ensuite sur les principales places et le maire a fait la proclamation du sénatus-consulte du 18 mai, qui a été couvert d'applaudissements et des cris répétés de : Vive Bonaparte ! Vive l'empereur des Français !

Le conseil municipal fait choix de M. Gardon aîné, comme membre de la députation du département de la Drôme, pour assister au couronnement de l'empereur, qui voulut, comme les anciens rois, donner à son pouvoir la sanction divine. Il fut sacré le 2 décembre 1804, dans l'église de Notre-Dame, à Paris, par le pape Pie VII, qui fut accueilli en France avec un respect dont il ressentit un vif étonnement et une grande joie.

A cette date, la population de Saint-Vallier qui était de 1700 âmes seulement, allait s'accroître d'une manière sensible.

Le prix du blé augmenta et l'administration municipale, dans l'intérêt de la classe ouvrière, arrêta que les boulangers ne pourraient acheter des grains au marché du jeudi, qu'après deux heures de l'après-midi ; en même temps, il fixa le prix du pain blanc, à trois sous trois deniers le 1/2 kilogramme, et à 1 sou 9 deniers, celui du pain bis.

En 1805, une question importante d'intérêt public réclame la sollicitude du conseil municipal. Il rappelle que la vallée de Galaure, qui s'étend depuis Roybon, dans le département de l'Isère, jusqu'au territoire de Saint-Vallier, était, il y a trente ans, presque isolée au milieu de la province. Elle manquait d'une grande route intérieure et aucune voie de communication pour les voitures avec les villes environnantes n'était ouverte, aussi le mouvement des transactions commerciales dans cette contrée était peu actif, et les habitants se trouvaient dans un état d'inaction agricole à peu près absolue.

L'ancien gouvernement sentit l'importance de créer des communications à ce pays, clos en quelque sorte par les rochers escarpés de Vals et, en 1780, grâce à l'intervention du comte de Montchenu, maréchal des camps et armées du roi et commandant du Vivarais, ces rochers purent être ouverts par une tranchée qui permit de faire aboutir à Saint-Vallier le chemin de la vallée de Galaure. L'inscription suivante qui fut gravée sur l'un des côtés de la tranchée de roche taillée, mais détruite pendant les mauvais jours de la Révolution, ne permet aucun doute à cet égard :

> Rassure-toi, passant, qui vois ces précipices,
> Montchenu dont le cœur humain
> Ne voulait pas que tu périsses,
> Força ces hauts rochers de t'ouvrir un chemin.
> Ami des rois, ami des hommes,
> Celui qui prit pour nous ce zèle paternel
> Mérite qu'on lui rende un hommage éternel.
> L'an 1780. (1)

(1) Lacroix, *Bulletin d'archéologie de la Drôme*, 109e livraison, page 172.

Pour établir la nouvelle voie de communication, le gouvernement versa douze mille livres, prises sur les ateliers de charité et les communes de Saint-Vallier, Vals, Saint-Uze, Fay, Lamotte, Claveyson, Ratière, Hauterives, Châteauneuf, Saint-Martin-d'Aout et le Grand-Serre, s'imposèrent une pareille somme. Malheureusement une extrême économie et le désir de jouir promptement présidèrent à la confection de ce chemin. La plupart des murs de soutènement furent construits en pierres sèches, malgré l'élévation considérable qu'on fut obligé de donner à plusieurs d'entre eux, et la rivière les a détruits en partie, lors des diverses crues qui sont survenues depuis 1780. Une autre faute également grave fut commise, on oublia d'assurer une réserve de fonds disponibles pour les réparations annuelles; aussi ce chemin s'est continuellement dégradé et plusieurs accidents graves ont eu lieu. Il est à craindre qu'ils ne se renouvellent si le chemin n'est pas élargi et bordé de parapets du côté de la rivière. Malgré l'impulsion considérable donnée en 1805, aux travaux d'utilité publique, ceux de la vallée de Galaure furent ajournés.

A partir du 1er janvier 1806, le calendrier grégorien est rétabli. Pendant cette année, la plus belle de l'empire, l'administration municipale subit quelques modifications. L'adjoint, M. Danthony, donne sa démission, et il est remplacé par M. Goubertier. Trois mois après, M. Rey est installé en son remplacement. Le tableau des foires du département, dressé par ordre du préfet, conformément au calendrier grégorien, a maintenu les foires des 6 mai et 27 août, mais il a omis la plus ancienne et la plus importante, celle du 6 décembre. Le conseil municipal réclame contre cet oubli et il est fait droit à sa requête

Le 15 août 1807, jour de la fête de l'Assomption et du rétablissement de la religion en France, la paix avec l'empereur de Russie et le roi de Prusse est publiée solennellement. Le conseil municipal, précédé de musiciens amateurs, se rend à neuf heures du matin, sur la place publique, et M. le maire prononce un discours analogue à la circonstance. Ce discours est couvert d'applaudissements et les cris de : Vive l'empereur ! retentissent de toutes parts. Le secrétaire donne ensuite lecture des traités de paix conclus à Tilsitt, les 25 juin et 19 juillet. Le cortège se rend à l'église paroissiale et assiste à la grand'-messe, solennellement chantée par le clergé. Après la messe, le cortège rentre à la mairie, et M. le maire invite les personnes qui le composent à se réunir de nouveau, à trois heures, pour assister à la procession générale et au *Te Deum* en actions de grâces « de la paix glorieuse qui a couronné toutes les victoires éclatantes de notre invincible empereur. »

Après avoir assisté aux vêpres, au *Te Deum*, à la procession générale et à la bénédiction, le cortège s'est rendu sur la place de la maison de ville et M. le maire a engagé tous les habitants à se livrer à la joie. Des danses se sont formées immédiatement. Le soir des feux de joie ont été allumés et les danses ont recommencé avec beaucoup d'entrain.

L'importance toujours croissante du roulage pour le transport des denrées du midi nécessite l'amélioration de la grande route de Lyon à Marseille dans la traversée de Saint-Vallier et surtout l'établissement d'un pont en pierre sur la rivière de Galaure en remplacement de celui qui a été emporté par une inondation en 1767. D'après un rapport du conseil municipal, « ce pont, placé dans la direction de la grande route, suivait alors la principale rue de la ville. Après sa destruction, on en fit un autre en bois, au dessous du premier et beaucoup plus rapproché de l'embouchure de la rivière qui se jette en cet endroit dans le Rhône. Ce dernier pont ne devait être que provisoire et il est constant que dès lors on forma le projet d'en faire construire un nouveau en pierre, sur l'emplacement même de l'ancien. Ce pont vivement désiré, fut toujours regardé comme le seul qui convienne aux localités, le seul qui mérite de fixer l'attention du Gouvernement. Etabli dans la direction de la grande route, il préservera l'hôpital des ravages de la rivière et il pourra seul donner plus d'agrément aux habitants, plus de mouvement à la ville. Formé d'une seule arche de 30 mètres d'ouverture à l'issue d'une magnifique chaussée, il frappera l'œil du voyageur par ses formes élégantes et hardies, et il excitera dans son âme des sentiments de grandeur et d'admiration.

« Dans le nouvel emplacement proposé, il n'offrira qu'un édifice écrasé, mesquin, dépourvu de grâces, qu'on n'apercevra que lorsqu'on sera dessus et qui ne laissera d'autre impression dans l'âme que celle d'un détour aussi incommode qu'inutile et d'une économie mal entendue.

« Le monarque qui gouverne les destinées de la France avec tant de gloire, ne doit-il pas laisser après lui des monuments qui en rappellent sans cesse le souvenir à nos neveux. Serions-nous les seuls qui n'aurions aucun droit à sa munificence, et parce que nous n'occupons qu'un petit coin de son vaste empire, en sommes-nous moins ses fidèles sujets et méritons-nous moins sa bienveillance et sa protection. »

Ces considérations diverses ne devaient pas obtenir l'assentiment de l'administration des ponts et chaussées et du Gouvernement.

En 1808, les administrateurs de l'hôpital s'étant adressés à M. le Sénateur de Saint-Vallier, pour appuyer auprès du Gouvernement leur demande tendant à la réunion du bureau central de bienfaisance de Saint-Vallier, à l'administration de l'hôpital, M. de Saint-Vallier répondit qu'il avait eu une audience de Madame mère de l'Empereur, et qu'il lui avait présenté un mémoire pour l'hôpital et pour les sœurs chargées de le desservir. Il ajoutait : « J'ai aussi présenté un mémoire sur le même objet au ministre de l'intérieur. Je n'ai pas grande espérance de réussir, mais du moins je ferai tous ce que je pourrai pour notre pays, que j'aime comme vous savez beaucoup. »

M. de Saint-Vallier, qui s'était rallié à l'empire et le servait avec dévouement, avait été nommé sénateur le 1er février 1805 et président du sénat le 1er juillet 1808. Cette haute situation lui permettait d'insister auprès du Ministre de l'Intérieur et la demande de l'hôpital de Saint-Vallier, fut accueillie par le Gouvernement. Un arrêté du préfet de la Drôme, du 18 octobre 1809, ordonna la réunion du bureau central de bienfaisance à l'administration de l'hôpital.

En 1808, M. le comte de Saint-Vallier avait éprouvé une grande joie de famille et était parvenu à l'apogée de sa carrière politique. Le 11 juillet de cette année, un fils vivement désiré lui était né à Saint-Vallier, et le 18 septembre suivant, sur la présentation du Sénat, il était nommé à la sénatorerie de Gênes. Il était en outre créé comte de l'empire. Le 30 septembre, son fils, qu'il ne connaissait pas, lui était amené à Paris et il écrivait à l'un de ces concitoyens, « que son fils Paul René était un superbe enfant, qui étonnait tout le monde par sa force et son air de santé. Quant à sa mère, elle va aussi très bien et comme il y aurait mauvaise grâce à moi de me mal porter dans une famille qui jouit d'une bonne santé je me suis mis à l'unisson, et je vais fort bien aussi ; le bonheur, mon digne ami, est un très bon médecin et, depuis quelque temps, je me suis mis entre ses mains. »

Hélas ! quelques mois à peine s'étaient écoulés et, le 1er avril 1809, M. de Saint-Vallier écrivait : « Mon fils est dans le plus triste état. J'ai encore des espérances, mais le pauvre enfant est bien malade ... l'idée de majorat qui a pu entrer dans mes vues, n'existe plus pour moi. Je suis trop malheureux en enfants pour me livrer à aucun projet sur eux avant de les voir en pleine adolescence. »

Le 13 du même mois, il mandait ; « mon malheureux fils est toujours sans espérance. Il vit encore, mais c'est pour souffrir et nous mettre au désespoir. Sa malheureuse mère est dans le plus triste état ; *memento hommo*, etc.

« Vous devez bien penser que toutes les illusions sont détruites. Je n'ai ni ne désire avoir de garçons. Ma fortune sera portée par ma fille dans une famille étrangère. Ainsi point de Theaumes, point de Chazalet, ni de portail en fer. Je ne désire qu'embellir ma retraite et celle de ma pauvre femme et ne rien acquérir. »

Les craintes de M. de Saint-Vallier n'étaient que trop fondées : peu de jours après, son fils mourait, et le 13 mai, il priait instamment son concitoyen M. Fayard, de témoigner aux bons habitants de Saint-Vallier individuellement et collectivement toute sa sensibilité, pour la part qu'ils avaient prise à ses malheurs.

« Ils me doivent bien quelque attachement pour celui que j'ai pour eux. Je ne me laisse pas séduire par les prestiges de ce pays-ci, et par la fortune qui me sourit. Mon vœu le plus cher est d'aller passer mes jours dans un pays que j'aime et aimerai toujours. »

Malgré les devoirs que ses hautes dignités lui imposaient, M. de Saint-Vallier ne perdait pas de vue les intérêts de la petite ville qu'il aimait beaucoup. Le 2 juin 1809, il annonçait à ses concitoyens que la construction d'un nouveau pont en pierre à Saint-Vallier était décidée, et que deux plans étaient proposés : l'un dans l'alignement du chemin traversant alors la ville, l'autre à quelques toises de celui en bois, en se rapprochant du Rhône. Le prix du premier était de 350,000 livres et celui du second 230,000 livres. Le second plan était adopté par le conseil des ponts et chaussées, parce qu'il était moins dispendieux et surtout parce qu'il serait utile dans les temps des grosses eaux, pour le chemin de halage. Conformément à ce second plan, le nouveau pont en pierre a été établi à l'embouchure de Galaure, et la route nationale suit la rue de Marseille. Ce pont, qui a trois arches, est moins grandiose et moins élégant que celui demandé par la commune, mais il permet d'éviter la côte rapide du ravelin et il rend plus facile la traversée de la Ville.

Le 22 février 1810, l'administration de la commune, pour rendre plus complète l'action de l'assistance publique, opéra la réunion de l'hospice au bureau central de bienfaisance autorisée par arrêté préfectoral du 10 décembre 1809.

Depuis lors, les administrateurs des deux établissements sont les mêmes, quoiques les administrations soient distinctes.

Le 14 avril, la municipalité fixe au dimanche 6 mai, la cérémonie du mariage de Mathieu Robin, militaire retraité, et de Anne Crozat, domiciliés dans la commune d'Albon. Cette cérémonie a lieu à l'occasion du mariage de l'empereur avec l'archiduchesse d'Autriche, Marie-Louise, et en exécution d'un décret du 25 mars, portant que 6,000 militaires seront mariés le 22 avril avec des jeunes filles de leur commune, auxquelles le gouvernement accorde une somme de 600 fr. Il y aura un mariage dans chacune des justice de paix de l'empire, qui comprend cent trente-quatre départements et une population de quarante-deux millions d'habitants.

L'administration de Saint-Vallier décide, en outre, qu'il sera donné aux mariés et à leurs plus proches parents, dans une salle de la mairie, un repas composé de trente couverts, auquel seront invités le conseil municipal, M. le curé et MM. les vicaires de Saint-Vallier ainsi que M. le desservant de la commune d'Albon. Le repas de noces sera suivi d'un bal à la mairie, pour tous les habitants, de feux de joie sur la place publique, et d'une illumination générale. Ce programme fut rempli avec beaucoup de joie et d'entrain.

Le 25 mars 1811, M. de Saint-Vallier écrit à un de ses concitoyens, pour lui annoncer que le pont sur la Galaure doit être achevé dans le courant de cette année. Il ajoute : « Je ne vous dis rien du grand événement qui occupe tout Paris, la naissance du roi de Rome. Depuis quarante ans que j'habite ce pays, c'est la seule fois que j'ai vu un vrai et légitime enthousiasme parmi les parisiens. »

Le 9 juin, à l'occasion de cette naissance du fils de l'empereur, des secours sont distribués aux pauvres de Saint-Vallier, et le conseil municipal assiste à une messe solennelle et à un *Te Deum*. A 3 heures, des danses ont lieu sur les places publiques. Un feu de joie est allumé à la tombée de la nuit et un bal est organisé dans une des salles de la mairie. En même temps, un repas de quatre-vingt couverts est donné dans une grande salle du château, il est présidé par M. le sénateur, comte de Saint-Vallier, qui prononce un discours analogue à la circonstance. Ce discours est vivement applaudi, ainsi que les toasts portés par plusieurs convives et le repas est suivi d'une brillante illumination de la terrasse du château et des bosquets.

Deux jours après, en exécution d'un décret impérial du 9 avril 1811, procès-verbal est dressé de la remise faite par le receveur de l'enregistrement du bureau de Saint-Vallier, au maire de la commune, de la maison et du jardin, occupés par la mairie et la justice de paix, et qui avaient appartenus à l'abbaye de Saint-Ruf.

Le 21 septembre 1811, le prix du pain blanc est fixé à 57 cent. 1/2 le kilog., le pain rousset, à 47 cent. 1/2 et le pain bis à 37 cent. 1/2. Les sacrifices nécessités par la guerre obligèrent bientôt à élever le prix du pain.

En 1812, la fête de l'empereur et l'anniversaire de son couronnement, donnent lieu à des réjouissances publiques, mais les préoccupations de la guerre avec la Russie, les rendent moins complètes et moins animées que les années précédentes. La désastreuse campagne de Russie, toutefois, n'a pas affaibli la puissance et le prestige de l'empereur. De toutes parts, des adresses pleines de dévouement, et des offrandes patriotiques, lui arrivent pour résister à la septième coalition de l'Europe contre la France.

Le 17 janvier 1813, le maire, M. Duclos, installa son successeur, M. Monyer, et M. Victor Chartron, adjoint. M. Monyer, exprima : « les regrets laissés par son prédécesseur, que ses lumières et un long concours apportés dans diverses administrations, recommandaient à la reconnaissance de ses concitoyens, la seule récompense d'un citoyen qui s'est voué gratuitement aux affaires publiques. » M. Monyer ajouta : « je vous offre mon zèle pour le bien public, et je m'efforcerai de mériter la continuation de votre confiance. »

Le 5 février, M. Monyer faisait afficher l'adresse suivante aux citoyens de Saint-Vallier : « Sa Majesté l'empereur daigne par un décret du 18 janvier dernier, approuver en général les offrandes patriotiques qu'on lui fait, pour réparer les pertes que les frimas ont subitement causés à sa cavalerie. M. le préfet a pensé avec sagacité qu'il convenait que les citoyens fussent instruits des dispositions de Sa Majesté, afin que ceux d'entre vous qui voudraient concourir à lui faire des offres, trouvent les moyens sûrs de les lui faire parvenir. »

Cet appel fut entendu, et il fut arrêté que le canton offrirait trois chasseurs montés et équipés.

Le 19 avril 1813, le nouveau conseil municipal était installé. Il se composait de MM. Fleury, Martignac, Boirayon, Monet, Forcheron, Chartron François, Fayard, Baboin et Monet-Duclos. Le conseil municipal se préoccupa de rendre à sa destination première le Champ-de-Mars qui avait été affermé, mais la difficulté de concilier tous les intérêts, fit ajourner la réalisation de ce projet.

La coalition de la Prusse et de la Russie impose de grands sacrifices à la France. Les réquisitions d'hommes, de chevaux, de denrées, de fourrages, se renouvellent sans cesse. Le congrès de Prague n'ayant eu d'autre résultat que de décider l'Autriche à courir toutes les chances que la guerre lui promettait, elle entra dans la coalition et l'Empereur eut à lutter contre des forces doubles des siennes. La France commençait à s'inquiéter de cette situation, qu'elle ne connaissait que d'une manière forte incomplète, lorsqu'elle eut à fêter la Saint-Napoléon.

A Saint-Vallier un *Te Deum* fut chanté, un feu d'artifice fut tiré sur la terrasse du château, mais il n'y eut ni repas, ni danses. La fête du couronnement « si chère aux Français » fut célébrée le 6 décembre 1813 avec moins de pompe encore. Déjà la France avait éprouvé des revers qu'il n'était plus possible de réparer et les frontières ne tardaient pas à être franchies par les alliés. Pendant que ces graves événements extérieurs s'accomplissaient, il se produisait à l'intérieur un mouvement d'opinion contraire à l'Empereur. « Nos maux sont à leur comble, dit M. Renouard au corps législatif, le 19 décembre 1813, la Patrie est menacée sur toutes les frontières, le commerce est anéanti, l'industrie expire, la conscription est devenue un odieux fléau pour la France, une guerre barbare et sans but engloutit périodiquement la jeunesse. Il est temps que les nations respirent, il est temps que les trônes s'affermissent et que l'on cesse de reprocher à la France de vouloir porter dans tout le monde des torches révolutionnaires (1). »

Napoléon, indigné de ce langage, ordonna l'ajournement indéfini du Corps législatif et envoya des commissaires extraordinaires dans les départements pour y accélérer les moyens de défense contre l'invasion. Le 26 décembre 1813, M. le comte de Saint-Vallier fut chargé de se rendre, en cette qualité, à Grenoble. Il déploya, dans l'accomplissement de cette difficile mission, beaucoup de prudence et d'énergie, mais les événements se précipitaient et les désastres succédaient aux désastres. Le 24 janvier 1814, l'Empereur, après avoir confié à la garde nationale de Paris sa femme et son fils, qu'il ne devait jamais revoir, se porta au-devant des alliés, mais il ne put les arrêter dans leur marche sur Paris et ils y firent leur entrée le 31 mars 1814.

Le Czar Alexandre, d'après les indications du prince de Talleyrand, publia une déclaration par laquelle il annonçait que les Alliés ne traiteraient pas avec Napoléon, qu'ils respecteraient l'intégrité de la France ancienne, qu'ils reconnaîtraient la constitution que le pays se donnerait ; enfin, elle invitait le Sénat à nommer un gouvernement provisoire pour préparer une Constitution et pourvoir à l'administration de l'Etat. Le lendemain, 62 Sénateurs se réunirent et nommèrent un gouvernement provisoire composé du prince de Talleyrand, du duc d'Alberg, du comte de Jaucourt, du général Bournonville et de l'abbé de Montesquiou. Le 3 avril, le Sénat déclara Napoléon

---

(1) Lavallée, *Hist. de Fr.*, IV, 566.

et sa famille déchus du trône et délia le peuple et l'armée du serment de fidélité. Cette déclaration produisit en France une profonde sensation et elle jeta le trouble dans l'armée. Le 4 avril, Napoléon abdiqua en faveur de son fils et déféra la régence à Marie-Louise. Pendant les négociations dont il avait chargé Caulaincourt, Ney et Macdonald, le corps d'armée de Marmont se retirait en Normandie et le gouvernement provisoire faisait adopter par le Sénat une Constitution nouvelle, le 6 avril, par laquelle le peuple français appelait librement au trône Louis-Stanislas-Xavier de France. Le signal de la défection donné par Marmont fut suivi par plusieurs généraux et l'empereur se voyant abandonné de tous signa son abdication définitive le 11 avril. Un traité lui conserva son rang, ses titres et ses honneurs avec l'île d'Elbe en souveraineté et deux millions de rentes. Le 20 avril, Napoléon fit des adieux touchants à sa vieille Garde dans la cour du château de Fontainebleau et partit accompagné des commissaires des puissances alliées. Neuf ans à peine s'étaient écoulés depuis que Napoléon avait été élu par acclamation empereur, et l'empire n'était plus. En se rendant dans son étroite souveraineté de l'île d'Elbe, Napoléon traversa Saint-Vallier où il excita un vif mouvement de curiosité sans provoquer aucune manifestation.

SAINT-VALLIER
SOUS LA PREMIÈRE RESTAURATION

Pour échapper à la conquête, la France, épuisée par la guerre et réduite à ses frontières du 1ᵉʳ janvier 1792, se rallie à la Restauration qui lui procure la paix et la liberté dont elle était privée depuis vingt-cinq ans. Le 22 avril 1814, le conseil municipal, après avoir pris connaissance d'une lettre du préfet qui l'invite à manifester son adhésion aux actes du Sénat afin d'arrêter les affreuses calamités dont la patrie est menacée par le despotisme, déclare « qu'une expérience de vingt ans a dû convaincre tous les Français que le seul moyen d'éloigner d'eux pour toujours les horreurs de l'anarchie et les fureurs du despotisme dont ils ont été si longtemps les victimes, est de rentrer sous le gouvernement de leurs souverains légitimes auxquels la France doit des siècles de bonheur et de gloire. » En conséquence, il arrête qu'il adhère de cœur et d'esprit au rétablissement de Louis-Stanislas-Xavier de Bourbon sur le trône de ses pères, et au projet de constitution présenté par le gouvernement provisoire et décrété par le Sénat dans sa séance du 6 avril.

Le 3 mai, Louis XVIII, qui avait débarqué à Calais le 24 avril, faisait son entrée à Paris, aux acclamations de la foule. Ce prince avait compris que son gouvernement, pour marcher d'accord avec l'Europe et la France nouvelle, ne pouvait être un retour pur et simple aux temps antérieurs à la Révolution. La déclaration de Saint-Ouen, du 2 mai, fut un traité de pacification entre le passé qui ne pouvait renaître et l'avenir. Louis XVIII octroya ensuite la charte constitutionnelle et s'efforça de contenir les anciens partis dont le ralliement à la Restauration cessa avec la situation extérieure qui l'avait amenée.

A Saint-Vallier, l'organisation de la garde nationale donna lieu à une vive animation. Elle se composa de 180 gardes nationaux formant trois compagnies : l'une de grenadiers, l'autre de fusiliers et la troisième de chasseurs. Les chefs élus furent M. Berne de Levaux, ancien officier d'infanterie, commandant ; Gaspard Rey, adjudant ; Grégoire, adjudant sous-officier : capitaines : MM. Rostaing Jean-Baptiste, Chartron aîné et Gagnière, médecin ; lieutenants : MM. Bost Louis, Fayard Casimir, Givors Joseph ; sous-lieutenants : MM. Falcon François, Genin Eustache et Maurice Jean.

Le 24 août, la municipalité annonce aux habitants « que le 25 est le jour de la fête de saint Louis, et qu'ils n'auront plus à célébrer les fêtes forcées du 15 août et du premier dimanche de décembre, qui n'avaient été instituées que pour faire oublier à la multitude les torrents de sang et de larmes qu'elle était obligée de verser, sans interruption, sans but et sans utilité. » Les habitants étaient invités à illuminer leurs maisons à huit heures précises du soir, pour donner à la fête tout l'éclat digne de son objet, et un bal devait avoir lieu dans une des salles de la mairie. Ce programme fut exactement rempli, et les danses se prolongèrent fort avant dans la nuit.

Le 15 septembre, le maire convia ses concitoyens à se porter au-devant de Monsieur, frère du roi, à son arrivée dans la commune, afin de lui exprimer l'attachement et le dévouement des habitants pour l'illustre famille des Bourbons. Les habitants répondirent avec empressement à cet appel et saluèrent de leurs acclamations le prince qui était alors très populaire.

Louis XVIII demande à tous les fonctionnaires le serment de fidélité qu'ils prêtent le 2 octobre 1814 en ces termes : « Je jure et promets à Dieu de garder obéissance et fidélité au roi, de n'avoir aucune intelligence, de n'assister à aucun conseil, de n'entretenir aucune ligue qui serait contraire à son autorité, et si, dans le ressort de mes fonctions ou ailleurs, j'apprends qu'il se trame quelque chose à son préjudice, je le ferai connaître au roi. »

Le gouvernement de la Restauration, en assurant les bienfaits de la paix, facilite le développement de l'agriculture, du commerce et de l'industrie. Le 9 janvier 1815, M. Paul-Constantin Blachier forme une demande pour obtenir l'autorisation de construire des moulins à farine sur la commune de Saint-Barthélemy de Vals, au territoire de la chapelle de Notre-Dame de Vals. Après une enquête de commodo, le conseil municipal de Saint-Vallier déclare, le 12 février 1815, « que l'établissement de ces moulins ne peut nuire à la prise d'eau qui fait mouvoir les usines de Saint-Vallier, et qu'il ne saurait qu'être avantageux au public. » L'autorisation demandée ayant été accordée, une chute d'eau de dix mètres de hauteur procurant une force motrice de 100 chevaux fut créée et les moulins à blé de Rochetaillée purent être établis dans de très bonnes conditions. Leur importance était considérable lorsqu'ils furent détruits par un incendie pendant le second empire. M. Blachier fils ne crut pas devoir les rétablir et il vendit, en 1859, la chute d'eau et les bâtiments de Rochetaillée à M. Achille de Montgolfier qui y fonda une fabrique de papeterie pour pliages et cartes.

Cet établissement industriel a été notablement accru par la création d'une seconde papeterie à la Ferrandinière dont la force hydraulique est fournie par une chute d'eau de sept mètres.

Depuis 1877, époque du décès de M. de Mongtgolfier, sa fille, Madame Nikly et son petit-fils, M. Michel Nikly dirigent les papeteries de Rochetaillée et de la Ferrandinière. Ces deux usines, dont les produits sont l'objet d'un commerce très actif, occupent un grand nombre d'ouvriers qui sont tous logés avec leurs familles dans des habitations situées à côté des ateliers et établies dans d'excellentes conditions hygiéniques. L'une de ces habitations est, en outre, entourée de petits jardins dont la culture est aussi agréable qu'utile aux ouvriers qui les possèdent.

SAINT-VALLIER PENDANT LES CENT JOURS

En 1815, la crainte d'une réaction du Gouvernement préoccupait l'opinion publique lorsqu'on apprit, que Napoléon, après avoir débarqué au golfe Juan et traversé la France aux acclamations du peuple, était rentré aux Tuileries le 12 mars, faisant un appel au patriotisme, à l'union, à l'énergie de tous les citoyens et en promettant de concourir avec les représentants de la Nation à la formation d'un pacte de famille qui conserverait les droits et les libertés des Français. Malgré cette promesse, Napoléon donna directement, le 22 avril, l'acte additionnel aux constitutions de l'Empire qui fut promulgué le 1er juin, dans l'assemblée solennelle du Champ-de-mars, et tous les fonctionnaires publics durent prêter serment d'obéissance aux constitutions de l'empire et de fidélité à l'empereur. Plusieurs le refusèrent et résignèrent leurs fonctions. Dès le 5 mai il fut procédé à l'installation de M. Chartron Etienne-Victor, comme maire en remplacement de M. Monyer, démissionnaire. M. Chartron déclara « qu'il emploierait tous ses moyens et son zèle pour marcher sur les traces de M. le maire sortant qui emportait les regrets non seulement de Messieurs du conseil municipal, mais encore ceux de la généralité des habitants, soit à raison de la protection qu'il leur a accordée dans des circonstances orageuses, soit à raison des sacrifices qu'il avait faits personnellement pour maintenir le bon ordre dans la commune de Saint-Vallier et dans toutes celles du canton. »

Quelques jours après, les membres du conseil municipal nommés par la commission extraordinaire de l'Empereur, étaient rétablis par le maire M. Chartron. Ils comprenaient M. Gaspard Rey, adjoint ; Forcheron Maurice, Chartron François, Fayard Dominique, Monyer, ex-maire ; Fleury Hyacinthe ; Maurice Joseph ; Martignac J.-B.; Boirayon André ; Gagnière médecin, Monet Jean-Joseph, ex-adjoint.

Tandis que l'empereur s'efforçait de ramener à lui l'opinion publique en France, les souverains étrangers s'engageaient à réunir tous leurs efforts afin de le mettre hors d'état de troubler désormais la paix générale. La guerre étant inévitable, l'empereur s'y prépara avec une extrême ardeur, mais la lutte contre l'Europe coalisée était trop inégale. Elle aboutit, le 18 juin, au désastre de Waterloo et à la seconde et définitive abdication de Napoléon qui mit fin aux Cent Jours et au Premier Empire.

SAINT-VALLIER
SOUS LA SECONDE RESTAURATION

LOUIS XVIII

Le 25 juin 1815, Louis XVIII, qui s'est réfugié à Gand, publie à Cateau-Cambrésis, une proclamation contre l'empire, et, deux jours après, il annonce « qu'il vient se placer une seconde fois entre les armées alliées et les français, dans l'espoir que les égards dont il peut être l'objet tourneront à leur salut. — Le roi dont les pères règnent depuis huit siècles sur les nôtres, revient pour consacrer le reste de ses jours à vous défendre et à vous consoler » (1).

Louis XVIII fit son entrée solennelle à Paris, le 8 juillet, aux cris redoublés de Vive le Roi. Mais les alliés, qui avaient eu des égards pour la France en 1814, la traitèrent en pays conquis en 1815 et les réquisitions les plus exagérées furent faites.

La tâche des administrations locales était d'autant plus difficile qu'il ne leur était pas permis de se plaindre et qu'elles ne pouvaient espérer aucun appui de l'autorité supérieure. C'est dans ces douloureuses circonstances que M. Luyton Antoine fut installé comme maire le 11 juillet 1815. En prenant la direction de l'administration municipale, M. Luyton s'exprima ainsi : « J'entre en fonctions dans des circonstances bien difficiles, qui exigent sans doute beaucoup de connaissance des affaires administratives qui deviennent chaque jour plus intéressantes et qui seraient sans doute au dessus de mes forces, si je ne comptais sur vos lumières, votre expérience et vos conseils. Je vous prie de me les accorder et je parviendrai alors par mon zèle à seconder les vues du Gouvernement, celles des premiers magistrats du département et correspondant en même temps à

---

(1) Hénault continué par Michaud, *Abr. de l'Hist. de Fr.*; 807).

la confiance dont mes concitoyens m'ont honoré, je prendrai dans toutes les occasions les intérêts de la commune. »

La veille, M. Luyton avait reçu une lettre du Sous-Préfet de l'arrondissement de Valence, M. Alméras-Latour, qu'il avait consulté sur le serment à prêter. M. le Sous-Préfet avait répondu : « la constitution organique de l'Empire est fortement ébranlée, soit par le sort des armes, soit par les débats de la volonté nationale, mais enfin elle n'est point anéantie. L'empereur a abdiqué, un autre empereur lui succède de droit et le serment des fonctionnaires publics n'est pas changé. Attendons le résultat des grands événements qui nous occupent et nous intéressent tous, mais n'anticipons rien sur l'avenir, prêtez donc votre serment suivant la formule accoutumée et croyez que le magistrat qui n'a que des intentions pures ne compromet jamais ni sa sureté, ni sa conscience quand il promet fidélité au chef légitime de l'Etat quel qu'il soit. »

Le 26 août, le Conseil municipal nommé par le préfet est installé par le maire. Il se compose de MM. Victor Chartron, maire ; Gaspard Rey, adjoint ; Fleury Hyacinthe, Fayard Dominique, Martignac, Monet-Duclos, Boirayon ; Gagnière, Monet, Chartron, père, Antoine Gaze. Le nouveau conseil municipal s'occupe de l'alignement de la grande rue dont quelques maisons par leur avancement rendent la voie publique aussi difficile que disgracieuse ; il donne ensuite son adhésion à une adresse présentée au roi par la ville de Romans pour la conservation de la Cour royale de Grenoble qui est menacée de suppression.

L'occupation du Dauphiné par les Autrichiens devient chaque jour plus lourde pour les habitants de Saint-Vallier. La municipalité s'en préoccupe vivement et l'un de ses membres s'adresse à M. le Comte de Saint-Vallier, qui se trouve à Paris, pour obtenir les bons offices du gouvernement. M. de Saint-Vallier s'empresse de répondre : « Je sais que notre département a été accablé de troupes qui l'ont épuisé et ruiné pour longtemps. J'ai été plusieurs fois avec notre députation prier le ministre d'interposer ses bons offices pour diminuer nos charges. Il nous a promis de faire tout ce qu'il pourrait. Quand tout ceci finira-t-il ? Rien n'annonce encore le terme de nos maux. Les alliés, en s'annonçant comme amis, nous traitent en cruels ennemis. Leur politique machiavélique s'est montrée dans une lettre du duc de Wellington qui appelle une leçon de morale donnée à la nation française tous les outrages qu'on lui fait. L'histoire en fera justice et l'on attise des haines nationales qui peuvent avoir des suites bien funestes. »

Le 13 janvier 1817, le passage des corps de Mesdames Adélaide et Victoire de France, tantes du roi, eut lieu à Saint-Vallier et le conseil municipal fut recevoir le cortège à son entrée dans la commune et l'accompagna jusqu'à sa sortie.

Le 23 avril, M. Rey est nommé percepteur en remplacement de M. Second, et il est remplacé lui-même comme adjoint par M. Jean-Joseph Monet. Le 21 juillet, M. Monyer est installé comme maire. La disette des grains accroît les calamités de l'invasion. Des achats considérables de blé faits à la Russie Méridionale par le gouvernement ne peuvent la conjurer. Pendant l'hiver, la misère est générale, et au printemps elle devient pour les départements occupés par l'étranger, une véritable ruine et un fléau terrible. Ces douloureux souvenirs ne sont point effacés à Saint-Vallier, qui eut beaucoup à souffrir du séjour prolongé des Autrichiens dans le département de la Drôme.

Le 21 janvier 1817, jour anniversaire de la mort de Louis XVI, le conseil municipal a assisté au service funèbre et à la lecture du testament du roi martyr. « Cette lecture a été écoutée avec tout le respect, la vénération et la douleur qu'inspirent les dernières volontés du roi. » En signe de deuil, les magasins, les boutiques, les cafés, les cabarets sont restés fermés pendant la journée.

En 1817, le prix des grains augmente et le prix du pain blanc est tarifé à 47 c. 1/2 le demi-kilog., et le pain rousset à 37 c. 1/2 le demi-kilogramme.

L'année suivante, le conseil municipal dresse un état supplémentaire des chemins vicinaux, il approuve le projet de construction d'un pont sur la rivière au commencement de la gorge de Galaure et il vote une somme de 1,600 fr. pour la construction de ce pont dont la nécessité est reconnue par toutes les communes voisines. Ces mesures avaient été déterminées par un rapport présenté par M. Benjamin Baboin, de Barral, commissaire de la route de Galaure.

A cette époque, les moyens de transport pour les habitants de Saint-Vallier étaient très rares. Les bateaux à vapeur sur le Rhône n'existaient pas, et la poste des coursiers aux longues oreilles qui commençait à Saint-Vallier en remontant vers Lyon était une ressource précieuse pour les mariniers et les voyageurs peu aisés (1).

En 1818, trente jeunes gens sont appelés sur les classes de 1816 et 1817 pour le canton de Saint-Vallier, dont la population est de 10,957 âmes. L'année 1818 se termine par la libération complète du territoire français occupé, depuis 1815, par les troupes étrangères, et les affaires ne tardent pas à reprendre une grande activité.

En 1819, le conseil municipal accepte la succession qu'un généreux habitant de Saint-Vallier, M. Claude-François Monet, a léguée le 22 mars 1817 à l'hospice, et il installe, le 4 octobre, M. Chartron, Henri-Raphaël, comme maire.

L'année 1820 s'annonçait sous d'heureux auspices, lorsque, le 13 février, Mgr le Duc de Berry fut assassiné par Louvel. Dans cette douloureuse circonstance, le conseil municipal s'empressa d'envoyer au roi l'adresse suivante : « Sire, nous pleurons avec vous, avec toute la France, la mort de votre infortuné neveu, Mgr le Duc de Berry, et nous vouons à l'exécration éternelle la main parricide et sacrilège qui a frappé le Fils de France.

« Nos cœurs partagent, sire, votre douleur profonde, comme des enfants partagent celle des meilleurs pères, vos chagrins et

---

(1) Delacroix, *Essai sur la Statistique de la Drôme*, 229.

vos peines sont les nôtres. Nous osons espérer, qu'à l'exemple de votre illustre aïeul, le Grand Henri, vous ne dédaignerez pas, Sire, les hommages des sentiments d'amour et de respect de notre petite ville, qui ne le cède pas à la plus grande cité pour la reconnaissance et le dévouement dûs à l'auguste dynastie des Bourbons. Nous sommes, Sire, avec les sentiments de la plus profonde vénération, vos fidèles serviteurs et sujets. »

Sept mois après, le 29 septembre 1820, **Madame la Duchesse de Berry** donna le jour à un prince qui reçut le nom de Duc de Bordeaux. La naissance « de cet enfant du miracle » provoqua des adresses de toutes les communes de France. Celle des habitants de Saint-Vallier était ainsi conçue : « Sire, permettez à vos fidèles sujets de la commune de Saint-Vallier de vous offrir l'expression de la joie dont les a comblés la naissance du rejeton de votre auguste famille. Le Ciel, après les épreuves les plus rigoureuses dont il put affliger le cœur paternel de Votre Majesté, se montre enfin plus favorable à ses vœux. Vos vertus, Sire, vont recevoir leur récompense. L'événement qui nous est annoncé en est l'heureux présage. Les Français, désormais réunis autour du trône, n'auront plus avec leur roi qu'une âme, qu'une volonté, et les factions qui, naguère, ont désolé notre belle Patrie, viendront expirer au pied du berceau de ce précieux enfant. Puisse-t-il vivre longtemps cet enfant qui, vous l'avez dit, Sire, est aussi le nôtre, et qui, un jour, sera notre père. Puisse-t-il consolider l'ouvrage de notre bonheur, que vous avez si bien préparé par vos sages institutions et puissent ses descendants régner glorieusement sur les nôtres pendant une longue série de siècles. »

Le lendemain de l'envoi de cette adresse, un *Te Deum* était chanté et toutes les autorités de la commune y assistaient ainsi que M. le Comte de Saint-Vallier, pair de France. Le soir, de brillantes illuminations avaient lieu et l'on remarquait celles du château et des fabriques de soierie de MM. Chartron père et fils.

Un compte rendu moral de la situation de l'hospice en 1820, adressé à M. le Préfet, contient des renseignements intéressants à rappeler. Il en résulte que son établissement remonte à une époque assez reculée et qu'il est dû, partie aux libéralités des seigneurs de Saint-Vallier, et partie aux soins du chapitre de Saint-Ruf. Lors de la suppression de cet ordre, la commune de Saint-Vallier obtint la réunion à son hospice d'une rente de soixante-et-dix setiers de blé, moitié froment, moitié seigle, et une prestation annuelle de 800 livres imposée sur les biens de l'ordre. Cette augmentation de revenus, jointe à quelques libéralités particulières, en porta la totalité à 2,400 livres. Quoique modique, cette somme suffisait aux besoins de la commune à une époque où le bas prix des denrées permettait de fixer le salaire de la journée de travail à 12 sous.

Cet état d'aisance ne fut pas de longue durée. La Révolution éclata et l'hospice ne put échapper aux désastreuses conséquences financières qu'amena la création des assignats. Les remboursements qui furent faits des capitaux et arrérages de rente, en vertu de la loi du 23 messidor an II, lui enlevèrent une somme de 8,600 livres. De plus, la rente de 70 setiers de blé et celle de 8,800 livres assignées sur les biens de l'ordre de Saint-Ruf, furent englouties dans le même gouffre et il ne resta à l'hospice que 150 livres de rentes sur des débiteurs assez pauvres pour n'avoir pu se libérer en assignats.

Vainement, l'administration de l'hospice fit en vertu de la loi des 16 vendémiaire et 20 ventôse an V des réclamations, pour obtenir le remplacement de ses capitaux et de ses rentes, par des rentes dues à l'Etat, par diverses particuliers. Elle échoua complètement. Dans cette situation, l'hospice paraissait ne devoir jamais se relever lorsque les dons de quelques personnes charitables lui ont permis d'obtenir un revenu de près de 900 francs et de secourir les malades et les infirmes avec le concours des sœurs de Saint-Joseph, qui vivent, partie de leur patrimoine, partie de leur travail et de l'école qu'elles tiennent pour les petites filles, et partie encore, du profit d'une

★

pharmacie dirigée par un médecin de la ville. Les sœurs de Saint-Joseph fournissent des médicaments gratis aux pauvres et elles reçoivent un franc pour la journée de chaque malade. Cette situation si modeste de l'hospice ne devait pas tarder à s'améliorer par suite de legs nombreux, et notamment par celui de 1,019 fr. de rente annuelle, fait en 1824, par M. le comte de Saint-Vallier.

Le 1er mai 1821, a lieu la fête du baptême de Mgr le duc de Bordeaux. Le départ des autorités, réunies à l'Hôtel-de-Ville, « est annoncé par trois salves d'artillerie, trois autres coups de canon sont tirés, lorsque le clergé commence le chant du *Te Deum*, et trois autres salves ont lieu au moment où le cortège se retire. » A midi, trois cent vingt-sept pauvres et huit prisonniers reçoivent chacun une livre de pain blanc, une demi-livre de viande et une demi-bouteille de vin. Les pauvres honteux reçoivent une somme de 25 francs. Le soir, vers les huit heures, la ville est illuminée, un feu d'artifice est tiré, et des danses publiques ont lieu pendant une grande partie de la nuit.

Le 22 décembre 1822, une gratification de 50 francs est accordée au nom du roi à Marie-Anne Pipard, femme de Joseph Roche, pour récompense du dévouement dont elle a fait preuve, en sauvant, au péril de ses jours, le nommé Imbert de Saint-Uze qui, le 12 du même mois, à dix heures du soir, était tombé dans le canal de la fabrique et était près de se noyer et d'être écrasé par les roues de la fabrique.

En 1823, le conseil municipal vote une somme de 600 francs, pour la moitié de la dépense que doit entraîner l'établissement sur la Galaure, d'une passerelle en bois, avec amarres en fil de fer, qui reliera le quartier des fabriques avec le centre de la ville par la montée du Ravelin. Cette passerelle, qui a été le premier essai des ponts en fil de fer, par M. Seguin d'Anonnay, a été remplacée en 1877, par une passerelle en fonte.

Le 3 février 1824, le conseil municipal, qui a déjà versé deux sommes s'élevant à 4,442 francs pour la construction du pont de St-Uze, dont la dépense a été de 44,000 fr., refuse de voter une nouvelle contribution de 1,000 fr. pour ce pont. Il fait valoir que les communes de Fay, du Grand-Serre, d'Hauterive, n'ont rien payé, quoiqu'elles aient autant d'intérêt que celles qui se sont empressées d'acquitter les parts dont elles étaient tenues.

La mort presque subite, le 13 mars 1824, de M. le comte de Saint-Vallier, nous oblige à revenir un peu en arrière. Nommé le 28 décembre 1808, président du grand conseil d'administration du Sénat, pour 1809, et grand'croix de l'ordre de la Réunion le 3 avril 1813, il avait été envoyé à Grenoble, le 26 septembre de cette même année, en qualité de commissaire extraordinaire de la VIIe division militaire, et il avait apporté dans cette importante et difficile mission une prévoyance et une fermeté remarquables.

Après l'abdication de l'empereur, en 1814, M. de Saint-Vallier avait fait sa soumission à Louis XVIII, qui l'avait nommé pair de France, le 12 juin 1814, et ensuite, grand-officier de la Légion d'honneur. Pendant les Cent-Jours, il s'était retiré à Saint-Vallier et y était resté étranger aux affaires publiques. Après la seconde abdication de l'empereur, il avait repris son siège à la chambre des pairs et, le 31 août 1817, des lettres patentes lui avaient conféré le titre de comte.

Né à Clérieu, le 6 octobre 1756, il avait épousé en 1801, Mademoiselle Marie-Louise de Mazenod, veuve de M. Antoine-Alexandre Rey, du Mouchet, dont il eut quatre enfants, deux fils qui moururent en bas-âge, une fille qu'il perdit également très jeune, et Mademoiselle Marie-Madelaine-Charlotte-Pauline, née à Saint-Vallier, le 29 décembre 1803, qui épousa le 28 avril 1823, M. Alfred-Philibert-Victor Guigues de Moreton, comte de Chabrillan, né à Paris, le 4 octobre 1800, de M. Hippolyte-César Guigues de Moreton, marquis de Chabrillan, premier écuyer de Madame la comtesse d'Artois, chevalier de Saint-Louis, gentilhomme de la chambre du Roi ; et de demoiselle Antoinette-Françoise-Marie Nompar de Caumont-la-Force (1).

Le 23 décembre 1823, M. le comte de la Croix de Saint-Vallier obtenait de Louis XVIII, la transmission de sa pairie héréditaire à son gendre, après avoir constitué en sa faveur, un majorat sur demande, conformément aux prescriptions du décret du 1er mars 1808, concernant les majorats.

Malgré leur importance, les intérêts de famille n'absorbaient pas M. le comte de Saint-Vallier. Il se préoccupait aussi beaucoup des affaires politiques, et le 14 janvier 1824, il écrivait de Paris à un de ses concitoyens de Saint-Vallier : « Je vous remercie de ce que vous me mandez de l'opinion du départe-

---

(1) La maison de Chabrillan qui a porté originairement le nom de Guigues et celui de Moreton au xie siècle, a ajouté celui de Chabrillan après avoir échangé, en 1450, avec le dauphin Louis XI, le château de Pierrelatte, contre la seigneurie de Chabrillan.

1077-1080, noble Hugues de Moreton est nommé parmi les témoins de deux transactions intervenues entre les membres de la famille Adhémar.

En 1191, Guigues de Moreton fit partie de la croisade de Philippe-Auguste.

En 1366, Raymond de Moreton se trouvait en Espagne, sous les ordres de Duguesclin; ayant été sommé de rendre un fort qu'il commandait, il fit cette fière réponse qui est devenu la devise de sa maison : *antes quebrar que doblar.* « Plutôt rompre que plier. »

En 1674, Sébastien de Moreton, seigneur de Chabrillan, lieutenant du Roi en Valentinois, fut créé marquis de Chabrillan par lettres patentes du mois d'octobre.

En 1701, César-François Guigues de Moreton, marquis de Chabrillan, colonel du régiment de ce nom, se distingua à la bataille de Fontenay. Maréchal-de-Camp, chevalier de Saint-Louis, il fit ses preuves de cour et monta dans les carosses du Roi.

En 1767, Hippolyte César Guigues de Moreton, marquis de Chabrillan, premier écuyer de Madame la comtesse d'Artois, eut l'honneur de monter dans les carrosses du Roi en 1785. Chevalier de Saint-Louis en 1814 ; lieutenant-colonel en 1816 ; député de la Drôme en 1815-1816-1824 ; gentilhomme de la chambre du Roi en 1824, il avait épousé, le 18 février 1784, Antoinette-Françoise-Marie Nompar de Caumont-la-Force, et il mourut le 16 décembre 1835.

ment sur nos élections. Je désire y assister et je compte partir d'ici le 15 ou le 16 février. Je passerai vingt-quatre heures à Saint-Vallier et me rendrai à Valence le 23 ou 24 février. Voilà mes projets. Ma santé seule peut les déranger..... Je n'ai plus de fièvre nerveuse, mais j'ai des rhumatismes qui me fatiguent beaucoup. Il serait bien temps que ma vie se fixe enfin ; à mon âge, il est pénible d'être toujours par voie et par chemin. Quand viendra le temps où je ne bougerai plus de ma retraite? J'espère que ce temps n'est pas trop éloigné. »

Hélas ! cette espérance ne devait pas se réaliser. Le 11 mars 1824, M. de Saint-Vallier s'était rendu à Valence pour les élections, auxquelles il attachait cette année-là un très grand intérêt, lorsqu'il fut atteint subitemeent d'un violent accès de fièvre rémittente pernicieuse qui se renouvela le lendemain. Ce jour-là « le danger parut si grand aux médecins, qu'on songea davantage aux secours spirituels qu'aux temporels, et Mgr l'évêque de Valence administra l'extrême-onction à M. le comte de Saint-Vallier, qui succomba le 13 mars ».

Homme de cœur et de bien, M. le comte de Saint-Vallier était doué d'un esprit élevé et plein de charme. Son caractère affable et bienveillant lui avait valu, pendant les jours néfastes de la Terreur, la sympathie et le dévouement de ses concitoyens dont il avait été le seigneur. Sans cesse préoccupé des intérêts de la commune, où il aimait à venir se reposer des fatigues de la vie parisienne, il y était entouré de l'estime et de la respectueuse considération de tous. Aussi sa mort fut un deuil public. Les habitants de Saint-Vallier, et de nombreuses notabilités du département témoignèrent, par leur empressement à assister aux funérailles de M. le comte de Saint-Vallier, combien leurs regrets étaient profonds et unanimes.

Le 23 avril, le Conseil municipal acceptait avec reconnaissance le legs que M. le comte de Saint-Vallier avait fait à l'hôpital d'une rente perpétuelle sur l'Etat de 1.019 fr. et d'une somme de 1.000 francs pour les pauvres sous les charges suivantes : « de payer, à chaque anniversaire de son décès, une somme de 50 francs aux pauvres, de créer un lit pour un malade à la nomination de son héritier, et enfin de verser 100 francs à l'établissement de MM. Thivillier et Bleton, pour l'éducation publique, ou à tout autre établissement pouvant lui succéder. »

Avec M. Jean-Denis-René de la Croix de Saint-Vallier s'est éteinte la branche aînée des Guerre de la Croix de Chevrières, comtes de Saint-Vallier, qui, pendant plus de deux siècles, furent seigneurs de Saint-Vallier, et contribuèrent à sa prospérité. Si les services politiques de M. le comte de Saint-Vallier sont un peu oubliés, le souvenir de sa bienfaisance pour les pauvres, si généreusement continuée par ses descendants, est toujours cher aux habitants de Saint-Vallier. (1)

(1) Des trois frères de M. Jean-Denis-René de la Croix de Chevrières, comte de Saint-Vallier, un seul, Jean-Claude-Marie, né le 1er mars 1758, chevalier de Malte et de Saint-Louis, capitaine de vaisseau, a continué la postérité mâle de la maison de Saint-Vallier. Il avait épousé, en 1801, Bonne-Marie de Gratet du Bouchage, fille de Marc-Joseph de Gratet du Bouchage et de Catherine-Bonne-Marie de Regnault de Parcieu, décédé en 1820. Il a laissé deux fils :

1° Charles-Paul-Gabriel de la Croix de Chevrières, marquis de Saint-Vallier, né le 8 juillet 1803, sous-lieutenant au 1er régiment de carabiniers en 1822. Il passa avec le même grade en 1828, au 2e régiment de cuirassiers de la garde royale, où il servit jusqu'à la révolution de juillet 1830 et mourut le 4 juillet 1865.

2° Bonne-Hubert de la Croix de Chevrières, marquis de Saint-Vallier, né le 24 août 1804, nommé le 16 juillet 1823 sous-lieutenant au 2e régiment de dragons, où il servit jusqu'en 1830, décédé le 13 janvier 1894. Il avait épousé, le 20 mai 1828, Marie-Eléonore-Angélique de Maussion, fille de Thomas-Jean-Antoine de Maussion et de Marie-Anne-Eulalie de Berthoult d'Hautecloque. Deux enfants naquirent de ce mariage :

1° Charles-Raymond de la Croix de Chevrières, comte de Saint-Vallier, né le 27 septembre 1833, ambassadeur en 1872, officier de la Légion d'honneur, est mort le 4 février 1886.

2° Jean-Charles de la Croix de Chevrières de Saint-Vallier, né le 23 novembre 1839, lieutenant au 4e régiment de lanciers, est décédé en 1891. Il avait épousé Stéphanie Dumont, dont il avait eu trois enfants : deux filles, Mesdemoiselles Bonne et Marguerite, et un fils, M. Hubert de la Croix de Chevrières, né en 1871, qui continue la postérité mâle de la maison de Saint-Vallier.

Le 29 janvier 1824, le bureau de bienfaisance du canton de Saint-Vallier a été remplacé par un bureau de bienfaisance spécial pour chaque commune et MM. Monyer, président ordonnateur; Fleury, juge de paix; Fayard, avocat, secrétaire; Berne de Levaux, propriétaire; Falcon Michel, propriétaire, ont été nommés administrateurs du bureau de bienfaisance spécial de Saint-Vallier.

Le 24 août 1824, le maire invite les habitants à célébrer la fête du roi et à faire éclater avec ordre et décence les sentiments d'amour pour sa Majesté et son auguste famille. A cette date, la santé de Louis XVIII donnait de vives inquiétudes et tout annonçait sa fin prochaine. Il mourut le 16 septembre, laissant la France relevée des désastres causés par l'invasion et en possession du régime représentatif; mais l'antagonisme entre les partisans de l'ancien régime et ceux de la monarchie constitutionnelle subsistait toujours. La sagesse du roi n'avait pu que le contenir. Louis XVIII est le seul souverain français, depuis Louis XV jusqu'à nos jours, qui soit mort sur le trône et en France.

SAINT-VALLIER
SOUS LA SECONDE RESTAURATION
Charles X

En succédant à son frère, Charles X déclara vouloir maintenir la charte et employer tout son pouvoir à la consolider pour le bonheur de son peuple. Les premiers actes du nouveau souverain lui valurent la faveur publique, mais elle s'affaiblit rapidement lorsqu'il eut fait présenter les projets de loi sur la fixation de la liste civile, sur le droit d'aînesse, sur le sacrilège et sur le rétablissement de la censure.

Le 20 janvier 1825, le maire de Saint-Vallier rappelle aux habitants que pendant la journée du 21 janvier le deuil général dans le royaume, suivant la loi du 19 janvier 1816, veut que les salles de bal, les cafés, les cabarets, les magasins et les boutiques soient fermés. Le 4 novembre, à l'occasion de la fête du nouveau roi, l'hôtel de ville, la terrasse du château et les fabriques de MM. Chartron sont brillamment illuminés.

En 1826, M. Chartron aîné et M. Monet sont réinstallés, par M. Fleury, juge de paix, le premier comme maire et le second comme adjoint. Le conseil fixe l'alignement de la rue du Fournel et vote une somme de 100 francs pour la confection d'un plan de la ville qui permettra de désigner d'une manière plus fixe les alignements de la petite voirie.

Le 13 août, il déclare qu'il y a lieu, d'après la loi du 24 mai 1825 et l'ordonnance royale du 28 mai 1825, de maintenir et d'autoriser spécialement la maison ou communauté religieuse de la Nativité, établie dans la ville depuis 1824, comme très utile et très avantageuse pour l'instruction chrétienne et l'enseignement des sciences nécessaires aux jeunes filles.

Le conseil municipal déclare aussi que les sœurs de la congrégation de Saint-Joseph existent dans la commune depuis plus d'un siècle, qu'elles offrent de desservir, comme elles le font depuis longtemps, les malades dans l'hôpital de Saint-Vallier; qu'en outre, elles se consacrent à l'éducation première des jeunes filles avec un zèle qui leur a valu les suffrages de l'universalité des habitants; en conséquence, il est d'avis que la congrégation des sœurs de Saint-Joseph de l'hôpital de Saint-Vallier est très intéressante et mérite d'être maintenue et autorisée. Leurs statuts ne sont autres que les constitutions établies par la communauté des sœurs de Saint-Joseph et approuvées par Mgr de Neuville-Villeroy, archevêque de Lyon, le 1ᵉʳ juillet 1729.

L'administration municipale concède, moyennant une somme de 200 francs, un terrain de 8 mètres de longueur sur 7 de largeur, dans le cimetière, à M. le comte de Chabrillan, pair de France, pour élever un monument à M. le comte de Saint-Vallier. C'est la première concession de terrain faite dans le cimetière de Saint-Vallier. L'administration municipale a eu égard dans la fixation du prix, aux libéralités de M. le comte de Saint-Vallier en faveur de l'hospice et des pauvres de la ville, et elle a saisi avec empressement cette occasion d'honorer et de perpétuer la mémoire d'un illustre concitoyen « dont les vertus et les hautes qualités furent toujours chères aux habitants de Saint-Vallier. »

En 1827, le ministre de l'intérieur accorde une médaille d'argent à M. Antoine Lassaigne, professeur de la ville, pour avoir sauvé, au péril de sa vie, un enfant qui se noyait dans le Rhône. Le 4 novembre à l'occasion de la fête de saint Charles, des secours sont distribués aux indigents, à l'issue de la messe, pour se conformer aux intentions du Roi qui préfère le soulagement des malheureux à des dépenses fastueuses et inutiles.

En 1828, MM. Oriol et Blachier obtiennent l'autorisation d'établir une fabrique de poterie de grès sur le territoire de Saint-Vallier, qui permet d'exploiter les belles carrières de grès blanc de la commune de Saint-Barthélemy-de-Vals. Cette fabrique subsiste encore aujourd'hui, et elle occupe un très bon rang parmi les cinq poteries actuelles de Saint-Vallier.

Le 29 novembre 1829, le maire annonce aux habitants le passage de Madame la duchesse de Berry, qui doit avoir lieu le lendemain. « Vous ne manquerez pas, leur dit-il, de témoigner toute la joie que vous inspire la présence momentanée de l'auguste mère du duc de Bordeaux. Ornez vos fenêtres de drapeaux blancs et faites retentir le cri chéri des Français : Vive le Roi ! Vive la duchesse de Berry ! Vive le duc de Bordeaux ! » Le lendemain, les habitants se portèrent en foule sur le passage de Madame la duchesse de Berry, pour la saluer de leurs acclamations.

L'hiver de 1829 devient extrêmement rude et prolongé, la neige tombe à plusieurs reprises, elle ne fond pas et elle ajoute à la rigueur de la mauvaise saison. La suspension des travaux agricoles, la difficulté des approvisionnements, et la cherté du pain, accroissent les souffrances de la population et nécessitent la distribution de nombreux secours aux malheureux. A cette fâcheuse situation des affaires, viennent s'ajouter d'autres préoccupations; au mois de mars 1830, les passions politiques sont vivement surexcitées par l'adresse suivante des deux cent vingt-un députés hostiles au ministère : « Sire, notre loyauté, notre dévouement nous condamnent à vous dire que le concours permanent des vues politiques de votre gouvernement avec les vœux de votre peuple n'existent plus. »

Le Roi répondit : « J'ai annoncé mes résolutions par mon discours d'ouverture de la session ; mes résolutions sont immuables : l'intérêt de mon peuple me défend de m'en écarter. »

Le lendemain, une ordonnance royale prescrivit la dissolution de la Chambre, fixa les élections au 20 juillet, et convoqua les deux assemblées pour le 3 août. La lutte électorale qui devait amener la condamnation de la politique du gouvernement, devint la préoccupation dominante du pays. La prise d'Alger, le 8 août 1830, qui ajouta une page glorieuse à nos fastes militaires, ne rendit pas au gouvernement, la faveur de l'opinion et le Roi fit publier les fatales ordonnances du 25 juillet, pour ressaisir ce qu'il appelait les prérogatives de sa couronne. La Chambre fut dissoute, la liberté de la presse suspendue, la loi électorale modifiée et les collèges électoraux furent convoqués pour les 6 et 13 septembre.

L'opinion publique s'émut de ces mesures, les journalistes de l'opposition, à la tête desquels se trouvaient MM. Thiers, Mignet, Armand Carrel, protestèrent ; la résistance légale s'organisa et la Révolution de Juillet, après trois jours de lutte, s'accomplit aux cris de : Vive la Charte !

Le 3 août, Charles X et son fils, le duc d'Angoulême, signent leur abdication au profit du duc de Bordeaux, et nomment le duc d'Orléans régent, avec le titre de lieutenant-général du royaume. Ces actes arrivent trop tard. Déjà le duc d'Orléans a été investi, le 31 juillet, des fonctions de lieutenant-général, par la réunion des représentants du pays. Le 9 août, en présence des deux Chambres réunies au Palais-Bourbon, le duc d'Orléans jure d'observer fidèlement la Charte constitutionnelle avec les changements exprimés dans la déclaration de la Chambre des députés, de ne gouverner que par les lois, et de faire rendre bonne et entière justice à chacun selon son droit. Charles X n'était pas encore sorti de France, et le règne de Louis-Philippe Ier était commencé.

SAINT-VALLIER
SOUS LE GOUVERNEMENT DE JUILLET

Le 14 août, le nouveau Roi promulgue la Charte « qui sera désormais une vérité », et le 16, le général Lafayette est nommé commandant de toutes les gardes nationales de France, qui se réorganisent rapidement. Ce jour-là, Charles X s'embarquait à Cherbourg et quittait la France pour toujours, emmenant avec lui son petit-fils, le duc de Bordeaux, dont la destinée fut de vivre et de mourir à l'étranger.

Dès le 6 août, la garde nationale de Saint-Vallier s'était formée. Elle avait nommé MM. Raymond Jean-Pierre, Boucod Louis-André, Falcon Antoine, capitaines ; Revol Jean-Louis, adjudant ; Malgontier Claude-Eugène et Collet Claude, sergents-majors. Les cent-vingt hommes qui formaient la garde nationale étaient armés de fusils remis par le garde d'artillerie de Valence. Le 29 août, la garde nationale est réorganisée par l'élection, à laquelle prennent part tous les individus de 20 à 60 ans. M. Boucod Louis-André, chevalier de la Légion d'honneur, est nommé capitaine-commandant, et M. Raymond Jean-Pierre, capitaine : MM. Falcon Antoine, chevalier de la Légion d'honneur, et Collet Claude, sont élus lieutenants ; MM. Ollier Jean-François, et Defrance Constantin, sous-lieutenants ; MM. Reynaud Jean-Jacques et Raynaud Joseph, sergents-majors ; Thonnérieux Nicolas, Luyton Antoine, Malgontier Eugène, Figuet Etienne, Git François, Gaze Antoine, Duval Jean et Champet Louis, sergents.

Pendant que ces élections ont lieu avec entrain, M. Chartron, maire démissionnaire, installe M. Pillon, comme maire, et M. Ithier Jean-François comme adjoint; l'un et l'autre, prêtent serment « de fidélité au roi des Français, et d'obéissance à la Charte constitutionnelle et aux lois du royaume. »

Le 3 septembre, l'assemblée municipale, à l'unanimité, sur la proposition du maire M. Pillon, vote au nom de la commune des remerciements à M. Chartron, ancien maire « pour le zèle et le dévouement qu'il a apportés dans l'administration de cette commune, pendant onze ans, et pour le bien qu'il y a fait. » L'assemblée a invité ensuite M. le maire, à transmettre à M. Chartron, comme preuve de ses sentiments de reconnaissance, une copie de l'acte qui a été dressé de cette décision que tous les membres ont signé. Ce témoignage de reconnaissance si bien mérité ne trouve que des approbateurs parmi les habitants de Saint Vallier.

Quelques jours après, le maire, M. Pillon, l'adjoint, M. Ithier, et les conseillers municipaux : MM. Fleury, Fayard, Gagnière, Boirayon, Motton-Richard, Gaze, Meysonnier et Raymond, prêtent serment de fidélité au roi des Français et d'obéissance à la Charte constitutionnelle et aux lois du royaume. Ils arrêtent ensuite qu'un drapeau sera offert à la garde nationale « si intéressante à raison du bon esprit qui l'anime et des services qu'elle peut rendre. »

Le 5 octobre, la garde nationale se réunit dans le pré Bergeron, et un détachement se rend à l'Hôtel de Ville pour faire escorte au conseil municipal. Arrivé auprès des gardes-nationaux, M. le maire leur remet le drapeau offert par la municipalité et reçoit leur serment de fidélité au Roi et d'obéissance à la Charte constitutionnelle. A deux heures, un banquet réunit dans les vastes entrepôts de grains de M. Blachier, toutes les autorités, et tous les gardes nationaux. Trois coups de canon annoncent le toast porté au Roi par M. le maire. Ce toast est vivement applaudi et la fête se termine par le chant de la

Marseillaise, par un feu d'artifice tiré sur le Rhône, et par une brillante illumination de la ville.

Le 17 octobre, la Charte est publiée à la sortie de la messe paroissiale, sur le perron de l'église, par M. le maire, assisté du conseil municipal. La Révolution de Juillet a été acceptée avec faveur par la majorité des Français, mais, comme toutes les révolutions, elle a pour résultat momentané une perturbation qui a alarmé les intérêts et suspendu le travail. Le gouvernement s'est empressé de présenter aux Chambres un projet de loi l'autorisant à prélever un crédit de 5,000,000 de fr. à distribuer aux ouvriers nécessiteux. Les besoins étaient considérables et la commune de Saint-Vallier ne put obtenir qu'un modique secours de 150 francs sur les 12,000 francs alloués au département de la Drôme, pour donner du travail aux ouvriers pauvres.

Le 1er mai 1831, la fête du Roi « qui a apporté avec lui au trône, la raison, la sagesse et l'amour de la patrie », est célébrée. La garde nationale est passée en revue et elle assiste à dix heures, à une messe solennelle ; des comestibles sont distribués aux pauvres et, le soir, plusieurs maisons sont illuminées. L'anniversaire des trois grandes journées est célébré le 27 juillet, par un service funèbre pour les victimes qui ont succombé en combattant pour la liberté, et le 28, une grand'-messe est chantée, pour implorer l'assistance divine en faveur de la France. La garde nationale assiste en arme à cette messe qui est suivie d'une distribution de comestibles aux indigents ; un mât de cocagne et un tir à la cible remplacent les danses publiques d'autrefois.

La loi du 21 mai 1831, tout en conservant la distinction du conseil municipal, qui délibère, et du maire qui exécute, a rendu la nomination du conseil municipal aux citoyens. C'est parmi les membres de ce conseil, ainsi élus, que le maire et l'adjoint sont nommés par le Roi, dans les communes de trois mille habitants et au-dessus. Le 29 septembre, M. Pillon installe le conseil municipal élu, qui se compose de MM. Ithier,

Gagnière, Raymond, Boucod, Fleury, Boirayon, Rufin, Chartron, Fayard, Malgontier, Fauvet, Grangon, Bonamy et Gaze.

Malgré la vigilante fermeté du ministre de l'intérieur, Casimir-Périer, qui rallie à lui tous les partisans de l'ordre et de la paix, l'agitation du pays ne se calme pas, les émeutes se renouvellent sans cesse; à Lyon, la concurrence étrangère ayant obligé les fabricants de soierie à baisser leurs prix, les salaires furent diminués. Dans cette situation, les ouvriers réclamèrent un tarif, que le préfet, M. Bouvier-Dumolard, crut pouvoir leur accorder. Les fabricants, après avoir protesté sans succès, suspendirent leurs commandes et, le 21 novembre 1831, une formidable insurrection de la population ouvrière de Lyon, qui avait inscrit sur son drapeau, la déchirante et terrible devise : « Vivre en travaillant ou mourir en combattant », éclata et effraya la France. Après une lutte qui dura trois jours, les ouvriers insurgés restèrent maîtres de Lyon pendant dix jours sans que les meneurs républicains pussent changer cette insurection en révolution. Le ministère Casimir-Périer concentra des forces considérables autour de Lyon, et le maréchal Soult, ministre de la guerre, et le duc d'Orléans, entrèrent dans la ville sans trouver aucune résistance. L'ordre fut rétabli, la garde nationale dissoute, et le tarif que les ouvriers avaient obtenu du préfet, M. Bouvier-Dumolard, fut annulé. D'abondants secours furent distribués et les affaires de la fabrique lyonnaise reprirent une activité qui permit aux habitants des communes séricicoles d'obtenir de la récolte des cocons un prix plus rémunérateur.

Quelques mois plus tard, le 7 février 1832, M. Ithier est installé comme maire et M. Rufin comme adjoint. M. Pillon, dont la santé ne lui permet pas de remplir plus longtemps les fonctions de maire, prête serment comme conseiller municipal. Avant de clore la session, le conseil municipal consigne sur le registre de ses délibérations « la prière faite à M. Pillon d'agréer les témoignages de satisfaction et de reconnaissance de tous les habitants de Saint-Vallier pour la sagesse qui a présidé à tous les actes de son administration. »

Le 31 mai, le maire fait publier l'avis suivant : « Le prince royal, celui qui est appelé à succéder au roi, doit demain, dans la matinée, traverser notre ville. Nous en avons l'avis officiel. Nous devons, dans cette occasion mémorable, par un élan spontané, témoigner à notre roi citoyen, dans la personne de son fils, combien nous sommes pénétrés de reconnaissance de tous les bienfaits dont son règne nous a fait jouir jusqu'à ce jour. Nous sommes en paix avec nos voisins, notre nation tient un rang distingué parmi les grandes nations; les ennemis de nos institutions sont impuissants. Notre commerce reprend son activité et nous promet ses avantages. On voit briller, dans le prince, avec l'éclat de la jeunesse, la sagesse et les vertus qui distinguent le roi des Français. Élevé parmi nous en simple citoyen, il s'est identifié avec la nation, il connaît les institutions et n'oubliera jamais surtout que le culte des Français pour les institutions libérales qu'ils se sont données est porté jusqu'à l'idolâtrie.

« Les habitants sont invités à pavoiser leurs maisons de drapeaux aux couleurs nationales, à balayer et arroser la grande rue. La garde nationale prendra les armes pour aller au-devant du prince, et chacun de ses membres se fera remarquer par sa propreté et sa belle tenue. »

Les habitants répondirent avec empressement à cet appel. La bonne grâce et le langage plein de cordialité et d'à propos du prince lui valurent un accueil enthousiaste.

Le 27 juillet 1832, anniversaire des Journées de Juillet, fut célébré avec les mêmes solennités que l'année précédente. De plus, il donna lieu à un banquet patriotique par souscription et à un bal champêtre.

Les arrêtés relatifs à la fermeture des cafés et des cabarets étant sans cesse éludés, le conseil municipal ordonne que les cafés et les cabarets seront fermés à onze heures du soir, du 1er avril au 1er octobre, et à dix heures pendant les autres mois.

En outre, l'heure de l'évacuation de ces établissements publics sera annoncée par la cloche de l'église les dimanches et les jours de fête.

Le 19 novembre, le roi est l'objet d'un attentat au moment où il se rend au palais Bourbon pour présider à l'ouverture des Chambres. Le conseil municipal se fait l'interprète des sentiments de ses concitoyens en envoyant au roi l'adresse suivante : « Sire, l'horrible attentat du 19 novembre est allé jusqu'au fond de nos cœurs porter l'effroi et l'indignation. C'est contre la France entière que le coup était dirigé, car la fortune de Votre Majesté est la fortune de votre dynastie. Puisse l'expression de notre douleur adoucir les tourments que cause à Votre Majesté cette couronne pesante qu'on a placée sur son front pour le salut de la Patrie! Qu'elle compte sur l'amour des Français ; leur reconnaissance et l'admiration de la postérité lui sont assurées : récompense des grandes âmes et seul prix de ce que coûtent à son repos les soins qu'elle donne à notre bonheur. L'esprit de parti, ce monstre aveugle, né des factions, expire en France, et la raison reprenant son empire doit nous réunir tous par amour et par intérêt sous le gouvernement juste d'un roi franc et loyal. »

Dans la vie de chacun, il y a une date plus ou moins fatale que rien ne peut faire oublier. Le 23 février 1833, bien jeune encore, j'avais le malheur de perdre mon vénéré père qui était enlevé, après quelques jours de maladie, à l'affection de sa famille. Sa vie entière s'était écoulée dans sa ville natale où il avait exercé successivement les fonctions de juge de paix et de commissaire du pouvoir exécutif et les professions d'avocat et de notaire. L'estime et la confiance de ses concitoyens l'avaient en outre investi du triple mandat, sans cesse renouvelé, d'administrateur de l'hôpital, de membre du bureau de bienfaisance et de conseiller municipal, qui lui avait permis de coopérer d'une manière utile à l'administration des affaires de la commune et au soulagement des pauvres et des malades.

La douleur que me causa la mort de mon père fut rendue

plus amère par le regret de n'avoir pu assister à ses funérailles. Le deuil fut conduit par mon oncle, M. Duplan, président du tribunal de Valence, et par mon beau-frère M. Coste, que suivait une assistance considérable escortée par la garde nationale. C'est dans cette cruelle situation que je rejoignis ma famille. Les témoignages d'intérêt qui me furent alors prodigués par de nombreuses personnes de Saint-Vallier et des communes voisines, me prouvèrent combien mon père était vivement regretté et j'en fus profondément touché. Le temps n'efface pas le souvenir de témoignages aussi précieux. Plus de soixante années déjà se sont écoulées et ils me sont toujours chers.

Le 27 février 1833, les administrateurs de l'hôpital se réunirent et le président M. Fleury leur rappela « que l'honorable M. Fayard, qui fut si longtemps et si utilement membre de la commission, étant décédé le 23 février, il était instant de pourvoir à son remplacement. » La commission arrêta, à l'unanimité, qu'elle présenterait à M. le Préfet trois candidats : 1° M. le Comte Alfred de Chabrillan, pair de France; 2° M. Raphaël-François-Victor Chartron, négociant; 3° M. Pierre-Joachim Gagnière, médecin, et le 22 mars elle installa M. Gagnière qui avait été nommé par M. le Préfet.

A cette époque, il n'existait à Saint-Vallier qu'un bac pour traverser le Rhône et les relations avec le Vivarais étaient difficiles et peu suivies. La municipalité, préoccupée depuis longtemps de cet état de choses, ayant émis à la fin de l'année 1832 un avis fortement motivé sur l'utilité de l'établissement d'un pont en fil de fer sur le Rhône au nord de la maison de l'aubergiste Falcon, cet avis ne tarda pas à être adopté par l'administration supérieure et, le 25 septembre 1833, M. Giraud, d'Annonay, devint adjudicataire du pont en fil de fer sur le Rhône qui a été livré au public le 13 août 1835 et rendu gratuit, en 1886, après l'annulation des élections conservatrices de l'Ardèche de 1885.

Le 16 septembre 1833, en exécution de la loi du 28 juin

précédent sur l'instruction primaire, qui comprend l'instruction morale et religieuse, la lecture, l'écriture, etc., le conseil municipal décide qu'il n'y aura qu'une école primaire élémentaire des garçons et qu'elle sera installée dans la maison départementale au sud de la caserne de la gendarmerie.

Malgré tous les efforts du gouvernement pour donner satisfaction aux intérêts moraux et matériels, de nouveaux désordres se produisent dans plusieurs parties de la France. Au mois d'avril 1834, une insurrection, plus grave que celle du mois de novembre 1831, éclate à Lyon. Du 9 au 13 avril, cette ville est livrée aux horreurs de la guerre civile. En même temps, des soulèvements ont lieu à Saint-Etienne, à Vienne, à Grenoble, à Marseille et à Paris. A Lyon, la querelle des ouvriers en soie avec les fabricants ne fut qu'une occasion. La lutte avait été organisée par les sociétés secrètes et elle eut des conséquences désastreuses qui se firent vivement sentir dans les départements séricicoles et notamment dans celui de la Drôme.

Le 1er juin 1834, le maire procède à la reconnaissance des chefs de la garde nationale nommés aux élections triennales. Les fêtes à l'occasion de l'anniversaire des journées de juillet comprennent, comme les années précédentes, un banquet à Champis, mais peu de gardes nationaux s'y rendent. Le 22 décembre, le maire en exercice, M. Ithier, installe le nouveau maire M. Rufin, l'adjoint M. Figuet et les conseillers municipaux nouvellement élus : MM. Raymond, Chartron aîné, Bonneton, Cluas, Boirayon. M. le comte de Chabrillan, retenu à la Chambre des pairs, n'est installé que le 15 juin 1835.

Dès le 2 février 1835, l'administration municipale s'était occupée de l'organisation d'une compagnie de sapeurs-pompiers volontaires qui était vivement réclamée depuis longtemps par tous les habitants. La fête du roi et l'anniversaire des journées de juillet sont célébrées avec moins d'entrain que les années précédentes et il n'y a ni banquet, ni bal champêtre.

Le maire M. Rufin décède, et M. Figuet, adjoint démissionnaire, procède, le 28 septembre 1835, à l'installation de M. Ithier, maire, et de M. Cluas, adjoint.

Le 13 avril 1836, le conseil municipal, assisté des plus forts imposés, arrête que l'école primaire communale des garçons sera dirigée par trois frères des écoles chrétiennes, qu'une maison d'école sera construite et qu'il sera pourvu aux dépenses de cette construction par une imposition additionnelle aux quatre contributions directes de la commune. Cette imposition, qui s'élève à 6.000 francs, sera recouvrée de 1837 à 1839, sous la condition que le surplus de la dépense sera supporté par le gouvernement. En même temps, le conseil municipal nomme une commission qui doit, de concert avec le maire, assurer l'exécution de ces mesures. M. Florent Baboin est élu président de cette commission et il s'occupe activement de compléter, par des souscriptions, les ressources nécessaires pour la prompte réalisation de ce projet.

La création d'une place agréable et commode pour la tenue des foires et le stationnement des équipages de passage devient chaque jour plus nécessaire. Le conseil municipal s'en préoccupe, et le 21 mai 1836 il sollicite du gouvernement l'autorisation d'acquérir de l'hospice, moyennant 1.100 francs de rente annuelle, la terre appelée le champ-de-mars, d'une contenance de 91 ares 28 centiares, dont le prix de ferme est de 780 francs. L'estimation du champ-de-mars est fixée à 21.000 francs, et l'administration municipale offre de servir une rente perpétuelle de 1,100 francs. Cette offre est acceptée et l'autorisation demandée est accordée. Dès que la vente est réalisée, la commune revend des emplacements au champ-de-mars pour 1.500 francs de rente rachetable au denier vingt.

Les recettes de la fabrique étant très faibles, le 14 avril 1837, un arrêté du maire défend d'introduire des chaises et des bancs dans l'église sans avoir préalablement payé le prix de location. C'est en 1837 que la sonnerie de l'église a été complétée par un bourdon portant l'inscription « *Sanctœ Joannes* — cloche donnée par M. Frugier — 1837 — parrain, M. de Chabrillan ; marraine, Marie-Louise de Mazenod ».

Le 6 mai 1837, les habitants de Saint-Vallier se pressaient aux funérailles de M. Jean-Michel Raymond père, qui était si justement estimé et aimé de tous. Destiné d'abord à la carrière de médecin, il fut reçu docteur à la faculté de Montpellier en 1776, mais sa passion pour la chimie le détermina à aller étudier cette science à Paris. En 1793, un arrêté du Comité de salut public lui conféra la mission d'inspecteur des poudres et salpêtres dans les départements du Midi. A son retour, il se rendit de nouveau à Paris pour suivre les cours de l'école normale, qui venait d'être ouverte, et il devint successivement préparateur à l'École polytechnique, répétiteur de chimie à l'École centrale établie à Tournon et titulaire de la chaire de chimie appliquée à la soierie que venait de fonder la ville de Lyon. Il professa avec une rare distinction et rendit d'importants services à la teinturerie lyonnaise.

L'invention d'une couleur bleue, unie, brillante, égale et inaltérable lui valut, en 1811, une somme de 8.000 francs à titre de récompense du gouvernement. En 1815, il renonça à sa chaire de professeur de chimie à Lyon pour diriger à Saint-Vallier un établissement de produits chimiques dans le château des Rioux, et à l'Exposition de l'Industrie, en 1819, il reçut une médaille d'or et la décoration de la Légion d'honneur.

Pendant les dernières années de sa vie, M. Raymond, qui aimait les lettres, publia un essai sur le jeu et les souvenirs d'un oisif. Ces deux ouvrages, dans lesquels on retrouve les qualités du cœur et de l'esprit de M. Raymond, furent fort appréciés par ses lecteurs.

La loi du 21 mai 1836, sur les chemins vicinaux, qui ordonne le classement de ces chemins, est venue remédier à un mal senti depuis longtemps, et le conseil municipal s'empresse de demander, le 29 juin 1836, que le chemin de Saint-Vallier au Grand-Serre soit classé parmi les chemins vicinaux de grande communication, s'il ne peut pas être de suite déclaré route départementale. Les démarches n'aboutissent malheureusement pas et le conseil municipal déclare, le 15 mai 1837, qu'il n'y a pas lieu de voter aucune contribution pour les chemins vicinaux de la commune, les revenus ordinaires étant suffisants.

La commune d'Anneyron ayant fait des démarches pour être érigée en chef-lieu d'un canton, composé des communes de Moras et d'Albon, le conseil municipal de Saint-Vallier déclara s'y opposer. Il fit valoir que cette création présenterait des inconvénients pour la distribution de la justice, pour les dépenses publiques, et il ne fut donné aucune suite à la demande de la commune d'Anneyron.

Le 12 octobre 1838, la taxe de la viande de boucherie a été supprimée, et elle n'a pas été rétablie depuis. Quant à la taxe du pain, elle n'a cessé qu'en 1863.

La grande route, dans une partie de la ville, est étroite et tortueuse. Sur la place de l'Orme quelques maisons forment un angle très aigu qui rend la circulation difficile et dangereuse. La commune, avec le concours de l'Etat, acquiert la maison du maréchal-ferrant Margaron qui fait saillie sur la route et menace ruine depuis que le reculement de la maison voisine de l'aubergiste Boucod a eu lieu. Le tiers du prix d'acquisition de cette maison, mis à la charge de la commune, est fixé à 2,655 francs, et les travaux de démolition sont promptement terminés.

La commune de Ponsas ayant demandé sa distraction de la paroisse de Saint-Vallier dont elle est trop éloignée, le conseil municipal de Saint-Vallier déclare qu'il n'a point à s'y opposer, et elle est ordonnée le 21 septembre 1838. A cette date la commune de l'Aveyron avait cessé depuis plusieurs années déjà de faire partie de la paroisse de Saint-Vallier.

En 1839, le conseil municipal accepte avec reconnaissance un legs de deux mille francs fait aux pauvres par Mme Louise de Moreton de Chabrillan, épouse de M. Joseph-Gabriel de Lafayolle. Il crée une quatrième foire le dernier lundi du mois de juillet et il sollicite de M. le Préfet, l'établissement d'un débarcadère et la révision du tarif des bateaux à vapeur qui est de 4 fr. 50 c. de Lyon à Andance et de 7 fr. 50 c. pour Saint-Vallier, quoique Saint-Vallier soit seulement à une lieue plus loin de Lyon.

Les derniers jours du mois d'octobre 1840 sont marqués par des pluies diluviennes et continues qui causent une inondation désastreuse. Elle atteint son apogée le 3 novembre. Ce jour là non seulement les terres de la buissonnée et les prairies de la brassière sont couvertes de plusieurs mètres de sable et de gravier, mais une partie du territoire a été emporté par le Rhône qui a détruit la digue située en amont et qui s'est creusé un lit large et profond. La plaine de la brassière, naguère si belle et si fertile, offre l'aspect le plus triste et le plus sauvage. On n'aperçoit de toute part que des arbres déracinés, des cailloux amoncelés, des terres ravinées, des canaux comblés, des murs renversés, des constructions en pisé écroulées.

Le quartier du pont offre un aspect plus triste encore. Le 1er novembre, sur les 11 heures du soir, la digue de la buissonnée dominait encore le Rhône de plusieurs pieds, aussi les habitants de ce quartier restèrent sans crainte dans leurs demeures, mais les eaux de Galaure enflées par la pluie qui tombait depuis quatre jours étant refoulées par le Rhône s'élevèrent rapidement et couvrirent toute cette partie de la ville. Plus de quatre-vingts maisons furent subitement envahies par les eaux et leurs malheureux habitants durent, dans une angoisse profonde, attendre le jour pour connaître tout le danger de leur affreuse position. L'autorité s'empressa d'organiser un service de bateaux pour porter secours à ces infortunés et faciliter leur déménagement. Pendant plus de trois semaines ils ne purent rentrer dans leurs maisons qui étaient gravement détériorées, et remplies d'une vase épaisse et fétide.

Les communications étaient devenues impossibles avec le Midi et l'Est. La route royale était couverte de plusieurs mètres d'eau et les éboulements de terrain survenus dans la Gorge de Galaure, rendaient les abords de Saint-Vallier impossibles de ce côté. On dut établir un bac à Champis, pour arriver aux fabriques de MM. Chartron. Le Rhône envahit le rez-de-chaussée des maisons du quai. Il atteignait la clef de voûte du pont en pierre et submergeait la passerelle en fil de fer établie sur la Galaure, lorsque, très heureusement pour la ville, la chaussée de la rive droite du pont sur le Rhône s'étant rompue en plusieurs endroits le courant put s'étendre du côté du Vivarais et perdre de sa violence contre Saint-Vallier.

L'autorité prit des mesures pour que les approvisionnements devenus difficiles ne fussent pas ralentis, et la bienfaisance d'un grand nombre de personnes charitables dispensa de faire des quêtes et d'ouvrir des souscriptions. Chacun s'efforça de venir en aide aux victimes de l'inondation. Dans cette circonstance calamiteuse la famille de Chabrillan recueillit tous les pauvres sans asile du quartier du pont. Ces malheureux au nombre de soixante-cinq reçurent pendant un mois l'hospitalité la plus large et la plus bienveillante. De son côté, le Clergé se montra plein de zèle et de charité pour les pauvres qui s'adressèrent à lui et un homme généreux, M. Cécilion, avoué à Grenoble, sur le récit des désastres causés par l'inondation à sa ville natale, s'empressa d'adresser au maire de Saint-Vallier une somme de deux cents francs pour les inondés indigents de la commune.

Dès que l'inondation entra dans sa période de décroissance un nouveau service de bateaux fut organisé pour sauver les épaves qui se trouvaient arrêtées dans la plaine, et le 30 novembre 1840, une commission composée de MM. Falcon, Buisson, Servient et Veilleux, fut nommée pour constater les pertes causées par l'inondation.

Vingt jours après, en vertu d'une lettre de M. le préfet, du 5 décembre 1840, les propriétaires de la Buissonnée se réunissent au nombre de 174 à l'effet de délibérer : 1º sur le mode de prélever et de répartir la portion de la dépense pour le rétablissement de la digue du Rhône, qui sera laissée par le Gouvernement à la charge des intéressés ; 2º de compléter par la nomination de quatre syndics et de deux suppléants, le syndicat des propriétaires intéressés qui a été élu le 25 avril 1819.

M. le marquis de Chabrillan, pair de France, M. Chartron, négociant, M. Régis Roussel, greffier de la justice de paix et M. Ennemond Fayard, avocat, sont élus au scrutin secret pour remplacer avec M. Ithier, maire, les membres décédés ou démissionnaires de l'ancien syndicat. M. Veilleux, géomètre à Saint-Vallier et M. le vicomte de Flotte, ancien officier de marine, compléteront les suppléants élus en 1819.

Le syndicat se met résolument à l'œuvre, mais il se trouve entravé pendant plusieurs mois par le retard que l'administration apporte dans le projet de reconstruction de la digue de la Buissonnée.

Le 26 mars 1841, le conseil municipal procède à la nouvelle installation de M. Ithier, maire et de M. Falcon, adjoint. Cinq mois après, le maire présente trois Frères de la Doctrine chrétienne, pour instituteurs primaires. Il fait observer qu'il n'y a pas lieu de s'occuper de dresser les listes des élèves pauvres, parce que l'école doit être complétement gratuite et que tous les enfants indigents de la commune y sont admissibles.

Le 3 septembre 1841, le Ministre des Travaux publics, approuve le projet de reconstruction de la digue de la Buissonnée, dont la dépense est évaluée à 69,260 fr. 70 c. et dont les deux tiers doivent être supportés par les propriétaires riverains. En outre les terrains nécessaires à l'assiette de la digue seront livrés gratuitement à l'administration.

Ces conditions étant fort onéreuses pour les propriétaires des terrains qui ont beaucoup souffert de l'inondation de 1840, ils se réunissent, le 31 octobre 1841, au nombre de 134 sur 174, pour aviser au parti qu'il convient de prendre. 34 membres refusent personnellement de concourir à la dépense pour quelque quotité que ce soit. Ils se fondent sur leur malheur et surtout sur ce que le rétablissemeut de la digue est indispensable pour le hallage du Rhône ; les autres membres de l'assemblée déclarent que pour préserver le territoire de la Buissonnée il faut s'entendre avec le Gouvernement et ils chargent le syndicat de fixer avec l'administration la part contributive des propriétaires intéressés à la condition que cette contribution sera bien moindre que celle demandée par le Ministre des travaux publics.

Le 29 novembre 1841, le syndicat avait exposé à l'administration l'état de détresse et de désolation de la malheureuse commune de Saint-Vallier, causé par les pluies dévastatrices de 1840, lorsque, le 5 décembre 1841, les eaux de la rivière de Galaure étant refoulées par une crue du Rhône, les jeunes gens de la ville organisent un concert sur la rivière dans la partie comprise entre le pont de pierre et le parc de M. de Chabrillan: Les habitants se portent sur la passerelle pour entendre la musique et s'y pressent en si grand nombre, que les amarres, qui ont été atteintes un an auparavant par l'inondation, cèdent. La passerelle s'écroule, entraîne dans sa chute plus de 150 personnes et la fête se termine brusquement par une scène de cris et de désespoir. Plusieurs personnes sont blessées et, malgré les plus généreux efforts, toutes les victimes de cet accident ne peuvent être sauvées. Trois jeunes filles étaient asphyxiées lorsqu'on parvint à les retirer de la rivière.

Le syndicat s'empresse de signaler à l'administration ce nouveau désastre, plus cruel que celui de 1840, et il offre une somme fixe et invariable de 12,000 francs pour tout contingent des intéressés dans les dépenses de reconstruction de la digue, et à condition qu'elle sera élevée au-dessus des plus hautes eaux connues.

Le 23 décembre 1841, M. le Préfet informe M. le maire qu'il a adressé à M. le Ministre des travaux publics toutes les délibérations relatives à la digue de la Buissonnée et qu'il a appelé toute sa sollicitude sur la réclamation du syndicat qui lui paraît devoir être accueillie en raison de la position malheureuse où se trouvent placés les propriétaires de la Buissonnée par l'effet des débordements successifs du Rhône.

L'offre des syndics fut acceptée par l'administration et les travaux de rétablissement de la digue de la Buissonnée ne tardèrent pas à être commencés.

La suppression de la passerelle rend difficiles les communications entre le centre de la ville et le quartier des Usines. Une souscription est ouverte et le conseil municipal en complète le produit par le vote d'une somme de 2,000 francs nécessaire pour le rétablissement de la passerelle si malheureusement écroulée quatre mois auparavant.

Le 13 juillet 1842, la mort du duc d'Orléans, causée par une chute de voiture, produit une impression de profonde douleur et de vifs regrets dans toute la France. Le prince royal, en qui se concentraient tant d'espérances, avait su mériter une grande popularité et était très aimé de l'armée. Le conseil municipal s'empresse d'envoyer au roi l'adresse suivante : « Sire, le conseil municipal, en apprenant la mort si déplorable de Son Altesse Royale Mgr le duc d'Orléans, a été saisi de la plus profonde douleur. Il a compris l'étendue du malheur qui met la France dans le deuil et la consternation, ainsi que l'immensité des angoisses qui brisent votre cœur paternel, celui de notre Reine vénérée et qui accablent votre royale famille. Le prince, dont nous déplorons la perte, s'était concilié tous les cœurs, et la nation plaçait en lui ses plus justes espérances d'avenir. Sire, la France, en s'associant à vos justes douleurs paternelles de toute l'énergie de ses regrets, espère en alléger le poids. Heureuse si, par son respect et son dévouement, elle parvient à ce but si ardemment désiré. »

Le 2 juillet 1842, le conseil municipal accepte deux legs faits en faveur des pauvres de la commune : l'un de 400 fr. par Mlle Des Blains, l'autre de 1,100 fr. par M. Pierre Espinasse-Seigle. En 1843, il approuve l'établissement par le sieur Bador d'un débarcadère pour les bateaux à vapeur. Il accepte deux legs : l'un de 3,000 fr. fait à l'hospice, par Madame Alix Bajard-Nublat de Labretonnière, épouse de M. de Monicault, l'autre de 5,000 fr. par M. Chartron, Etienne-Victor, pour l'entretien des frères de la doctrine chrétienne. M. Victor Chartron était décédé à Lyon le 10 février 1841, à l'âge de 59 ans. Très heureusement doué pour les affaires industrielles et commerciales, il avait établi, avec son frère aîné, une filature de cocons et une fabrique de tissus de soie dans l'ancien couvent des Picpus dont il était devenu propriétaire en 1816. Cette fabrique assurait du travail à plus de trois cents ouvrières de Saint-Vallier ou des communes voisines, et elles étaient l'objet d'une sollicitude active et bienveillante.

La prospérité de la maison Chartron fut rapide et considérable. La supériorité de ses produits lui valut plusieurs médailles de bronze, d'argent et d'or. En 1838, lors de l'Exposition industrielle nationale qui eut lieu à Paris, M. Victor Chartron reçut la croix de la Légion d'honneur. Cette haute distinction était la juste récompense des améliorations qu'il avait su apporter dans l'ouvraison de la soie du pays. Aimé de tous, il a laissé après lui de profonds regrets dans le souvenir des habitants de Saint-Vallier et de tous ceux qui l'avaient connu.

Le 2 septembre 1843, le maire installe les nouveaux conseillers municipaux : MM. Falcon, Chartron François, Garnier, Seigle jeune, Fayard Ennemond, Cartelier, Figuet, Boucod oncle, Poncin, Amodru, Turc et Bador. Deux mois après, le conseil municipal procède à l'installation du maire, M Ithier, et de ses deux adjoints, MM. Boucod et Sollier.

En 1844, le conseil municipal vote la création d'une salle d'asile et demande un secours de 4,000 fr. au gouvernement pour la faciliter. L'importance des marchés qui ont lieu le jeudi de chaque semaine, augmente notablement, et le conseil municipal établit en 1845 un tarif pour la location des places occupées par les marchands sur la voie publique les jours de foires, marchés et vogues.

Le 21 mars 1846, l'assemblée des conseillers municipaux et des plus forts imposés, après avoir entendu un rapport du maire sur l'état des édifices publics de la commune, déclare que la maison commune est dans un état de ruine, qu'elle est très incomplète, incommode, irrégulière et tout à fait insuffisante pour les divers services publics auxquels doit pourvoir un édifice de cet ordre ; que les prisons, qui se trouvent enterrées au-dessous de ce bâtiment, outre leur insalubrité meurtrière, présentent si peu de solidité, que beaucoup d'évasions de prisonniers ont eu lieu, et qu'on en craint toujours de nouvelles malgré la surveillance du gardien.

L'assemblée décide ensuite qu'il est nécessaire, avant de s'occuper des autres édifices communaux, et sans rien préjuger quant à ce, de reconstruire, le plus tôt possible, la maison commune conformément aux plans et devis dressés par l'architecte Thevenet. En conséquence, elle arrête que, pour pourvoir à la dépense nécessitée par cette reconstruction, un emprunt de 15,000 fr. sera fait à la Caisse des Dépôts et Consignations, et une imposition extraordinaire et annuelle, pendant six ans, de 2,500 fr. sera ajoutée au principal des quatre contributions directes de la commune.

Les élections triennales pour le conseil municipal donnent lieu, le 28 septembre 1846, à l'installation de MM. Joannin, Buisson, marquis de Chabrillan, Bonneton, Sollier, Guillot, Boucod, Fabre, Ithier, Poncin, Gondin, Servient, et, le 13 novembre, à la réinstallation de M. Ithier, maire, et de MM. Boucod et Sollier, adjoints.

Le traitement des trois frères de la doctrine chrétienne est fixé à 1,800 francs. Il leur sera alloué en outre une indemnité de 100 francs pour le chauffage de l'école. M. Chartron aîné, qui est toujours empressé de contribuer aux œuvres utiles, fait donation d'une rente de 150 francs pour l'école communale des frères.

C'est en 1846 que Saint-Vallier a pris le surnom de sur-Rhône.

La récolte des grains a été très mauvaise cette année-là et elle a eu pour résultat un renchérissement considérable de toutes les denrées. Beaucoup d'ouvriers se trouvent sans travail. Pour leur en procurer des ateliers de charité sont créés et une somme de 600 francs sera employée à l'établissement d'un canal dans la rue de l'Escalier. Les récoltes de l'année 1847 sont trop médiocres pour faire cesser les souffrances des classes ouvrières et un malaise général règne dans le pays. Ce malaise et des scandales judiciaires qui concernent des ministres, des pairs de France, des généraux, de hauts fonctionnaires sont habilement exploités par les ennemis du gouvernement. Ils soutiennent que le pays est insuffisamment représenté par les électeurs censitaires, et que les fonctionnaires doivent être exclus de la Chambre. Ils demandent la réforme électorale et la réforme parlementaire, mais l'optimisme domine dans les sphères politiques et le gouvernement, qui se trouve en parfait accord avec les chambres, croit devoir refuser toute réforme. L'opposition organise la résistance par les banquets réformistes, et la France « qui s'ennuie », suivant l'expression de M. de Lamartine, se laisse entrainer à une révolution que le gouvernement ne sait ni prévoir, ni réprimer.

SAINT-VALLIER
SOUS LA SECONDE RÉPUBLIQUE

La catastrophe du 24 février 1848 s'accomplit aux cris de « Vive la réforme ! », comme la révolution de 1830 s'était faite aux cris de « Vive la charte ! ». De la réforme électorale refusée sortit le suffrage universel. La chute de la monarchie de 1830 qui a donné à la France dix-huit ans de calme et de prospérité, produit une extrême surprise et la proclamation de la République cause une immense inquiétude. Le premier moment de stupeur passé, chacun comprend qu'il faut se rallier au nouvel ordre de choses et les adhésions au gouvernement provisoire républicain lui arrivent de toutes parts. Celle de la ville de Saint-Vallier, du 1er mars 1848, était ainsi conçue. « Electrisée par les grands événements qui viennent d'immortaliser l'héroïque peuple de Paris, la ville de Saint-Vallier est heuseuse de donner son adhésion au gouvernement provisoire républicain. Elle remplit, avec enthousiasme, un patriotique devoir en offrant ses félicitations aux grands citoyens qui se sont dévoués en prenant les rênes du gouvernement de la France, au milieu des dangers de la patrie. La haute sagesse des premiers actes du gouvernement provisoire et l'adhésion franche et spontanée des grands corps de l'Etat et des populations lui donnent la confiance que l'ordre public sera énergiquement maintenu. La providence veille aux destinées de la France. Elle inspirera à ses représentants les grandes et généreuses idées qui assureront enfin au peuple français le bonheur et la liberté. Vive la République! »

Le 12 mars 1848 un banquet patriotique est organisé en commémoration de la proclamation du gouvernement de la République, et le maire recommande à ses concitoyens « d'apporter dans cette fête cet esprit de cordialité et d'ordre qui est l'apanage des habitants de Saint-Vallier et qui est indispensable à la consolidation du nouveau gouvernement ».

Le 28 mars, le conseil municipal s'assemble en vertu de la circulaire du citoyen commissaire du gouvernement provisoire pour le département de la Drôme, en date du 25 dudit mois, qui engage la municipalité à créer des travaux sur les chemins vicinaux pour occuper les ouvriers sans travail et à aviser aux moyens de pourvoir à la dépense. Le conseil municipal constate que les chemins vicinaux n'exigent pas de réparations, que les travaux de l'agriculture sont en pleine activité, que tous les bras peuvent s'y livrer et qu'il n'y a pas lieu de s'occuper en ce moment de l'objet de la circulaire du commissaire du gouvernement provisoire. Cette déclaration reflète les difficultés du moment et la mauvaise impression produite par l'impôt extraordinaire des quarante-cinq centimes sur toutes les contributions directes, décrété par le gouvernement provisoire.

Le 7 mai, le conseil municipal accepte un legs de 1.000 francs fait à l'hospice par M. Fleury, Antoine-Hyacinthe, ancien juge châtelain de Saint-Vallier, de 1782 à la Révolution. Il passa en 1791 au tribunal de district de Romans, fut nommé ensuite député à l'assemblée législative, et devint juge de paix du canton de Saint-Vallier de 1802 à 1835. M. Fleury appartenait à une très ancienne et honorable famille de la bourgeoisie de Saint-Vallier. C'était un homme d'infiniment d'esprit et du plus aimable caractère. Eclairé, bienveillant ; il s'était consacré entièrement à ses modestes fonctions et il était justement entouré de l'estime publique. Frappé de cécité pendant les dernières années de sa vie, il n'avait rien perdu de sa sérénité et sa conversation était toujours pleine de charme et d'intérêt, lorsqu'il mourut le 2 février 1848, âgé de quatre-vingt-douze ans, emportant les vifs regrets des habitants du canton de St-Vallier.

Les ateliers nationaux qui ruinaient la France sont dissous le 23 juin. Une insurrection éclate à Paris et met la société en péril. Elle suscite des actes de bravoure de la part des soldats et le généreux dévouement de l'archevêque de Paris, Mgr Affre, qui est tué sur les barricades par les insurgés au moment où il cherche à les ramener par des paroles de paix. Lorsque l'insurrection fut réprimée, le général Cavaignac, chef du pouvoir exécutif, s'efforça de prévenir les excès qui pouvaient souiller la victoire. Le calme revint et les affaires reprirent une certaine activité.

Les élections municipales du mois d'août comprennent des citoyens appartenant aux diverses opinions politiques. Ce sont M. le marquis de Chabrillan, MM. Sollier, Joannin, Ithier, Luyton, Chartron oncle, Malgontier, Graillat, Raymond, Bonneton, Gondin, Martouret, Combat, Poncin, Belle, Figuet, Meysonnier, Bador, Chartron neveu et Buisson.

Installés le 22 août, ils élisent le lendemain « le citoyen Chabrillan pour maire ; les citoyens Chartron neveu et Sollier pour adjoints et ils votent des remerciments au citoyen Ithier, maire sortant, qui depuis de longues années a administré la commune avec un habile dévouement et un esprit si conciliant. »

Les élections municipales du maire et des adjoints, faites le 23 août, n'ont été que provisoires. De nouvelles élections ont lieu le 1ᵉʳ septembre et M. Chartron aîné, ancien maire sous la restauration, est élu maire. MM. Sollier et Figuet sont ensuite élus adjoints.

Quelques jours après M. Chartron fait afficher la proclamation suivante : « Habitants de Saint-Vallier, j'espérais que les derniers jours que la Providence me réserve seraient consacrés à jouir d'un repos dont, plus que jamais, mon âge éprouve le besoin ; mais en présence des sympathies générales que je dois à la bienveillance dont vous m'avez toujours honoré, devais-je hésiter à me soumettre au vœu d'une population qui a donné à toutes les époques l'exemple de l'ordre et de la modération, qui rendent la tâche de l'administration facile et assurent le succès ? Accepter la mairie, c'est vous dire que l'impartialité et la justice seront la règle invariable de ma conduite, que nulle considération ne pourra me faire dévier de l'engagement que je prends avec moi-même de me dévouer aux intérêts de tous sans exception ni privilège et en ne perdant jamais de vue que je dois un soin spécial aux intérêts des pauvres et au soulagement des classes laborieuses. Plein de confiance dans le concours du conseil municipal, je me plais à reconnaître que les hommes honorables appelés par vos suffrages à partager avec moi le soin des affaires publiques, sont aussi ceux que j'aurais choisi moi-même pour auxiliaires, si j'avais été appelé à les désigner.

« Chers concitoyens, puissé-je, en vous consacrant les dernières années de ma vie, pouvoir dire que j'ai mérité votre confiance et votre estime ».

Le conseil municipal « après avoir entendu avec plaisir la lecture de cette proclamation a déclaré à l'unanimité y donner son entière approbation et s'associer aux sentiments de patriotisme exprimés par M. le maire ».

Dès son entrée en fonctions, M. Chartron a voulu se rendre compte de la position financière de la commune et il a constaté que les travaux en voie d'exécution pour la reconstruction de l'hôtel-de-ville, ne pourraient être continués sans y affecter de nouvelles ressources. La totalité de la dépense, d'après un rapport de l'architecte, devant excéder la somme de 40.000 francs au lieu de celle de 29.896 francs prévue par le devis, la nécessité d'un nouvel emprunt de 15.000 francs s'impose et il est voté, le 21 novembre 1848, ainsi qu'un plan et un devis de l'hospice projeté.

Plus de neuf mois se sont écoulés, depuis la catastrophe du 24 février et l'agitation qu'elle a produite n'est pas encore calmée. L'élection du Président de la République devient la grande préoccupation de la France. Grâce au prestige de son nom, le prince Louis-Napoléon est élu président le 10 décembre, par 5,434,226 suffrages sur 7,327,315 votants. Cette élection presque unanime fait espérer la fin de la situation provisoire dont souffrent tous les intérêts. Pour procurer du travail aux ouvriers, le Conseil municipal de Saint-Vallier, sur la demande du maire, a arrêté, le 8 novembre 1848, que des démarches seront faites à la préfecture afin d'obtenir l'autorisation de reconstruire l'hospice sur un emplacement dépendant du jardin du presbytère.

Le 9 février 1849, le conseil municipal charge M. le marquis de Chabrillan, M. Raymond et M. François Chartron de provoquer des souscriptions pour reconstruire l'église. Un mois après, il arrête que pour ne pas suspendre les travaux de reconstruction de l'hôtel-de-ville, il y sera fait face avec le nouvel impôt de 15,000 fr. voté le 24 novembre précédent.

Après les mouvements insurrectionnels qui éclatèrent le 13 juin à Paris et le 15 juin à Reims, Bordeaux, Lille, Mâcon, Strasbourg, le conseil municipal envoie l'adresse suivante au Président de la République : « Monsieur le Président, à la nouvelle des dangers qui viennent encore de menacer la société, le conseil municipal de Saint-Vallier a l'honneur de vous adresser ses félicitations pour l'énergie et la décision que vous avez montrées dans ces graves circonstances.

« Persistez dans cette voie et comptez complètement sur le concours de tous les Français qui veulent le bonheur, la gloire et l'indépendance de leur patrie. »

Dès le 1ᵉʳ mai, les entrepreneurs et les ouvriers de Saint-

Vallier avaient adressé à M. le maire une pétition pour lui exposer « que depuis longtemps leurs bras, seule ressource de leur subsistance, étaient inoccupés ; que la crise qui a paralysé leur ardeur de travailler a pesé d'une manière bien pénible sur la vie de chacun d'eux et que bientôt leur apparaîtra le dernier morceau de leur pain noir.

« Qu'ils ont appris avec la plus profonde reconnaissance que la charité, cette vertu éminemment française, avait recueilli des dons et souscriptions assez considérables pour ouvrir un chantier de travail, mais qu'ils ont appris aussi que quelques difficultés s'élevaient contre ce projet et qu'ils recouraient au conseil municipal pour provoquer immédiatement les travaux nécessaires à la reconstruction de l'hospice, afin qu'ils puissent tous bientôt être à même de donner par leur travail du pain à leurs familles et un asile aux infirmes et aux vieillards. »

Le nouvel hospice devait être construit moyennant une somme de 30,000 fr., recueillie par MM. de Chabrillan, Raymond et Chartron neveu, et une somme de 10,000 francs à fournir par l'administration de l'hospice ainsi que tous les terrains et matériaux provenant de l'ancien hospice. Une dissidence survenue entre les souscripteurs, relativement à l'emplacement que devait occuper le nouvel hospice, nécessita de nouveaux plans qui furent demandés à l'architecte Thévenet, de Tournon. Ces plans furent adoptés le 31 août 1850, et la commune fit abandon des bâtiments qui joignaient l'hospice pour l'agrandissement de la place.

Le 28 octobre, au moment où ces projets allaient recevoir leur exécution, la mort frappait M. le docteur Gagnière, qui léguait aux pauvres une partie considérable de sa fortune par son testament olographe du 20 mai 1844, ainsi conçu :

« Mon Dieu, ayez pitié de ma pauvre âme ! elle en a bien besoin.

« Inspirez-moi, Seigneur, mes volontés dernières. Je voudrais qu'elles fussent vôtres. J'obéirai du moins à la voix intérieure qui me parle dans la consolante persuasion qu'elle me vient de vous.

« Je donne et lègue à l'hôpital de Saint-Vallier :

1º Le clos que je possède à Saint-Vallier;

2° Mon domaine de la Bellaudière à Châteauneuf ;

3° Plus 20,000 francs pour les revenus du tout, être affectés au soulagement des pauvres. »

M. Gagnière avait ensuite fait de très larges libéralités à ses domestiques, laissé un témoignage de son attachement à ses parents les plus proches, MM. Vital Gagnière et Prosper Fayard, et le surplus de sa fortune à celui de ses héritiers naturels qui avait la plus nombreuse famille. Un dernier legs de 10,000 francs était fait à la sœur Rose, supérieure des Sœurs de Saint-Joseph, dont M. Gagnière, mieux que personne, connaissait les soins et le dévouement pour les malades et qui était entourée de l'estime et de la reconnaissance de tous les habitants de Saint-Vallier.

Les legs considérables faits par M. Gagnière à l'hôpital permettant de modifier les projets de la commune et de leur donner plus d'ampleur, le conseil municipal décide d'abord que, par reconnaissance, il sera accordé gratuitement et à perpétuité un terrain au cimetière pour y établir la tombe de M. Gagnière sur laquelle l'administration de l'hospice veut faire élever un monument funèbre pour perpétuer la mémoire d'un aussi bon et vertueux citoyen, (15 novembre 1850). Cette administration a de plus fait placer dans le vestibule de l'hôpital un buste en marbre de M. Gagnière avec cette inscription en lettres d'or sur le socle : A M. P. Gagnière, *docteur-médecin, bienfaiteur de l'hôpital.*

La dépense pour la reconstruction de l'hôpital doit être de 40,000 fr., celle du presbytère de 30,000 fr., celle de la place et du quai de 10,000 fr., total 80,000 fr. Pour faire face à cette dépense considérable, la commune possède les ressources suivantes, 20,000 de M. le docteur Gagnière, 20,000 fr. de souscriptions, 10,000 fr. de M. Chartron aîné, 8,000 fr. de M. Raymond, 10,000 de l'Etat pour le tiers du devis de 30,000 fr. 1,000 fr. de deux conseillers municipaux, 3,000 fr. de matériaux provenant des démolitions de l'hôpital, total 72,000 fr. déficit 8,000 fr.

Une plan qui nécessiterait une dépense plus considérable pour la reconstruction de l'hôpital a été approuvé par Mgr l'évêque de Valence, auquel il a été soumis par MM. Chartron aîné, Raymond et Figuet; mais la commission du conseil municipal, par l'organe de son rapporteur M. Gondin, propose d'adopter le projet de l'administration de l'hôpital qui réduit la dépense à 50,000 fr. et offre, si cette somme n'est pas absorbée, de remettre l'excédent pour la construction du presbytère. Ce second projet est adopté par le conseil municipal à la majorité de dix voix contre cinq. Les conseillers dissidents demandent alors la poursuite des formalités nécessaires afin d'obtenir l'autorisation de construire l'hôpital sur le jardin du presbytère. L'approbation ministérielle, conforme au vote du conseil municipal, est enfin accordée dans le mois de septembre 1851, et l'adjudication des travaux pour la reconstruction de l'hôpital est tranchée le 4 novembre suivant, au profit des entrepreneurs Rey et Rousset, moyennant le prix de 52,005 fr. 50 c.

M. Gagnière, dont les libéralités permettaient ainsi à la commune de venir plus largement au secours des malheureux, était né à Saint-Vallier, le 30 septembre 1782. Après avoir été un élève des plus distingués de l'Ecole polytechnique, il se sentit entraîné vers la carrière médicale « plus conforme à ses goûts, à ses idées et à cet ardent amour de l'humanité, qui fut le rêve de sa jeunesse et la préoccupation de sa vie entière. » C'était un homme d'un caractère affable, bienveillant, généreux et d'un esprit plein d'aménité, de verve et de finesse. C'était en même temps un médecin très instruit et très habile. Une grande célébrité médicale de Lyon, le docteur Véricel, appelé à Saint-Vallier près d'un malade, exprima hautement qu'il était étonné qu'on eût recours à lui, lorsqu'on avait les soins si éclairés du docteur Gagnière. Recherché de tous, M. Gagnière prodiguait ses soins surtout aux pauvres; sa générosité envers eux était inépuisable et il a voulu leur laisser un souvenir qui recommande sa mémoire à leur reconnaissance, et à celle de tous ses concitoyens.

En 1851 le 15 février, M. Poncin est nommé adjoint en remplacement de M. Figuet démissionnaire. La création d'une salle d'asile dans la construction de l'hôpital est arrêtée et un secours est demandé au Gouvernement pour la réalisation de ce projet. Le conseil municipal alloue une pension viagère de 300 fr. à M. Thivillier, vicaire, qui a rempli ses fonctions sacerdotales avec zèle et abnégation pendant plus de trente ans. Il émet ensuite le vœu que le chemin de fer de Lyon à Marseille soit établi au bord du Rhône dans la traversée de la ville. Ce vœu dont la réalisation aurait préservé la partie basse de la ville de toute inondation, ne devait pas être accueilli parce qu'il était onéreux pour la Compagnie des chemins de fer et repoussé par les ingénieurs de la navigation. Le conseil municipal est plus heureux en ce qui concerne la demande d'un embranchement de chemin de fer à établir de Valence à Grenoble.

Le 24 novembre 1851, le maire, M. Chartron, M. Joannin, adjoint, M. le marquis de Chabrillan, MM. Malgontier et Raymond, premiers conseillers municipaux inscrits au tableau, étaient réunis à l'hôtel-de-ville pour présider au tirage public des obligations de l'emprunt de la ville, lorsque M. Figuet, causant avec M. le Maire, dit publiquement et à haute voix : « je dévoilerai les turpitudes qui ont été commises dans cette affaire. »

M. de Chabrillan ayant demandé à M. Figuet s'il s'adressait à lui, M. Figuet répondit : « Je ne fais aucune désignation particulière, mais je maintiens le mot et cela veut dire tout ce qu'on voudra. »

Avant de donner suite à cette affaire, la commission administrative se réunit le 26 décembre et M. Figuet, sur l'invitation de M. le Maire de se rendre à la mairie pour affaire urgente, se présenta devant la commission. M. le maire lui ayant dit qu'il l'avait mandé à l'occasion du propos tenu par lui le lundi précédent, M. Figuet répondit : « Ah ! c'est pour cela » et il se retira immédiatement.

La commission administrative de l'hospice ne voulant pas rester sous le poids de la grave accusation dont elle avait été l'objet de la part de M. Figuet, dénonça le fait à M. le Procureur de la République. Ce magistrat ne crut pas devoir donner suite à cette plainte et elle fut abandonnée.

Les conflits entre le pouvoir législatif et le pouvoir exécutif entretiennent l'agitation dans le pays qui ne voit pas arriver sans appréhension le terme du mandat du prince Président de la République. Pour mettre un terme à cet état de choses qui s'aggrave chaque jour, le prince Président fait le coup d'état du 2 décembre 1851, et rétablit le suffrage universel. Il convoque le peuple dans ses comices, qui par 7,500,000 suffrages le nomme, les 20 et 21 décembre 1851, président pour dix ans et lui donne tous les pouvoirs pour faire une constitution imitée de celle de l'an VIII. Des troubles éclatent dans quelques départements et celui de la Drôme n'en est pas exempt. La mise en état de siège des départements soulevés qui a été jugée nécessaire pour faciliter le rétablissement de l'ordre et de la paix est levée le 28 mars 1852.

Les travaux de construction de l'hôpital rendent plus évidente la nécessité de reconstruire le presbytère. Le conseil municipal nomme une commission composée de MM. Seigle aîné, de Colonjon, Castilhon, Bleton, vicaire et Gondin qu'il charge de recueillir des souscriptions pour faire cette reconstruction.

Le 15 avril 1852 a lieu la cérémonie de la pose de la première pierre de l'hôpital par le maire M. Chartron, qui s'exprime ainsi : « Messieurs et chers Concitoyens, je suis heureux d'assister, comme magistrat de cette ville, dont les intérêts me sont si chers, à la pose de la première pierre de cet édifice élevé par la munificence de nos concitoyens et de celui que la mort a ravi à l'estime et à la reconnaissance du pays. »

« Ai-je besoin de vous dire, Messieurs, que l'homme éminent que nos regrets ont accompagné dans la tombe, ne pouvait faire un plus bel usage de sa fortune que d'en consacrer une grosse part à une œuvre de charité chrétienne, en contribuant à doter sa ville natale d'un monument destiné au soulagement des infortunes humaines, voulant ainsi continuer après sa mort tout le bien qu'il avait fait pendant sa vie ?

« Pour nous qui avons connu et apprécié ce beau caractère, cette noble et lumineuse intelligence, tout éloge dans notre bouche serait superflu et ne doit laisser de place qu'à l'admiration, mais pour ceux qui dans le cours des âges sont appelés à succéder à la génération présente et parmi lesquels je me plais à inscrire d'avance les mêmes noms qui figurent dans la liste de notre souscription contemporaine, cet édifice aura le privilège d'attester à la fois et la munificence de ses fondateurs et la légitime part que tant de citoyens qui m'écoutent ont aussi le droit de revendiquer.

« Permettez-moi, Messieurs, de me féliciter personnellement d'avoir pu, comme maire, m'associer à vos efforts dans le but de mener à bonne fin, à travers tant de vicissitudes, d'obstacles, de contrariétés de toute nature, une œuvre de bienfaisance et de philanthropie, qui fera époque dans les annales de la ville de Saint-Vallier.

« Puisse ce monument construit sur des ruines, qui attestent de leur côté la prévoyance et la piété de nos pères, fleurir et prospérer sous le patronage de la bienfaisance publique!

« Puisse enfin, cette cérémonie attendrissante pour tous, inaugurer parmi nous une nouvelle ère d'oubli, de conciliation et de véritable confraternité! »

M. le maire en rendant un juste hommage à M. le docteur Gagnière, dont la générosité facilitait la reconstruction de l'hôpital, faisait allusion aux difficultés que l'administration municipale avait éprouvées et qui n'étaient pas encore toutes aplanies. Six des souscripteurs, en effet, convoqués pour assister à la cérémonie du 15 avril, avaient refusé de s'y rendre parce que, disaient-ils, les conditions de leur souscription n'ayant pas été remplies, ils se trouvaient complétement déliés de tout engagement. Un arrêté du conseil de préfecture de la Drôme, ayant déclaré qu'ils étaient dans l'erreur, ils crurent pouvoir persister dans leur refus, mais après le rejet de leur recours au Conseil d'Etat, ils versèrent le montant de leur souscription. Ces dissidences prouvent combien il est difficile de s'entendre même pour faire le bien.

L'hôpital, qui devait être terminé le 12 novembre 1853, ne put être reçu que le 8 septembre 1854 et d'une manière provisoire. Trois jours après, les sœurs de Saint-Joseph en prirent possession et elles prodiguèrent, comme par le passé, leurs soins intelligents et dévoués aux infirmes, aux vieillards et aux malades qui y furent admis. L'inauguration et la bénédiction de la chapelle eurent lieu le 10 octobre suivant.

Quant au procès-verbal de réception définitive des travaux exécutés pour la construction de l'hôpital qui s'élevèrent à 57.102 fr. 54, y compris les honoraires de l'architecte, il ne fut dressé que le 14 novembre 1856.

Reportons-nous un peu en arrière. En exécution de la constitution nouvelle du 14 janvier 1852, les conseillers municipaux prêtent le serment d'obéissance à la constitution et de fidélité au président de la République, le 28 avril 1852, et le 3 août, M. de Chabrillan, premier conseiller municipal en ordre, installe M. Chartron aîné, maire, et MM. Sollier et Joannin, adjoints, nommés par le président de la République. Les conseillers élus sont eux-mêmes installés le 21 septembre 1852, ce sont : MM. Raymond, Chartron François, Bonneton, de Chabrillan, Ithier père, Belle, Luyton, Martouret, Poncin, Sayn, Benoît, Meysonnier, Pichat, Cluas et Oriol. Ils envoient l'adresse suivante au président de la République; « Le conseil municipal, réuni pour son installation, exprime à son Altesse impériale le Président, ses sincères remercîments et sa profonde reconnaissance pour les éminents services qu'il a rendus à la France en comprimant l'anarchie. Il émet, à l'unanimité, le vœu que nos institutions reçoivent la stabilité qui leur permette d'accomplir tout le bien qui est dans son cœur pour le bonheur de notre chère patrie. »

Le conseil municipal ne se borne pas à l'expression de ces vœux. Il vote une somme de 400 francs pour faire face aux dépenses qu'occasionnera l'envoi à Valence de la compagnie des sapeurs-pompiers pour assister, le 23 du mois de septembre, aux fêtes qui doivent avoir lieu à l'occasion du passage de son Altesse le prince impérial. Dans tous les départements visités par le prince-président, les populations s'étant pressées sur son passage pour le saluer de leurs acclamations, le but de son voyage était ainsi atteint. A peine rentré à Paris, il reçut de toutes parts des adresses qui demandaient le rétablissement de l'empire. Celle du conseil municipal de Saint-Vallier, du 31 octobre 1852, était ainsi conçue : « Monseigneur, déjà le conseil municipal de Saint-Vallier, en vous témoignant sa gratitude d'avoir délivré la France des horreurs de l'anarchie a demandé que les pouvoirs du chef de l'Etat devinssent stables et permanents. Aujourd'hui, Monseigneur, de plus en plus intimement convaincu que sans stabilité la nation ne peut être heureuse et prospère, le conseil municipal émet le vœu que les délibérations du Sénat aient pour résultat le rétablissement de l'empire héréditaire dans la dynastie du grand Napoléon dont vous êtes le légitime et digne successeur.

« Il a l'honneur d'être, très respectueusement, de votre Altesse, le très humble et dévoué serviteur. »

SAINT-VALLIER SOUS LE SECOND EMPIRE

Le 3 décembre 1852, la proclamation de l'empire est faite solennellement par l'administration municipale qui a voté une somme de 1.200 francs pour distribuer des secours aux indigents et qui a organisé un banquet par souscription auquel prennent part un grand nombre de citoyens. Sur le rapport de la commission pour la reconstruction du presbytère, le plan, dont le devis s'élève à 40.000 fr., est rejeté. Il en sera dressé un nouveau dont la dépense ne dépassera pas 25 à 30.000 fr. Un emprunt de 15.000 francs pour cette reconstruction et une contribution également de 15.000 francs pour l'agrandissement et la reconstruction de la halle aux grains sont votés.

Le 16 janvier 1853, l'empereur Napoléon III convoque les grands corps de l'Etat et leur annonce son mariage avec Mademoiselle Eugénie Montijo, comtesse de Téba. « Quand, en face de la vieille Europe, leur dit-il, on est porté par la force d'un principe à la hauteur des anciennes dynasties, ce n'est pas en vieillissant son blason et en cherchant à s'introduire à tout prix dans la famille des rois qu'on se fait accepter; c'est bien plutôt en prenant franchement vis-à-vis de l'Europe la position de parvenu, titre glorieux lorsqu'on parvient par le libre suffrage d'un grand peuple. »

Le mariage civil eut lieu le 29 janvier 1853, au palais des Tuileries, et la cérémonie religieuse fut célébrée le 30 janvier dans l'église de la métropole avec une pompe qui rappelait les splendeurs du premier Empire.

Le 10 février, le conseil municipal de Saint-Vallier envoie l'adresse suivante à Sa Majesté Napoléon III : « Sire, le conseil municipal, organe de la population de cette ville, dépose à vos pieds ses respectueuses félicitations à l'occasion du mariage que votre Majesté vient de contracter et qui fait la joie et le bonheur de la France entière. Il s'associe sans réserve aux sentiments qui ont dicté votre choix, justifié, d'ailleurs, par les plus éminentes qualités que le peuple aime à trouver dans sa souveraine et qui ajouteront à l'éclat de son trône. Dieu, qui jusqu'ici a inspiré vos résolutions et dirigé vos actions d'une manière si évidente, bénira certainement votre union et la France verra naître des héritiers du grand nom de Napoléon qui, continuant votre œuvre, feront dans l'avenir son bonheur et sa gloire.

« Daignez, sire, nous permettre de vous renouveler l'assurance de nos sentiments respectueux et de notre fidélité inaltérable. »

Huit jours après, les membres du conseil municipal prêtent le serment « d'obéissance à la constitution et de fidélité à l'empereur. »

Le 3 avril, les plans présentés pour la reconstruction du presbytère, dont le devis s'élève à 30.192 francs, sont approuvés. Les 15.000 francs votés et les 8.000 francs provenant de souscriptions ne suffisant pas pour couvrir les dépenses, le conseil espère que le gouvernement voudra bien lui accorder un secours de 7.192 francs pour les compléter.

La paroisse perd son vénérable pasteur, M. Tavernier, dont la sage administration et la grande charité lui ont concilié les sympathies et l'estime de tous. Le conseil municipal arrête qu'une concession perpétuelle de terrain sera faite dans le cimetière pour M. le curé Tavernier qui a légué une somme de 1.000 francs en faveur de l'hospice.

Les troubles qui se sont produits dans plusieurs départements ont déterminé le gouvernement à créer des commissaires de police cantonaux et celui du canton de Saint-Vallier, M. Louis Clairefond, est installé le 26 juin par le conseil municipal.

Le 9 août, le conseil municipal reçoit avis d'un don manuel de 2.000 fr. sous certaines charges fait à l'hôpital par Mme la comtesse de Saint-Vallier, née de Mazenod, dont l'aménité était si grande pour tous et la charité si large pour les pauvres.

Le conseil municipal accepte pour l'établissement de la gare l'emplacement à l'extrémité nord de la ville proposé par la Compagnie du chemin de fer de Paris-Lyon-Méditerranée. Il décide que la croix, qui se trouve au milieu de la place de la mairie, où elle gêne la circulation des voitures, sera appliquée contre le mur sud de l'église. Le 26 novembre, il autorise le receveur municipal à réclamer des débiteurs de la rente de la Buissonnée une nouvelle reconnaissance, ou le remboursement du capital représentant cette rente à raison de 5 0/0. Les propriétaires de la Buissonnée demandent de leur côté la production du titre de la commune et refusent de payer la rente qui leur est réclamée. Cet état de choses n'a pas été modifié depuis.

Le 25 mai 1854, le conseil municipal vote une somme de 150 fr. pour la célébration de la fête du 15 août. Il reconnaît que l'expropriation des maisons Marthouret, Four, Griotier, Odiol, Bonneton et Catil, est indispensable pour l'agrandissement de la halle. Il adopte un rapport qui conclut à l'expropriation de quelques bâtiments de M. Des Blains sur le boulevard. Il fait ensuite une transaction par laquelle M. Des Blains s'engage à établir une grille en fer au lieu d'un mur du côté nord de sa propriété sur le tunnel et la commune lui abandonne les hors lignes du chemin de fer qui touchent sa maison. Les souscriptions pour la reconstruction de la halle, dont la dépense est évaluée à 23,000 fr., ne s'élevant qu'à 8,000 fr., le conseil municipal vote, le 7 mars 1855, une contribution extraordinaire de 15,000 fr. Il exprime ensuite un vœu pour l'établissement d'un marché aux bestiaux sur la place du tunnel le 1er jeudi après le 14 de chaque mois.

Le 13 juillet 1855, M. François Chartron procède à l'installation du maire M. Chartron aîné, son oncle, et des adjoints MM. Sollier et Joannin. Le conseil municipal est ensuite installé. Il se compose de : MM. Benoit, Luyton, Amblard, Belle, Gondin, François Chartron, Fabre, Raymond, de Chabrillan, Blachier, Ithier, Poncin, Seigle, Lombard, Castilhon, Bouvier, Boucod et Amodru

Le 15 février 1856, la salle d'asile, depuis longtemps désirée, est ouverte, et deux sœurs seront empruntées pour la direction de cet asile à l'école normale des salles d'asile de Paris. Ce résultat a été obtenu par les soins de M. le marquis de Chabrillan, auquel le conseil municipal, sur la proposition du maire, vote des remercîments.

Le 19 mars, à l'occasion de la naissance du prince impérial, la municipalité envoie à l'Empereur une adresse ainsi conçue :

« Sire, la Providence a comblé les vœux les plus chers de la nation en vous donnant un fils, en donnant un héritier à ce trône impérial que vous avez fait si fort et si puissant. Dieu vous devait cette joie suprême, à vous qu'il a choisi pour relever la grandeur de la France et la sauver de l'anarchie, à Sa Majesté l'Impératrice, votre auguste épouse, modèle de toutes les vertus, source inépuisable de bonté et de bienfaisance ; et Dieu conservera ce fils, parce qu'en lui viennent se réunir les espérances de notre chère France qu'il voudra un jour, comme vous, rendre heureuse, prospère et partout respectée.

« A cet heureux événement, viendra sans doute en succéder une autre : la conclusion de la paix après une guerre qui a fait briller dans tout son éclat l'honneur des armes françaises, d'une paix durable et solide qui permettra à la France de suivre le cours de ses prospérités. Vive l'Empereur ! Vive l'Impératrice ! Vive le Prince impérial ! »

Sur l'initiative de M. le Préfet, une commission composée de : MM. Crémillieux, Poncin et Genin, est nommée pour encourager et surveiller la production des graines de vers à soie indigènes, qui devient chaque année plus rare.

Le 14 juin 1856, le conseil municipal vote une somme de 200 fr. pour être distribuée aux indigents à l'occasion du baptême du Prince impérial, et une somme de 100 fr. pour les victimes de l'inondation, en faveur desquelles des souscriptions sont recueillies par une commission.

Le 20 mars 1857, l'adjudication des travaux pour l'agrandissement de la halle est tranchée. Les ressources de la commune s'élèvent à 17,980 fr. 38 c. et les dépenses à 19,816 fr. 74 c. L'excédent des dépenses est de 1,336 fr. 36 c. pour le budget ordinaire et de 947 fr. 85 c. pour le budget additionnel. Total, 2,784 fr. 20 c.

Le gouvernement se préoccupe de venir en aide aux anciens soldats du premier empire et des médailles de Sainte-Hélène leur sont distribuées. Le 13 novembre 1857, quarante-et-un vétérans du canton de Saint-Vallier reçoivent des médailles de

Sainte-Hélène en présence des sapeurs-pompiers en grande tenue.

Le 21 septembre 1857, l'adjudication de la nouvelle halle est donnée et le tarif pour l'occupation des places pendant les foires et marchés est arrêté.

Le 14 janvier 1858, l'empereur et l'impératrice sont l'objet d'un attentat de la part d'Orsini et de plusieurs italiens qui lancent des bombes fulminantes sous la voiture de leurs majestés au moment de leur arrivée à l'Opéra. L'empereur et l'impératrice ne sont pas atteints par l'explosion des bombes, mais huit personnes sont tuées et cent cinquante-six sont blessées. Cet attentat souleva l'indignation générale et le conseil municipal de Saint-Vallier envoya à l'empereur l'adresse suivante : « Sire, avant d'assister au *Te Deum* d'actions de grâces, le conseil municipal de Saint-Vallier vous adresse ses félicitations d'avoir échappé à l'horrible attentat commis contre votre personne et celle de S. M. l'Impératrice.

« Dieu qui protège la France l'a sauvée des immenses malheurs dans lesquels voulaient la plonger des scélérats incorrigibles. Nous remercions la Providence et la prions de veiller sur les précieux jours de votre Majesté, de notre bonne Impératrice et du Prince impérial, l'espoir de la France. Votre Gouvernement, Sire, prendra certainement des mesures qui à l'avenir mettront dans l'impossibilité les conspirateurs, qui aux portes de la France, organisent l'assassinat. »

Le 10 février 1858, le conseil municipal vote une somme de 600 francs pour la confection d'un plan général de la ville et arrête que des trottoirs seront établis sur la route impériale et dans la traversée de la ville. M. le marquis de Chabrillan annonce que le ministre du commerce et de l'agriculture a autorisé l'établissement d'un marché aux bestiaux qui se tiendra le troisième jeudi de chaque mois. Le conseil municipal arrête que mention sera faite sur ses registres de toute sa reconnaissance envers son honorable collègue pour les soins qu'il a bien voulu donner à cette affaire, comme à toutes celles dont il a l'obligeance de se charger dans l'intérêt de la commune. MM. Fabre, Boucod et Amodru s'occuperont de la prompte organisation du marché ainsi que de la fixation de la répartition des primes à accorder aux propriétaires qui amèneront les plus beaux bestiaux. Le conseil municipal approuve, le 14 mai 1858, l'engagement pris par le maire de Saint-Vallier et par celui de Saint-Uze pour que le transport des matériaux à faire sur le chemin de grande communication n° 1, soient exécutés par les prestations des communes de Saint-Uze et de Saint-Vallier, depuis la limite de la commune de Saint-Vallier jusqu'au pont de Saint-Uze, ce qui permettra à la commune de Saint-Barthélemy de porter toutes ses prestations sur le chemin de moyenne communication n° 12 qui traverse ladite commune dans toute son étendue.

Deux commissions sont nommées, l'une pour vérifier les pertes causées à plusieurs propriétaires par l'inondation de 1856, l'autre pour s'occuper de l'extinction de la mendicité dans la commune. Le plan d'alignement de la ville dressé par M. Habrard est approuvé sauf quelques modifications concernant la largeur des rues d'Aillot, du Fournel, de l'Hôtel-de-Ville, des Pénitents et de la Franchise. Il sera ajouté cinq centimes au principal des contributions directes de l'année 1860, dont le produit sera employé aux dépenses des chemins vicinaux outre la prestation de trois journées imposées à tout habitant.

La guerre contre l'Autriche entreprise dans l'intérêt de l'Italie et pour effacer les derniers souvenirs des traités de 1815 se termine d'une manière glorieuse pour nos armes. La nouvelle de la paix de Villa-Franca est accueillie avec des transports d'enthousiasme et les adresses de félicitation à l'empereur ne se font pas attendre. « Sire, disait le conseil municipal de Saint-Vallier, nous venons joindre nos vœux à ceux qui sont adressés de toute part à votre Majesté pour la féliciter de l'heureuse issue de ses armes en Italie. La modération de votre majesté dans la victoire nous a donné une paix glorieuse.

« Daignez Sire, recevoir le témoignage de reconnaissance et du dévouement sans bornes de vos très humbles et fidèles serviteurs. »

Le 10 août 1859, le conseil municipal vote une somme de 400 fr. pour les fêtes de l'empereur et de la paix « que toutes les communes voisines se disposent à célébrer avec pompe et éclat ». Le 15 août, les édifices publics et les maisons particulières seront pavoisées de drapeaux aux couleurs nationales. Les autorités et les fonctionnaires publics se réuniront à neuf heures et demie à l'hôtel-de-ville et seront accompagnés à l'église par la compagnie des sapeurs-pompiers et par la brigade de gendarmerie pour assister à la messe solennelle et au *Te Deum* chanté à l'occasion de la grande fête du 15 août, à laquelle seront invités les médaillés de Sainte-Hélène.

A midi, des bons de pain furent distribués à l'hôtel-de-ville à tous les indigents qui s'y présentèrent.

A une heure, un banquet fut donné par la ville aux sapeurs-pompiers et aux médaillés de Sainte-Hélène.

A trois heures, un jeu de mât de cocagne eut lieu sur le champ-de-mars et fut suivi de danses et autres réjouissances.

A sept heures, l'ascension d'un ballon, et un magnifique feu d'artifice attirèrent la foule sur les bords de la Galaure et à la tombée de la nuit, les édifices publics et les maisons de tous les habitants furent illuminés, en signe de joie et de satisfaction inspirées par la célébration d'une si belle fête.

L'établissement des trottoirs et de l'empierrement de la traversée de la ville sur la route impériale n° 17, sera sollicité du préfet sous la condition que les propriétaires riverains n'auront à payer que la moitié de la dépense occasionnée par l'établissement des trottoirs et qu'elle ne pourra dépasser 3 francs 50 c. le mètre.

Un arrêté préfectoral, depuis longtemps sollicité, interdit la mendicité dans le département de la Drôme. Le conseil municipal s'empresse de voter une somme de 60 fr. pour la dépense approximative que nécessitera la pose de trois poteaux portant que la mendicité est interdite dans la commune, en vertu des circulaires et arrêtés du préfet, des 10 octobre et 9 novembre 1859. Ces actes de l'autorité administrative étant insuffisants pour prévenir la mendicité, le nombre des mendiants étrangers à la commune de Saint-Vallier, loin de diminuer, augmente sans cesse et devient une lourde charge pour ses habitants.

Le 25 février 1860, le maire fait connaître au conseil municipal que sur quarante-sept propriétaires dont les fonds se trouvent traversés par le chemin de Mont-Rebut, quarante ont consenti à céder gratuitement le terrain nécessaire à sa rectification et que pour les sept autres, il a traité à raison de 50, 60 et 75 centimes le mètre carré. Ces traités qui entraînent une dépense de 1,000 francs, obtiennent le plein assentiment du conseil municipal.

La guerre d'Italie n'a pas été seulement glorieuse pour nos armes, elle a eu pour résultat l'annexion à la France du duché de Savoie et du Comté de Nice. En attendant que l'empereur aille en prendre possession, la commune de Saint-Vallier lui envoie, le 11 avril 1860, l'adresse suivante : « Sire, l'annexion de la Savoie et de Nice en ajoutant à la grandeur de la France donnera à nos provinces du midi une sécurité qui les fera profiter plus sûrement des grandes mesures dont votre Gouvernement a l'initiative. Le conseil municipal de Saint-Vallier a l'honneur de déposer aux pieds de V. M. l'hommage empressé de son admiration et de sa reconnaissance pour votre sollicitude dans l'intérêt de l'industrie et de l'agriculture ; il forme des vœux pour l'heureuse et prompte réalisation des résultats qu'on attend, ces résultats seront à la fois, Sire, et le bien de la patrie et un des beaux titres de votre règne déjà si fécond en grandes choses. »

Le 10 août, M. Sollier, premier conseiller municipal, procède à l'installation de M. Chartron aîné, nommé maire par décret impérial. MM. Sollier et Joannin sont ensuite installés comme adjoints ; et le conseil municipal vote une somme de 200 francs pour le voyage à Saint-Rambert des sapeurs-pompiers qui iront saluer leurs majestés l'Empereur et l'Impératrice à leur entrée dans le département de la Drôme. Partout sur le passage de leurs majestés retentirent les cris de : Vive l'empereur ! Vive l'impératrice ! et les populations de la Savoie et de Nice témoignèrent par leurs acclamations enthousiastes, combien elles étaient heureuses de faire de nouveau partie de la France.

Le 2 septembre 1860, les nouveaux conseillers municipaux élus sont : MM. Chartron, aîné, Gondin, Sollier, de Chabrillan, Raymond, Joannin, François Chartron, Ithier, Lombard, Benoît, Bonneton, Fabre, Amblard, Belle, de Montgolfier, Roullet, Osmont, Boucod, Poncin, Valette et Robert. Les principales rues seront macadamisées et bordées de trottoirs, les quinze pompes ou puits publics seront mis en état, la place du tunnel sera aggrandie, le nombre des reverbères sera de vingt-sept, un syndicat s'occupera de la répartition des eaux d'arrosage et un emprunt de 40,000 francs sera fait au Crédit Foncier, pour libérer la commune de ses dettes. Tels sont les premiers actes de la nouvelle municipalité.

Le 15 février 1861, elle arrête que l'emprunt sera porté à 50,000 francs et remboursable dans cinquante ans, par annuités de 5 fr. 46 0/0 dont 30,000 francs pour le passé et 20,000 francs pour les nouveaux travaux proposés par le maire. Cet impôt est voté par les plus forts imposés ainsi qu'une contribution extraordinaire et annuelle de 2731 fr. 29 centimes recouvrables pendant cinquante ans à partir de 1862, pour l'amortissement de l'emprunt en capital et intérêts. Malgré le désir d'amélioration dont les communes étaient animées, par suite des incitations du Gouvernement, ces votes qui grévaient les finances de la commune pour un demi-siècle n'obtinrent pas l'assentiment de tous les contribuables. Des observations et des protestations se produisirent, mais le conseil municipal, après avoir entendu un rapport très complet de M. Benoît, persista dans la délibération du 15 février précédent. Dans la session du mois d'août, la question fut de nouveau agitée et l'emprunt fut réduit à 40,000 francs. Ces 40,000 francs seront employés, 7,000 fr. pour le déficit de 1860 à 1861, 19,000 pour le capital restant des troisième et quatrième emprunts communaux, 4,000 fr. pour l'acquisition des maisons de la halle, total 30,000 francs. Les 10,000 francs restants, seront employés à réparer le clocher, à convertir en macadam et trottoirs les pavés des principales rues, à améliorer et augmenter l'éclairage, à payer les indemnités d'alignement pour les maisons sujettes à reculement.

L'emprunt ainsi réduit et voté par le conseil municipal et par les plus forts imposés, aura encore à subir quelques modifications. La durée de l'emprunt de 40,000 francs, sera réduit à dix-huit ans et les travaux concernant la voirie seront exécutés comme pour les grandes routes et aux mêmes conditions pour les trottoirs.

Le 8 novembre 1861, le conseil municipal accepte un legs de 3,000 francs fait à l'hôpital par M. Seigle aîné, négociant.

Le 25 septembre 1862, décédait M. Pierre Raymond, âgé de 68 ans. Esprit éclairé, libéral, généreux, il s'associait avec empressement à toutes les mesures qui pouvaient contribuer à la prospérité de sa ville natale et au soulagement des malheureux. Aussi, il jouissait de l'estime de tous ses concitoyens et l'empressement avec lequel ils se portèrent à ses obsèques, prouva combien ils partageaient les regrets dont M. le comte Monier de la Sizaranne se fit ce jour-là l'interprête heureusement inspiré, en disant : « Il est des hommes dont le caractère ne doit pas demeurer exclusivement connu de ceux qui ont le privilège d'en pouvoir apprécier l'exceptionnelle élévation; parler d'eux lorsqu'ils disparaissent, c'est imposer à d'autres la noble ambition de les imiter. Tel fut, Messieurs, celui à qui nous venons rendre les derniers devoirs. Quel autre en effet, fut plus digne que M. Raymond, des unanimes regrets qu'il laisse parmi nous, quel autre porta plus loin que lui, la spontanéité du dévouement et de l'abnégation de l'amitié? Accessible à tous les sentiments généreux, sympathique à toutes les poignantes douleurs, ne cherchant à se produire que pour rendre service ou consoler, il était la personnification du mérite modeste et de l'exquise charité.

« Livré dès sa jeunesse à de sérieux travaux de chimie, couronnés par d'éclatants succès, il avait un moment connu les joies de la famille, entre un père et une mère dont il était l'idole, une sœur aussi distinguée par l'esprit que par le cœur, une compagne tendrement aimée et un enfant, son unique consolation ; mais frappé bientôt dans ses plus chères affections, sa vie était depuis longtemps pleine de tristesse et d'amertume comme la fin vient d'être pleine de courage et de résignation.

« Va donc, excellent ami, où vont à travers les douloureuses épreuves de la vie, les âmes d'élite comme la tienne ?

« Va recevoir la récompense du bien que tu as fait en passant sur la terre ; va enfin attendre dans un monde meilleur ceux qui t'aimaient comme un frère et qui jusqu'à leur dernier jour garderont de tout ce que tu fus pour eux le plus précieux, comme le plus reconnaissant souvenir. »

Avec M. Pierre Raymond, s'est éteint le nom d'une des familles les plus bienfaisantes et les plus regrettées de Saint-Vallier.

Le 7 novembre, Mme veuve Des Blains, née Meaudre, et M. Ernest Des Blains, son fils « en mémoire de la bienveillance que M. le chevalier de Besson, a toujours montré à l'hôpital de Saint-Vallier, et en souvenir de l'intérêt que portait à la paroisse de Saint-Romain-d'Albon, M. Alphonse de Besson Des Blains, » offrent à l'hôpital de Saint-Vallier une somme de 8,000 francs pour la fondation perpétuelle de deux cents journées annuelles de lit qui seront affectées spécialement aux malades de la paroisse de Saint-Martin-d'Albon. Ces journées seront à la nomination : 1° de Mme veuve Des Blains, 2° de M. E. Des Blains, 3° de Mme E. Des Blains de Taluyers, et, après eux, de leurs ayants-droit.

Cette fondation avantageuse pour les malades pauvres de la paroisse de Saint-Martin-d'Albon devant indemniser largement l'hôpital des frais que pourra occasionner le séjour de ces malades, la Commission administrative déclare accepter l'offre qui lui est faite par Mme et M. Des Blains et les en remercie avec la plus vive reconnaissance.

Dans le courant du mois de novembre 1862, une indemnité de 3,658 francs, est répartie entre quatre propriétaires pour l'élargissement de la grande rue qui est étroite et irrégulière dans une partie de son parcours.

En 1863, le conseil municipal vote une somme de 200 francs pour les ouvriers cotonniers qui souffrent de la guerre d'Amérique. Il exprime un vœu pour le prolongement de la digue de la Buissonnée et il émet un avis favorable relativement au projet d'acquisition de la maison Blachier par les Sœurs de Saint-Joseph.

Le 19 octobre, M. le préfet alloue un secours de 175 francs aux habitants malheureux de Saint-Vallier qui ont souffert de l'inondation du 25 septembre. En quelques heures, les eaux de la rivière de Galaure se sont élevées de plusieurs mètres et les habitants du quartier du Pont ont eu beaucoup à souffrir. Un second secours de 2.000 francs, accordé par M. le préfet, mieux renseigné sur l'étendue des pertes éprouvées, permet de venir en aide d'une manière plus efficace aux inondés malheureux.

En 1864, l'administration municipale vote une somme de 400 francs pour l'installation d'un bureau télégraphique dans l'hôtel de ville et il nomme une commission pour statuer sur les oppositions relatives au projet de rectification et d'élargissement du chemin vicinal de petite communication n° 1, compris entre la propriété de M. Chartron, joignant le chemin de grande communication n° 1 et la limite de la commune de Saint-Barthélemy-de-Vals. Le 25 février 1865, le conseil, après avoir entendu un rapport de M. Benoît, arrête que M. François Chartron recevra l'ancien chemin, depuis son origine jusqu'au domaine de Combetuilière, et qu'il abandonnera gratuitement tout le terrain traversant ses propriétés sur le parcours du nouveau chemin. Cette rectification, avantageuse pour toutes les parties est approuvée le 9 juin suivant par M. le préfet et reçoit son exécution immédiatement.

Le 14 août, le conseil municipal est installé par le maire, M. Chartron aîné. Les membres élus sont : MM. Chartron aîné, de Chabrillan, Sollier, Joannin, Collet, Buissonnet, Amblard, Benoît, Champet, Gondin, Chartron François, Osmont, Belle, Rousset, Boucod, Fournier, de Colonjon, Galland, Fabre, Bouvier et Valette. Le 12 septembre, le maire, M. Chartron aîné, et les adjoints, MM. Sollier et Joannin, sont installés par M. le marquis de Chabrillan, le premier en ordre.

L 21 février 1866, le conseil municipal désirant s'associer de tout son pouvoir à la sollicitude du gouvernement pour la propagation des cours populaires, donne son adhésion à la fondation d'un cours d'adultes à Saint-Vallier et s'engage à lui venir en aide autant que ses ressources financières le lui permettront. En même temps, il demande la suppression du commissaire de police. Il fait valoir que les nécessités qui motivèrent la création des commissaires cantonaux n'existent plus et que la population paisible de Saint-Vallier, occupée toute entière par l'agriculture et l'industrie, est peu disposée aux préoccupations politiques.

Le 4 juillet 1866, M. Sollier est installé comme maire, en remplacement du vénérable M. Chartron aîné, démissionnaire. M. Sollier est lui-même remplacé comme adjoint par M. de Colonjon. Avant de clore la session du mois d'août, le conseil municipal déclare « que, fidèle interprète de la population de Saint-Vallier, il ne veut point se séparer sans voter des remerciments à M. Chartron aîné, dont il croit devoir rappeler les services en s'associant pleinement aux motifs qui ont déterminé le gouvernement de S. M. l'Empereur à lui conférer, le 4 septembre 1864, le titre de chevalier de la Légion d'honneur. M. Chartron, Raphaël-François-Frédéric a consacré plus d'un demi-siècle de sa vie à l'exercice de fonctions gratuites ; nommé maire de sa ville natale en 1819, il donna sa démission en 1830, mais en 1848, déférant aux vœux de ses concitoyens, il n'hésita pas à reprendre l'écharpe municipale. Depuis lors, il a consacré tout son temps à l'administration de cette ville, qu'il a dotée d'établissements utiles ; il a contribué de ses deniers, et pour des sommes importantes, à la construction de l'hôpital, du presbytère, de la halle, de l'établissement des frères de la doctrine chrétienne, il a créé un marché aux bestiaux, établi l'éclairage de la ville et une partie du macadamisage des rues, qui ont été bordées de trottoirs ; en un mot c'est grâce à son intelligent dévouement que Saint-Vallier doit d'être aujourd'hui l'une des plus jolies villes de la Drôme ».

Le conseil rappelle « également que c'est sous sa première administration que fut construit, sur la rivière de Galaure, le plus ancien pont en fil de fer qui ait été établi en France ; que c'est à lui que l'on doit la création d'un chemin excessivement utile, partant de Saint-Vallier et aboutissant à la plaine de Beaussemblant, alors qu'il n'existait que des sentiers impraticables. Le conseil est heureux de sanctionner de son vote unanime la distinction honorifique qui lui a été si justement décernée. Il n'oubliera pas la bonté toute paternelle dont il n'a cessé de donner des preuves pendant sa longue, et cependant trop courte administration, tout comme aussi il gardera le souvenir de sa générosité dans les fréquentes circonstances où il s'agissait de faire les honneurs de la ville qu'il représentait. Le conseil municipal ne peut que manifester ses regrets sur la détermination, qu'il a cru devoir prendre, de la cessation de ses fonctions de maire lorsqu'il les remplissait encore si honorablement et à la satisfaction de ses concitoyens. Il prie M. le maire de donner connaissance de cette délibération à M. Chartron comme étant l'expression sincère de sa vive reconnaissance. »

Après avoir rendu ce juste hommage de regrets et de gratitude à M. Chartron aîné, le Conseil municipal arrête que les mûriers du champ-de-mars seront remplacés par des platanes qui offriront plus d'ombrage aux promeneurs.

Le 13 février 1867, il émet le vœu que la Caisse d'épargne de Valence veuille bien établir à Saint-Vallier une succursale pour que les habitants puissent jouir des avantages de cette œuvre éminemment morale. Ce vœu n'est pas accueilli, et le conseil municipal arrête les statuts d'une caisse d'épargne qui sont approuvés par le Gouvernement. Quinze directeurs sont nommés et les dépôts ne tardent pas à devenir chaque jour plus nombreux.

Le 31 mai 1867, M. Chartron aîné est enlevé, à l'âge de 87 ans, à l'affection et à la reconnaissance de ses concitoyens. La bonté et la charité étaient ses qualités maîtresses et sa préoccupation la plus instante fut toujours de faire le bien et de rendre service. Aussi, en mourant, il pouvait dire à son neveu M. Paul Chartron : « J'espère que Dieu me fera miséricorde, car je n'ai jamais fait ou souhaité de mal à personne et j'ai toujours rendu le bien pour le mal ».

Aucun discours ne fut prononcé sur la tombe de M. Chartron aîné, mais la population toute entière de Saint-Vallier, et de très nombreuses personnes accourues des communes voisines se pressèrent à ses funérailles pour lui rendre un suprême hommage.

Par ses dernières dispositions, M. Chartron a voulu laisser à sa ville natale de nouveaux témoignages de sa Bienfaisance. Il a légué une rente de 200 francs à la salle d'asile, une rente de 150 francs à l'école des Frères de la Doctrine chrétienne et une somme de 4,000 francs pour l'agrandissement de l'église.

Le souvenir de ces libéralités n'est point oublié et nul n'a laissé à Saint-Vallier des regrets plus profonds et plus unanimes, que M. Raphaël Chartron qui fut toute sa vie *bonus omnibus, optimus urbi*.

L'Exposition universelle de l'industrie attire à Paris tous les souverains de l'Europe qui deviennent les hôtes momentanés de l'empereur Napoléon III. Le 6 juin 1867, après une revue à Longchamp, un coup de pistolet est tiré par un polonais, nommé Berezowski, sur la voiture dans laquelle se trouvaient le Czard et l'Empereur. Cet attentat odieux provoque des adresses de toutes les communes. Celle des habitants de Saint-Vallier était ainsi conçue : « Sire, un étranger appartenant à une nation dont la plupart des membres exilés ont trouvé en France une généreuse hospitalité, a osé attenter à vos jours et à ceux de S. M. impériale de Russie.

« La Providence qui veille sur des existences aussi précieuses a épargné aux deux empires un affreux malheur, interprète fidèle de la population, le conseil municipal de Saint-Vallier s'empresse de vous faire connaître, Sire, toute l'indignation que lui a fait éprouver cet odieux attentat. Il exprime sa respectueuse sympathie aux hôtes augustes dont la France s'honore en ce moment et renouvelle l'assurance de son sincère dévouement à S. M. et à la dynastie impériale, ont les délibérants signé. »

Le conseil municipal vivement préoccupé des améliorations que réclame l'état de la ville arrête : que l'avenue de la passerelle sera plantée en acacias, qu'un second grand marché pour les bestiaux sera établi le premier jeudi de chaque mois, que des instances seront faites auprès du Gouvernement pour obtenir la réparation de la digue de la Buissonnée et que le cimetière sera agrandi pour satisfaire aux demandes de cession de terrain et en prévision d'un accroissement probable de la population.

En 1868, le conseil accepte un legs de 1,000 francs, fait à l'hospice par M. Cany, originaire de Saint-Vallier et ancien notaire à Romans, où il était entouré de la confiance et de l'estime de tous ceux qui le connaissaient et dont les dernières années furent si douloureusement attristées par la perte de son unique enfant.

Le conseil municipal demande à être dispensé d'établir une école communale de filles, attendu qu'il en existe deux dans la ville, tenues par des communautés religieuses, jouissant de la considération publique et recevant gratuitement tous les enfants pauvres, moyennant une indemnité annuelle de 300 francs. Avec cette dépense la commune ne pourrait obtenir un pareil résultat si elle avait une école qui serait exclusivement communale.

Les membres du conseil municipal répondent avec si peu d'exactitude aux convocations du maire, que le 28 juillet 1869, M. Collet, seul se présente pour la réunion de ce jour. Le 6 août les membres du conseil ne se trouvent pas en nombre suffisant pour délibérer. Enfin le 16 août, avec le concours des plus forts imposés, le conseil vote une somme de 2,650 francs pour faire face à l'excédent des dépenses prévues. Pendant la session de février 1870, le conseil municipal de plus en plus divisé, émet le vœu que les maires à l'avenir soient élus par les conseillers municipaux. Il émet de plus le vœu que les bancs et les chaises placés dans l'église, soient enlevés pour faciliter à un plus grand nombre de personnes l'accès de l'enceinte actuellement encombrée par un matériel inutile. M. le maire est prié de donner communication de ce vœu au conseil de fabrique qui déclare ne pouvoir l'accueillir.

Le 23 mai 1870, le legs de 4,000 francs, fait par M. Chartron pour l'agrandissement de l'église est accepté, mais à la condition, qu'il n'occasionnera pour la ville aucun frais d'enregistrement ni autres. Ces frais ne devront être remboursés au légataire universel qu'autant que la commune sera en possession du legs de 4,000 francs. Le conseil émet ensuite un avis favorable pour l'acceptation d'un legs de 1,000 francs, fait à l'hospice de la ville par M. Seigle Pierre-Espinasse.

Les 5 et 15 juin, la majorité des membres du conseil municipal et des plus forts imposés, n'ayant pas répondu à l'appel du maire pour voter une imposition extraordinaire relative à des terrains nécessaires à l'agrandissement du cimetière, la séance est renvoyée au 25 juin. Ce jour-là encore, le nombre des membres présents n'est pas égal à la majorité voulue par la loi, mais attendu que cette réunion a été précédée de trois convocations régulièrement faites, l'Assemblée vote une somme de 6,000 francs, payable en trois ans pour l'acquisition des terrains nécessaires à l'agrandissement du cimetière.

La Constitution de l'empire libéral, votée le 20 avril 1870, par le corps législatif, èt ratifiée le 8 mai par sept millions et demi de suffrages, ne devait pas mettre un terme à l'opposition systématique, que dirigeaient les hommes qui se qualifiaient d'irréconciliables. Une fermentation générale agitait les esprits lorsque les armements et les provocations de la Prusse amenèrent la déclaration de guerre du 15 juillet 1870, qui devait être fatale pour l'empire et désastreuse pour la France. C'est au milieu des graves préoccupations de cette guerre, pour laquelle le pays n'était pas prêt, que les élections municipales ont lieu. Les suffrages se portent sur MM. de Chabrillan, Collet, Boucod François, Galland, Baboin Aimé, Thivolle, Valette, Perdriolat, Chartron, Boucod Augustin, Frugier, Buissonnet, Joannin, Sollier, Amblard, Bador, De Colonjon, Sarrère, Courbis, Benoît Osmont. Les nouveaux membres du conseil municipal sont installés le 28 août, mais plusieurs d'entre eux ne peuvent ou ne veulent pas se rendre à l'assemblée, ce sont MM. de Chabrillan, Baboin, Valette, Chartron, et Sarrère Honoré.

Les nouvelles de la guerre deviennnt chaque jour plus alarmantes lorsqu'on apprend, le 4 septembre, le désastre de Sedan, l'abdication de l'Empereur et la proclamation de la République.

SAINT-VALLIER
SOUS LA TROISIÈME RÉPUBLIQUE

La patrie étant en danger toutes les communes se préparent à seconder les efforts du gouvernement de la défense nationale qui s'est constitué pour résister à l'envahissement étranger. Le conseil municipal de Saint-Vallier s'occupe de l'organisation de la garde nationale sédentaire et de la nomination d'un comité de recensement qui est composé de MM. Galland, Tivolle, Boucod Augustin, Buissonnet, Boucod François, Perdriollat, de Colonjon, Joannin, Collet et Bador.

Le 12 septembre 1870, sur le refus de M. Boucod Augustin, M. Buissonnet est élu maire au troisième tour de scrutin et MM. Collet et Tivolle sont élus adjoints. M. Tivolle refuse les fonctions d'adjoint et il est remplacé le lendemain par M. Bador. Le 17 septembre, M. le maire et ses deux adjoints sont installés et M. le maire donne connaissance à ses collègues de la proclamation suivante :

« Citoyens, l'ancienne administration ayant résigné ses fonctions, nous avons été appelés par le Conseil municipal à composer une nouvelle administration en attendant les élections prochaines. Nous venons ici dans notre premier acte affirmer notre existence par la déclaration du principe qui nous a guidé lorsque nous avons accepté ces périlleuses fonctions et qui nous dirigera dans l'accomplissemens de nos devoirs.

« Le principe qui fera notre force dans toutes les circonstances, quelques critiques qu'elles soient, qui nous fera coucourir énergiquement à l'organisation de la défense nationale et à l'établissement du gouvernement de la République, ce principe, c'est notre patriotisme.

« Citoyens, nous ferons de notre mieux; nous savons que la tâche sera difficile; aussi nous faisons appel à vos sentiments patriotiques et pendant les jours d'épreuves que nous avons encore à traverser, nous comptons sur votre concours sincère et loyal, pour maintenir l'ordre et la sécurité indispensables à l'établissement d'une République durable. Nous sommes convaincus d'avance que votre aide ne nous fera pas défaut, parce que vous avez comme nous l'amour de la patrie et l'amour de la liberté! Vive la République. »

Le 26 septembre, le maire expose au conseil municipal que vu la gravité des circonstances, il y a lieu de s'occuper immédiatement des moyens les plus efficaces dans l'intérêt de la défense nationale et il propose d'ouvrir une souscription patriotique dont le produit sera destiné à l'armement de la garde nationale de Saint-Vallier. Tous les souscripteurs formeront une société et devront être consultés pour l'emploi des sommes recueillies. Le 25 octobre 1870, un crédit de 1.900 francs est ouvert pour l'habillement et l'équipement de la garde nationale mobilisée. Ces ressources sont malheureusement insuffisantes pour parer aux éventualités de la guerre et la commune devra contribuer pour 17.178 fr. 15 à la dépense de la garde nationale mobilisée du département. Le maire propose de faire face à cette charge avec le produit des sommes recueillies si les souscripteurs y consentent et au moyen d'un emprunt qui frapperait sur tous les habitants. Ces propositions commandées par la nécessité sont accueillies, et une somme de 500 francs est en outre votée pour achat de tambours, de clairons et pour réparation de deux cent-dix fusils et dix-huit carabines achetés à Marseille par M. le maire moyennant le prix de 7.941 francs.

Le 2 décembre 1870, M. Buissonnet fait part au Conseil municipal de sa nomination de chef du 3e bataillon de la 1re légion des mobilisés de la Drôme et de son acceptation de ses nouvelles fonctions qui l'obligent à demander son remplacement comme maire. Un membre propose de voter des félicitations à M. Buissonnet pour le zèle et le dévouement à la chose publique dont il a fait preuve pendant son administration. Le conseil tout entier déclare s'associer à ce témoignage d'affection et de sympathie. Un autre membre fait observer que l'absence des citoyens mobilisés, dont fait partie M. Buissonnet, ne sera probablement pas de longue durée et il propose au Conseil de maintenir, quant à présent, et jusqu'à nouvel ordre M. Buissonnet comme maire de Saint-Vallier, qui durant son absence, sera remplacé par le premier adjoint.

Un troisième membre propose de procéder dès maintenant à la nomination définitive du maire. Il rappelle que le Conseil avant de nommer M. Buisonnet avait choisi M. Boucod Augustin, mais que ce dernier qui avait refusé d'accepter pour des raisons personnelles était maintenant disposé à accepter les fonctions de maire si elles lui étaient conférées.

M. Collet donne alors sa démission de premier adjoint pour ne pas gêner la formation d'une administratton nouvelle et déclare être prêt, dans le cas où la proposition tendant au maintien de M. Buissonnet serait agréée par le Conseil, à retirer sa démission et à remplir jusqu'à nouvelle décision du Conseil comme premier adjoint, les fonctions de maire en l'absence de M. Buissonnet.

La proposition du maintien de M. Buissonnet a été mise aux voix, et le scrutin a donné pour résultat : neuf oui, cinq non et une abstention. En conséquence, le Conseil a maintenu M. Buissonnet maire de Saint-Vallier, et M. Collet, premier adjoint, remplira les fonctions de maire pendant l'absence du titulaire.

Le gouvernement de la défense nationale qui a poussé la guerre à outrance n'a pu prévenir le bombardement de Paris, et il a dû signer la paix, le 2 mars 1871, à des conditions désastreuses pour la France. Une contribution de guerre de cinq milliards et l'abandon de deux provinces ont été imposés par la Prusse. De lourdes charges pèsent sur le pays et toutes les améliorations qui étaient en voie d'exécution sont ajournées pour assurer le paiement de la dette nationale. Dans ces circonstances le conseil municipal de Saint-Vallier déclare qu'il considère comme non avenues les délibérations des 1er et 27 novembre 1868 concernant la création du chemin qui doit partir de la Grande-Rue et se diriger sur les Rioux en longeant parallèlement la voie du chemin de fer. Il décide ensuite qu'il renonce à l'emprunt des 10.000 francs à contracter à la Caisse des chemins vicinaux, que la somme de 400 francs, représentant l'intérêt et l'amortissement de cet emprunt, ne figurera plus au budget à venir et que la somme de 625 francs, produit des 3 centimes extraordinaires, sera également supprimée à partir de 1872. Cette délibération importante est approuvée le 10 avril 1871 par les plus forts imposés.

Les ouvriers maçons se trouvant sans travail présentent une pétition au Conseil municipal qui décide, le 21 avril 1871, que les travaux de construction des murs du cimetière seront repris. Il arrête en outre que les travaux seront faits en régie, seule manière qui permette de payer les ouvriers au fur et à mesure de l'exécution.

Aux maux causés par la guerre étrangère viennent s'ajouter les déchirements intérieurs du pays. La Commune, maîtresse un instant de Paris, s'efforce d'établir le fédéralisme dans les grandes villes. L'inquiétude devient extrême et la suspension des affaires absolue. Les adresses au Chef du pouvoir exécutif de la République affluent de toutes parts et font parfaitement connaître les difficultés de la situation et les préoccupations des esprits. Dans son adresse du 21 avril 1871, le Conseil municipal de Saint-Vallier exprimait qu'il croyait devoir dans l'intérêt de la liberté et de l'ordre, unir ses vœux à ceux de plusieurs autres municipalités et faire la déclaration suivante : « Le conseil proteste contre les agissements anarchiques de Paris et contre les appétits monarchiques de la majorité de l'Assemblée nationale ; les uns et les autres font échec à la consolidation de la République et à l'évacuation du sol français par l'étranger. Un gouvernement républicain, manifestant des principes républicains, est le seul qui soit en harmonie avec nos besoins et nos idées. S'entêter à fermer les yeux sur cette vérité éclatante, c'est prendre l'aveuglement pour le patriotisme. Le conseil sera toujours en communion d'idées avec le gouvernement qui repoussera le retour des dynasties, qui rétablira la paix intérieure par l'emploi des mesures de conciliation et qui préparera la grandeur de la France par le triomphe de la fraternité et de la liberté. Vive la France ! Vive la République ! »

Les élections municipales ont pour résultat la nomination de MM. Collet, Perdriolat, Bador, Sarrère, Forel, Buissonnet, Peyssel, Rey, Frugier, Faure, Nivon, Pignat, Bernard, Trial, Begot, Darvier, Maurice, Baboin, Imbert, Chopard et Crozet. Le nouveau conseil municipal est installé le 23 mai par M. Collet, premier en ordre, et il est procédé à la nomination du maire et des deux adjoints. M. Faure est élu maire par 17 suffrages, et MM. Forel et Perdriolat sont élus adjoints par le même nombre de suffrages. Le Conseil municipal décide que l'abandon des souscriptions pour l'armement de la garde nationale s'élevant à 2.500 francs sera employé à la construction des murs du cimetière.

La substitution de l'instruction laïque à celle des congrégations, mise à l'ordre du jour par le gouvernement, est proposée par quelques membres du conseil. Le 16 août une commission composée de MM. Sarrère, Forel, Trial et Rey, est nommée pour étudier et rechercher les moyens de remplacer dans la direction de l'école communale les frères de la doctrine chrétienne par des laïques. Le 23 septembre, la question des écoles devient l'objet d'une vive discussion au sein du conseil municipal. Plusieurs membres exposent que sous un gouvernement républicain, tel que celui que la France s'est donné, la jeunesse doit recevoir une éducation plus forte, plus solide et surtout plus nationale que celle que ne sauraient lui donner les corporations religieuses, qui par leur tendance monarchique et leur système d'enseignement, ne peuvent former des citoyens comprenant leurs droits et leurs devoirs, tels que doivent les exercer les citoyens d'une grande République. En conséquence, ils proposent de substituer aux frères de la doctrine chrétienne, actuellement chargés de l'instruction primaire des enfants de la commune, un instituteur laïque qui s'adjoindra les aides que nécessitera le nombre des élèves qu'il aura. La majorité du Conseil arrête ensuite qu'il sera fait toutes démarches nécessaires pour arriver à la réalisation de cette proposition.

Le 20 novembre 1871, le conseil municipal ouvre une souscription patriotique pour la libération du territoire et il vote l'acquisition de deux bustes de la République.

Le 27 février 1872, il accepte avec reconnaissance un legs de M. le marquis de Chabrillan ainsi conçu : « Mes héritiers paieront à l'hospice de Saint-Vallier la somme de deux mille francs que le comte de Chabrillan, mon fils, lui a léguée, pour fournir du chauffage aux pauvres de cette ville, si cette somme ne lui a pas déjà été payée. J'ajoute à cette somme trois mille francs qui seront ainsi que les deux premiers mille francs placés pour que les revenus de ces deux sommes soient employés au chauffage des pauvres qui voudront bien prier pour leurs donateurs lorsqu'ils recevront les distributions qui leur seront faites. »

M. le marquis de Chabrillan qui n'avait pas voulu s'éloigner de Paris pendant la guerre contre la Prusse, y était décédé le 10 mars 1871, des suites d'un accident. Ramené à Saint-Vallier, ses funérailles avaient lieu dans le mois de juin. Ce fut un jour de deuil pour les habitants qui ne pouvaient oublier ni son dévouement absolu pour tous les intérêts de la commune, ni son extrême obligeance pour chacun, ni son inépuisable charité pour les pauvres auxquels il avait voulu laisser un dernier témoignage de sa généreuse sollicitude par ses dispositions testamentaires.

M. le marquis de Chabrillan ayant eu le malheur de perdre, en 1866, l'aîné de ses enfants, M. le comte René qui a laissé un fils, né de son mariage avec Mlle Marie-Séraphine de la Tour-du-Pin Montauban, la transmission du majorat sur demande constituée en 1828, par M. le comte de Saint-Vallier, en faveur de son gendre, M. le comte de Chabrillan, a donné lieu à quelques difficultés, mais elles ont été assez promptement aplanies.

Suivant le décret du 1ᵉʳ mars 1808, la transmission des majorats sur demande dans la descendance de mâle en mâle par ordre de primogéniture devait s'entendre de la primogéniture dans les branches, et non dans toute la descendance de celui qui était grevé de la transmission. Ainsi, l'institué laissant un descendant de son fils aîné prédécédé et un second fils, le petit-fils recueillait, comme descendant de la branche aînée, le majorat préférablement à son oncle, mais depuis la loi des 7 et 11 mai 1849, il n'en est plus ainsi.

La transmission des majorats qui existaient à cette époque est non seulement limitée à deux degrés, à partir du premier titulaire, mais elle ne peut plus avoir lieu qu'en faveur des appelés déjà nés ou conçus lors de la promulgation de la nouvelle loi. Or, M. Jacques-Marie-René, fils de M. le comte René, étant né en 1856, n'a jamais eu aucun droit au majorat constitué en 1823 par M. le comte de Saint-Vallier en faveur de son gendre, M. le comte de Chabrillan, devenu marquis de Chabrillan, depuis la mort de son père en 1835, et la transmission du château de Saint-Vallier et des autres immeubles qui composent ce majorat s'est opérée de plein droit en 1871, époque du décès de M. le marquis de Chabrillan, au profit de son second fils, M. Paul, né en 1826.

Dans la session du mois de juin 1872, le maire expose qu'il est inopportun « de demander, en l'état, la suppression de l'école congréganiste tenue par les frères de la doctrine chrétienne. Dans l'intérêt du projet qui a fait l'objet de la délibération du 23 septembre précédent, il convient de n'exercer aucune pression sur le père de famille et de ne pas lui imposer une école laïque, qui n'est pas encore créée, pour le priver de l'école congréganiste, depuis longtemps existante. » M. le maire ajoute « qu'il est de toute nécessité de pratiquer la liberté la plus absolue en respectant les convictions de chacun, que, du reste, c'est une déférence que toute administration doit au contribuable. » Il propose donc de maintenir l'école congréganiste et de mettre en concurrence une école laïque « stimulant probable d'une éducation plus soignée. » La majorité du conseil municipal ne partage pas l'opinion du maire. Il considère que la suppression de l'école des frères est d'une importance majeure et qu'il convient de procéder de manière à en assurer le succès. En conséquence, il décide que les fonds nécessaires pour l'organisation d'une école laïque seront pris, soit sur le budget additionnel de 1872, soit sur les fonds libres. Cette école pourra être installée à l'hôtel de ville. Le traitement de l'instituteur sera de 1.400 francs et celui de l'adjoint de 600 francs.

Les avances faites par les particuliers pour l'organisation de la garde nationale mobilisée seront employées à l'agrandissement du marché aux bestiaux, et une plaque commémorative des 167 souscripteurs pour l'armement de la garde nationale qui ont renoncé au bénéfice du reliquat de leur souscription au profit de la construction des murs du cimetière, sera placée sur l'un de ces murs.

Le 10 août 1873, le conseil municipal arrête qu'un second marché d'approvisionnement aura lieu le dimanche et il émet, le 18 novembre 1873, un avis favorable au projet d'établissement d'un chemin de fer d'intérêt local dit de la Valoire et de Galaure. La ville de Saint-Vallier aura des rapports plus faciles avec les populations agricoles de la Valoire et de la vallée de Galaure, et ces rapports seront avantageux pour tous.

Le 13 février 1874, M. Faure installe le maire, M. Joannin, et les adjoints, MM. Benoît et Boucod, nommés par décret du président de la République du 6 février. En son nom et au nom de ses deux adjoints, MM. Forel et Perdriolat, M. Faure s'exprime ainsi : « Messieurs, le 20 mai 1871, vous nous fîtes l'honneur de nous appeler à la gestion des affaires municipales ;

vous avez, sans doute, présent à la mémoire le sacrifice que vous nous imposiez et que nous redoutions d'accepter.

« Le 6 février 1874, un décret présidentiel nous a retiré le mandat que vous nous aviez confié. Nous avons donc, pendant près de trois ans, administré la ville de Saint-Vallier dans une période difficile, à la suite d'une invasion qui avait troublé les esprits ; le calme, néanmoins, n'a cessé de régner, grâce aux instincts généreux de nos concitoyens.

« Messieurs, nous nous sommes retirés sans protester, mais nous ne saurions le faire sans vous remercier de votre bienveillant concours, et c'est de bon cœur et en toute sincérité que nous remplissons ce devoir. »

M. Faure exprime ensuite son étonnement de la mesure dont ses collègues et lui ont été l'objet, « ayant toujours eu avec leurs chefs hiérarchiques la déférence respectueuse qui leur est due et ayant maintenu l'ordre public et géré les finances municipales avec ordre, économie, et peut-être même avec intelligence, puisque les améliorations réalisées n'ont pas augmenté les charges des contribuables. »

S'adressant à MM. Joannin, Benoît et Boucod, il leur dit : « Nous espérons que la tâche qui était lourde pour nous vous sera légère, et si, comme l'a compris sans doute le gouvernement, vous devez apporter la lumière de vos intelligences, vous nous trouverez toujours disposés à vous seconder sur le terrain des améliorations administratives, et, dans l'intérêt de notre ville. Nous espérons, Messieurs, que vous voudrez bien sanctionner le vote que prendra l'assemblée. »

Après cet exposé, M. Frugier, doyen d'âge, a demandé la parole. Il a fait l'éloge des administrateurs révoqués et il a exprimé son étonnement des mesures prises contre eux, « puisque la circulaire ministérielle faisait espérer que là où il n'y avait pas incapacité, les administrateurs pourraient être maintenus sans s'occuper de leurs opinions politiques ». Il a demandé ensuite à l'assemblée de voter par acclamation sur toutes les propositions présentées par les ex-administrateurs de la commune de Saint-Vallier.

L'assemblée, à l'unanimité, a alors voté, par acclamation, que les administrateurs révoqués avaient bien mérité de la commune de Saint-Vallier.

Le 21 mars 1874, le conseil municipal nomme une commission composée de MM. Faure, Rey et Perdriolat, pour examiner les plans de la place du Tunnel dressés par le sieur Bozonnet. Il arrête qu'une maison sera louée pour l'établissement de l'école laïque des garçons; que la passerelle sur la Galaure sera reconstruite et que l'autorisation pour continuer les travaux d'alignement de la place du Tunnel sera demandée. Il vote trois centimes extraordinaires pour l'exercice de 1875 qui seront moins onéreux que le vote d'une quatrième journée de prestation, et deux centimes extraordinaires pendant quatre ans pour être affectés à la reconstruction en ciment de la passerelle sur la rivière de Galaure.

Le 4 décembre 1874, le maire, M. Joannin, installe les membres du conseil élus le 22 novembre, MM. Perdriolat, Faure, Imbert, Frugier, Forel, Sarrère, Begot, Rey, Bernard, Roux, Dervieu, Nivon, Peichon Joseph, Buissonnet Anselme, Buissonnet Louis, Peyssel, Belle, Dorier, Maurice, Bador et Peichon Antoine. Le conseil municipal arrête que les effets d'habillement de la compagnie des sapeurs-pompiers qui a été dissoute, seront distribués aux pauvres et que l'agrandissement de la place du Tunnel sera poursuivi par expropriation.

Le 23 mars 1875, sous la présidence de M. de Colonjon, qui a été nommé maire, le conseil municipal émet un vote favorable pour l'établissement d'un chemin de fer d'intérêt local de Saint-Vallier à Nyons, passant par Saint-Uze, Lamotte, Claveyson, Saint-Donat. Deux mois après, l'école laïque des garçons est installée et l'élargissement de la rue des Pénitents, qui donne accès au marché des bestiaux, est approuvé.

Une indemnité de 1.630 francs offerte par l'intendant général pour le versement des armes de la garde nationale dans les arsenaux de l'Etat est acceptée par le conseil municipal qui accepte également deux legs faits à l'hôpital, l'un de 500 francs par M#me# Ogier veuve Collet, et l'autre de 1.000 francs par M. Malgontier Eugène.

Dès le mois de janvier 1876, les habitants de Saint-Vallier apprennent avec un vif regret que la maison Chartron, qui a contribué si longtemps à la prospérité de la ville, liquide ses affaires. Les faits qui déterminèrent cette résolution ne sauraient être omis. Après la mort de M. Victor Chartron, en 1841, son frère aîné, M. Raphaël Chartron, continua à diriger les manufactures de soieries de Saint-Vallier et de Saint-Donat jusqu'en 1849. A cette époque, pour se consacrer entièrement à ses fonctions de maire, dont il venait d'être investi de nouveau par la confiance de ses concitoyens, il se retira des affaires et associa ses deux neveux, MM. François et Paul Chartron, qui ne tardèrent pas à s'adjoindre leur beau-frère, M. Lodoix Monnier, de Lyon. Les affaires de la nouvelle société prirent un développement considérable. Les fabriques de Saint-Vallier et de Saint-Donat occupèrent jusqu'à 700 ouvriers, et MM. Chartron et Monnier eurent une maison à Milan, une maison à Londres et, avec le concours de M. Eugène Buissonnet, ils établirent en Chine et au Japon la première maison française pour le commerce des graines de vers-à-soie, des cocons et de la soie.

Après plus de vingt ans de grande prospérité, des pertes énormes et successives produites par la baisse persistante de la soie déterminèrent, le 15 janvier 1876, MM. Chartron et Monnier à liquider leurs affaires. Un traité intervint entre eux et leurs créanciers, le 28 février suivant, par lequel ils s'engageaient à se libérer en trois ans, et dès le 31 décembre 1876, tous leurs créanciers étaient intégralement payés en capital et intérêts.

Pour arriver à ce résultat, M. François Chartron n'avait pas hésité à vendre tous ses immeubles de Saint-Vallier et de Saint-Barthélemy. Il s'était ensuite retiré à Lyon auprès de l'une de ses filles, emportant les regrets des habitants de sa ville natale où il était si justement entouré de la considération de chacun. Par suite de la vente des fabriques de Saint-Vallier, l'ancien couvent des Picpus, dont une partie avait été transformée en une vaste et belle habitation, est redevenu un couvent depuis que les dames de la Nativité en ont fait l'acquisition en 1876, et y ont installé dans les conditions hygiéniques les meilleures, une école gratuite pour les enfants de Saint-Vallier, un externat et un pensionnat payants pour les jeunes filles qui reçoivent une instruction très complète et les soins les plus intelligents et les plus dévoués. (1)

Les dissidences entre les mandataires de la commune ne cessent pas, et le 25 mai 1876 M. Faure est de nouveau installé comme maire. MM. Forel et Perdriolat sont également réinstallés comme adjoints.

(1) La congrégation de la Nativité, qui se consacre à l'éducation des jeunes filles, a été fondée à Crest, le 26 octobre 1813, par l'abbé Enfantin avec le concours généreux de Madame la marquise de Fransu. L'année suivante, la maison mère de la Nativité fut transférée à Valence et le nombre des religieuses s'accrut rapidement. Cet ordre comptait plusieurs couvents dont deux dans le département de l'Isère, l'un à Vienne et l'autre à Roussillon, lorsque M. Bouchard, vicaire général de l'évêché de Grenoble, voulut en 1824, obliger les religieuses du couvent de Roussillon à embrasser les règlements de l'œuvre diocésaine qu'il avait établie pour l'éducation des jeunes filles.

Les religieuses de Roussillon, sachant que leur fondateur était opposé à ce projet, restèrent fidèles aux règlements de leur ordre. Mgr l'évêque de Grenoble prononça alors la dissolution de l'établissement de Roussillon et ordonna que sa chapelle fut fermée. Les religieuses revinrent à Valence dans le mois de septembre 1824 et le 4 octobre suivant, elles se rendirent à Saint-Vallier où elles prirent possession de la maison Vitalis qui avait été achetée quelques jours auparavant.

Cette arrivée imprévue des religieuses de la Nativité à Saint-Vallier, où il y avait déjà un établissement des sœurs de Saint-Joseph, émut les habitants. Ils se disaient que deux communautés ne pourraient s'y soutenir dans leur petite ville et que bientôt la Nativité serait obligé de se retirer, faute de ressources.

M. l'archiprêtre ne voulait point les recevoir et les autorités civiles ne leur firent pas un meilleur accueil. Frappé de ce délaissement général, un des

Le 16 août suivant, la réorganisation d'une compagnie de sapeurs-pompiers d'après la disposition de la loi du 25 août 1871, qui fait des sapeurs-pompiers des compagnies militaires plus que des sociétés de sauveteurs en cas d'incendie, est refusée par le conseil municipal. Ce refus a pour conséquence la désorganisation de la compagnie des sapeurs-pompiers qui a rendu de grands services toutes les fois que des sinistres ont eu lieu à Saint-Vallier et dans les communes voisines.

L'insuffisance de l'église a engagé le conseil de fabrique à provoquer une souscription pour l'agrandir. Ses efforts et ceux du clergé ont été couronnés de succès. Les souscriptions ont atteint le chiffre de 50,000 fr. et un plan avec devis a été dressé. Il est soumis au conseil municipal qui déclare d'abord que le plan ne paraît pas suffisamment étudié et qu'il n'y a pas lieu de donner suite au projet d'agrandissement de l'église, « parce qu'elle est solide et suffit à toutes les cérémonies du culte, et fût-elle deux ou trois fois par an trop petite, c'est un cas qui se présente dans toutes les églises de France sans en excepter Notre-Dame de Paris. »

Le 25 août 1876, le conseil municipal vote une somme de 200 fr. pour venir en aide aux familles nécessiteuses des réservistes appelés sous les drapeaux, et quelques mois après il vote un crédit de 200 fr. pour secourir les ouvriers Lyonnais en détresse par suite du chômage de la fabrication des étoffes de soie. Il approuve les plans et devis d'une passerelle en fer qui

---

vicaires de Saint-Vallier, M. l'abbé Thivillier se fit le protecteur des religieuses de la Nativité et grâce à ses soins bienveillants, elles furent cloîtrées le 27 octobre, conformément aux règlements de leur constitution.

Madame la supérieure ouvrit bientôt une classe pour les enfants pauvres et un externat. Les soins intelligents et dévoués qu'elle fit prodiguer à ces enfants attirèrent la confiance des familles, plusieurs des plus distinguées demandèrent l'admission de leurs enfants comme pensionnaires et les religieuses s'empressèrent de les accueillir. Le nombre des élèves de cette catégorie comprit bientôt des jeunes filles des communes voisines et il augmente chaque année depuis que les sœurs de la Nativité sont installées dans la vaste et agréable habitation de M. François Chartron.

coûtera 10,080 fr., et il ajourne la canalisation de la rue du Château dont la dépense est évaluée à 6,000 fr. Un legs de 600 fr., fait à l'hôpital par Mme Bonvillet née Sophie Bondrieux, est approuvé le 12 janvier 1878. Le maire, M. Faure, installe les membres du conseil municipal : MM. Forel Michel, Imbert François, Begot Antoine, Frugier Florentin, Perdriolat Fabien, Sarrère Honoré, Roux Louis, Boissonnet Louis, Peichon Antoine, Nivon Alexandre, Rey Julien, Bernard Alexis, Darvier Joseph, Peichon Joseph, Amblard Victor, Peyssel Gilbert, Oriol Félix, Bador Paul, Maurice Joseph, Griottier Louis.

Le 8 février, la majorité du conseil se prononce contre la proposition de l'adjoint M. Forel, qui a pour objet le transfert au Champ-de-Mars d'une partie du marché aux bestiaux.

Le 18 mai, M. le maire demande un vote de confiance à raison de certaines rumeurs publiques désobligeantes contre lui, et la majorité du conseil le lui accorde.

Le projet d'agrandissement du marché aux bestiaux est adopté par le conseil municipal et approuvé par les plus forts imposés. M. Bonvillet est nommé ensuite second adjoint en remplacement de M. Forel, démissionnaire.

De nouvelles dissidences se produisent; trois conseillers municipaux : MM. Sarrère, Bador et Begot donnent leur démission; et, le 12 février 1879, le maire s'adressant au conseil municipal s'exprime en ces termes : « J'entends dire qu'il se trame contre moi des sujets de mécontentement et que probablement les démissions qui sont aujourd'hui données seront bientôt plus nombreuses. Eh bien, Messieurs, après avoir été peut-être un des plus sincères organisateurs de la couche nouvelle qui est arrivée à l'administration municipale, je viens vous déclarer que je ne veux pas en être le désorganisateur; je viens vous dire que, jusqu'à ce jour, j'ai tenu haut et ferme, en loyal républicain, une ligne de conduite droite et sincère dégagée de toute partialité; je viens enfin vous demander aujourd'hui un vote de confiance qui sera pour moi un guide dans un conflit qui ne peut qu'écœurer un honnête homme. »

Après avoir échangé quelques observations, treize conseillers municipaux sur seize se prononcent pour le vote de confiance demandé par M. le maire.

Le 12 novembre 1879, après la conférence faite à Romans par Gambetta, le conseil municipal, s'inspirant de la fameuse apostrophe : « Le cléricalisme, voilà l'ennemi! » émet un vœu pour la création d'une école laïque des filles et un second vœu pour la transformation de l'école congréganiste des garçons en école laïque.

Le 22 du même mois, le conseil municipal, sous l'impression de l'opinion publique, rapporte ce dernier vœu. Sept jours après un des membres du conseil municipal, M. Sarrère, proteste contre cette décision, mais elle est maintenue par la majorité du conseil municipal.

Le 12 novembre, MM. Perdriollat et Bonvillet ont été nommés administrateurs de l'hospice et du bureau de bienfaisance en vertu de la loi du 5 août 1879, et le 10 décembre suivant le conseil municipal a émis un avis favorable pour la création d'une société de secours mutuels dans l'intérêt des ouvriers.

Les plus forts imposés sont convoqués pour voter un empruut de 80,000 fr. pour divers travaux et un emprunt de 30,000 fr. pour construire des écoles laïques. Quelques-uns des plus forts imposés demandent que la question soit de nouveau examinée, mais M. le maire s'y refuse. Il excipe de la circulaire ministérielle du 27 mars 1837 qui ne permet pas de discuter de nouveau les projets adoptés par l'administration municipale.

Les membres dissidents se retirent, et ceux qui restent formant la majorité, la séance continue et l'assemblée vote : 1° un emprunt de 80,000 fr. pour divers projets d'utilité communale et l'imposition pendant trente ans de 20 centimes additionnels à partir de 1881 ; 2° un emprunt de 30,000 fr. pour la construction des écoles laïques et l'imposition extraordinaire de 4 centimes pendant 31 ans, également à partir de 1882.

Le 2 février 1880, une commission composée de MM. Sarrère, Martouret et Griottier est chargée de s'occuper de la création d'une école communale gratuite des filles qui est la grande préoccupation de plusieurs conseillers municipaux. Provisoirement la salle des élections de l'hôtel de ville servira de salle pour l'enseignement.

Dans la session du mois de mai 1880, M. Frugier, premier conseiller en ordre, propose de voter des remerciments à MM. Faure, maire, et Perdriolat, adjoint, tous deux démissionnaires par force majeure, « qui, pendant leur longue administration, se sont constamment montrés pleins de zèle et d'intelligence, et qui se retirent sans que la ville soit endettée d'un centime. »

M. Frugier expose ensuite « que la population de Saint-Vallier est assez nombreuse pour qu'on y reconnaisse la nécessité de deux écoles. L'émulation sera plus grande et plus soutenue. Les maîtres pourront plus fructueusement remplir leur tâche, chaque citoyen aura ainsi la liberté de placer ses enfants où il lui plaira et la population ne sera plus divisée en deux camps opposés. » Frappé de ces considérations le conseil émet un vote favorable pour le maintien de l'école congréganiste des garçons, mais il ne tarde pas à le rapporter.

Le 31 mai 1880, a lieu l'installation du maire, M. Frugier, des adjoints, MM. Sarrère et Peichon, des conseillers municipaux, MM. Perdriolat, Darvier, Oriol, Griottier, Bonvillet, Biennier, Ponsonnet, Chanaud, Denesson, Roullet et Revol. Le 23 août, le conseil nomme deux membres pour s'occuper du rachat du pont sur le Rhône et, le 27 novembre, il réclame avec instance le classement immédiat, dans le réseau d'intérêt général, du chemin de Saint-Vallier à Romans, passant par Saint-Donat, auquel doivent se souder divers chemins de fer d'intérêt local à voie étroite. Le conseil municipal fait valoir « que les deux principales richesses du canton, les cocons et la vigne, ont pour ainsi dire complètement disparu ; la maladie des vers à soie, d'un côté, le phylloxéra, de l'autre, en ont eu raison. De là, pour les agriculteurs, la nécessité, tout en combattant pour la défense de leurs anciennes richesses, de modifier leurs cultures et de demander à d'autres produits les ressources que les fléaux leur ont enlevé. Grâce aux chemins de fer, l'agriculture locale trouverait un écoulement facile pour ses nouveaux produits. D'autre part, l'industrie du pays, dont quelques établissements ont été délaissés faute de bonnes communications avec le grand réseau, reprendrait son essor et en s'étendant progressivement ramènerait la prospérité dans la contrée. » Malgré leur importance, ces considérations ne furent pas accueillies et l'établissement d'une voie ferrée de Saint-Vallier à Romans par Saint-Donat, est aujourd'hui, à peu près abandonné.

Le 23 janvier 1881, le maire, M. Frugier, installe les membres du conseil municipal nouvellement élus : MM. Oriol, Bienner, Peichon Antoine, Bech, Sarrère, Begot, Thonnérieux, Darvier, Rey, Valette, Lasaigne, Ponsonnet, Amblard, Joly, Denesson, Imbert, Bernard, Perdriolat, Peichon Joseph, et Gouy. Le premier acte du nouveau conseil municipal consiste à déclarer qu'il est de son droit et de son devoir d'élever les jeunes générations dans l'amour et dans la connaissance des principes et des idées sur lesquels repose le régime républicain, qu'il importe d'arracher cette institution au parti clérical qui combat les principes conquis par la révolution française. En conséquence, il émet, le 26 février, le vœu « que l'école communale congréganiste des garçons de Saint-Vallier soit supprimée. »

Ce vœu, contraire à celui du 20 mai précédent, faisait présager un changement dans l'administration municipale et, le 11 mars 1881, M. Sarrère, maire, et MM. Peichon Antoine et Valette Vincent, adjoints, nommés par décret du 5 mars, étaient installés. Sur la proposition de M. le maire, des remercîments sont votés à M. Frugier pour son dévouement et sa bonne administration pendant qu'il a exercé les fonctions de maire. Le conseil renouvelle ensuite le vœu émis le 26 février précédent pour la transformation de l'école communale congréganiste des garçons en école laïque. Deux mois après, il décide la réunion des écoles des garçons dans le local du Champ-de-Mars et il vote l'acquisition des bâtiments de M. Raymond Baboin, pour l'école des filles. Le but que poursuivaient depuis 1871 les partisans de la laïcisation absolue des écoles communales se trouvait ainsi atteint.

La suppression de l'école congréganiste des garçons n'obtient pas l'assentiment de toutes les familles et elle motive deux réclamations importantes : l'une concerne un legs de trois mille six cents francs, fait par Madame de la Fayolle, née de Chabrillan, pour le traitement d'un frère de la congrégation; l'autre a pour objet la demande formée par les héritiers de M. Raphaël Chartron, ancien maire de Saint-Vallier, tendant au transfert à l'hospice du legs de huit mille trois cent quinze francs, fait par leur auteur à la commune de Saint-Vallier à la condition que celle-ci en emploierait la rente exclusivement à l'école communale des frères, et, que dans le cas où cette école cesserait d'être dirigée par les frères, la rente serait servie non plus à la commune mais à l'hospice de Saint-Vallier. Ces deux réclamations étaient parfaitement fondées et le conseil municipal dut y faire droit.

Quoique le nombre des élèves de l'école communale laïque des garçons soit considérablement diminué par celui des élèves qui font partie de l'école congréganiste, devenue libre, le conseil municipal se préoccupe de l'insuffisance des cours pour les récréations des élèves de l'école du Champ-de-Mars. Le 13 janvier 1882, il vote l'acquisition, par voie d'expropriation pour cause d'utilité publique, d'un tènement de terre labourable que M. le comte Paul de Chabrillan possède au quartier du Champ-de-Mars en face de l'école des garçons. Il fixe le prix de ce tènement de terre, dont la contenance est de 2.435 mètres carrés, à 10.000 francs, soit 4 fr. 50 le mètre carré, tandis que le terrain contigu du côté du levant a été acquis, en 1854, par la Compagnie de chemin de fer de Paris-Lyon-Méditerranée à raison de 7 fr. 50 le mètre carré.

Des pourparlers pour arriver à une vente amiable n'ayant pu aboutir, la municipalité obtient, le 27 janvier 1883, un décret qui déclare d'utilité publique la construction d'annexes à l'école communale des garçons et autorise la commune à acquérir au besoin par voie d'expropriation l'emplacement nécessaire à l'établissement de l'édifice projeté. Le 16 avril suivant, la municipalité déclare que la cession pour cause d'utilité publique de l'immeuble de M. de Chabrillan est nécessaire à la ville pour la création d'annexes à l'école des garçons, et elle fait offre amiablement de la somme de 10.000 francs. M. de Chabrillan persiste dans son refus de vendre son immeuble qui est séparé par la rue de l'école communale des garçons et, le 24 mai 1883, le tribunal de Valence prononce l'expropriation demandée par la commune de Saint-Vallier.

Nous n'avons pas à rappeler les péripéties administratives et judiciaires de cette expropriation qui a dû être renvoyée successivement par deux arrêts de cassation du tribunal de Valence à celui de Nyons d'abord et à celui de Die ensuite. Le 24 novembre 1886, l'indemnité de 3.600 francs fixée par le jury de Die, mais réduite à 2.828,05 par les frais mis à la charge de M. de Chabrillan pour n'avoir formé aucune demande en indemnité, a été l'objet d'offres judiciaires de la part de la municipalité de Saint-Vallier. M. de Chabrillan ayant refusé ces offres, la somme de 2.828 fr. 05 a été versée à la Caisse des dépôts et consignations et l'administration municipale a pris possession, le 10 décembre suivant, des deux parcelles de terrain expropriées pour lesquelles elle avait offert 10.000 fr., ensuite 5.000 fr. et enfin 3.000 fr.

Le traitement de l'instituteur titulaire a été fixé à 2.000 fr., et celui des deux adjoints à 1.500 fr. L'institutrice recevra 1.000 fr. les deux adjointes 1.600 fr., et la directrice de la salle d'asile 900 fr.

La loi du 28 mars 1882 qui substitue l'instruction morale et civique à l'instruction morale et religieuse, prescrite par l'art. 23 de la loi du 15 mars 1850, provoque de nombreuses résistances. Elle n'est point acceptée par les pères de famille qui pensent que l'enseignement religieux est indispensable pour l'éducation de leurs enfants et « qu'à la doctrine anarchique : Ni Dieu, ni maître », il faut opposer la doctrine humaine : « Dieu, Patrie, Liberté » (1).

Dès le 22 février 1882, le Conseil municipal nomme une commission scolaire composée du maire et de six autres membres pour surveiller et encourager la fréquentation des écoles par des récompenses et par la délivrance de livrets de la caisse d'épargne.

Le 5 juin, l'administration municipale fait dresser la liste des vingt-six propriétaires de la Buissonnée qui refusent depuis 1880, de payer à la commune la rente de 12 francs par hectare dont ils s'étaient acquittés antérieurement. Ils soutiennent que la commune ne justifiant d'aucun titre, elle ne peut les contraindre à servir aucune rente et ils persistent dans leur refus.

Le 6 juillet, un emprunt de 30.000 fr., remboursable en trente ans, est voté pour être employé à la construction et aux réparations des écoles communales.

Le 10 septembre 1883, la digue le long du Rhône ne protégeant plus depuis longtemps la ville d'une manière efficace contre les crues du fleuve, la municipalité sollicite du gouvernement la construction d'un nouveau quai avec bas-port. Elle fait valoir que dans une partie considérable de sa longueur le perré et les enrochements de la digue sont pour ainsi dire suspendus et ont subi des affaissements, que des affouillements forment dans le sous-sol des maisons des excavations dangereuses et que cette situation tend à s'aggraver chaque jour par suite des travaux exécutés en amont sur la rive gauche. Elle ajoute « que sur le littoral du Rhône, la ville de Saint-Vallier est le seul point qui ne possède pas de quai et qui n'ait point de port d'embarquement ; que la population de Saint-Vallier

---

(1) Jules Simon, *Revue contemporaine*, 1894.

étant fermement attachée aux institutions républicaines a droit à la sollicitude du gouvernement. »

Cette demande si bien justifiée n'est point accueillie par l'administration et les doléances des habitants se renouvellent chaque fois que de nouvelles crues du Rhône ont lieu.

Le 18 mai 1884, le maire installe les membres du Conseil municipal, MM. Rey André, Amblard Victor, Oriol Félix, Thonnérieux Nicolas, Bernard Alexis, Bech Joseph, Peichon Antoine, Begot Antoine, Joly Eugène, Imbert François, Denesson Antoine, Darvier Joseph, Roullet François, Peichon Joseph, Ponsonnet Clément, Biennier Régis, Gouy Claude, Valette Vincent, Grégoire Auguste, Rey Julien. En exécution de la nouvelle loi municipale, M. Bernard Alexis a pris la présidence comme le plus âgé, et il a été procédé à l'élection du maire et des deux adjoints. M. Sarrère a été élu maire, et MM. Rey André et Rey Julien ont été élus adjoints.

Un mois après, le 28 juin, M. le maire prend un arrêté qui interdit les processions en dehors des édifices consacrés au culte dans la commune de Saint-Vallier « parce qu'elles seraient en ce moment une cause possible de manifestation contraire à la paix et à l'ordre public. »

Ces craintes étaient-elles bien fondées? Nous l'ignorons, mais il est bien certain que cette mesure n'a pas été prise dans les autres communes du canton et que dans aucune d'elles la paix et l'ordre public n'ont été troublés par les processions.

Le 15 août, le conseil municipal approuve la création d'un abattoir au territoire de Chifflet, et le 14 septembre, il émet un vœu pour que la culture du tabac soit autorisée dans les cantons de Moras, Saint-Donat, le Grand-Serre, Saint-Vallier, Tain et le Bourg-du-Péage afin de suppléer à la destruction des vignes par le philloxéra et à l'anéantissement presque complet des vers à soie, le rendement négatif du blé imposant aux cultitivateurs de la région des sacrifices qui pourraient être atténués par cette culture. Ce vœu n'a pas été accueilli par le gouvernement et les viticulteurs ont dû faire de nouveaux efforts pour reconstituer leurs vignes avec des plants américains.

Le 16 novembre, pour répondre à certains bruits malveillants répandus dans le public, d'après lesquels les travaux d'agrandissement de la place du marché aux bestiaux n'auraient pas été exécutés conformément au projet voté, le conseil municipal déclare qu'il n'a été apportée aucune modification aux plans dressés par l'architecte Reynaud et approuvés par M. le Préfet le 1er mars 1879, si ce n'est la construction d'un escalier pour relier les deux marchés qui n'avait pas été prévu dans la rédaction du projet.

Le 4 février 1885, le Conseil municipal prend l'engagement de parfaire jusqu'à concurrence de 12.000 francs les offres de concours faites à l'Etat par les communes intéressées au rachat du pont de Saint-Vallier sur le Rhône, sous la condition qu'il sera définitivement ouvert à la libre circulation le 1er juin 1885. Ni le délai imparti, ni la somme offerte ne paraissent suffisants à l'administration. Le conseil municipal, au mois de novembre, consent à augmenter ses offres de 1.000 francs, à la condition que le pont sera livré à la libre circulation le 1er janvier 1886. Un nouveau retard était à craindre, mais les élections conservatrices de l'Ardèche ayant été annulées par la Chambre des Députés, un décret du 31 décembre 1885 supprima, à partir du 1er janvier 1886, le péage des ponts sur le Rhône, de Saint-Vallier, Tournon, Valence, etc. Par suite de ces faits, la commune de Saint-Vallier n'a eu à verser qu'une somme de 7.336 fr. dont 6.335 fr. provenaient de souscriptions.

Le 22 juin, un emprunt de 40.000 fr. à faire au Crédit Foncier est voté par le Conseil municipal pour la création de l'abattoir de Chifflet. Cet emprunt devra être remboursé par un emprunt de neuf centimes additionnels au principal des quatre contributions directes devant produire annuellement 2.338 fr. Cet emprunt est approuvé par l'autorité supérieure, mais il est réduit à 29.750 francs, et son remboursement devra être effectué en vingt-neuf ans et demi à compter du 31 juillet 1886.

Le 17 avril 1886, le conseil municipal adresse aux représentants du département ses félicitations et ses remerciements les plus vifs pour leurs démarches auprès du Ministre de l'intérieur qui leur a donné l'assurance que le Sénat allait être saisi à bref délai d'un projet de loi définitif concernant la concession des canaux dérivés du Rhône dont l'établissement sera si utile pour l'agriculture. Hélas ! l'assurance donnée par M. le ministre de l'agriculture et annoncée avec tant d'empressement par MM. les représentants de la Drôme est encore à réaliser.

Le 13 novembre, la municipalité émet le vœu que le réseau des chemins de fer d'intérêt local de la Drôme soit mis à exécution dans le plus bref délai possible conformément aux termes de la concession donnée par le Conseil général. En même temps, elle se prononce énergiquement contre la substitution d'un tramway aux chemins de fer concédés. Ni ces vœux, ni ces protestations n'ont été accueillis.

Le Conseil général, qui a été saisi de l'importante question du classement du chemin de grande communication n° 1 comme route départementale, désirant gagner du temps, décide, le 20 avril 1887, qu'il y a lieu de tenir compte des sérieuses considérations présentées à l'appui de cette demande, mais qu'il convient d'être fixé d'abord sur les sacrifices que les communes veulent s'imposer de nouveau en dehors des obligations actuelles. Le conseil municipal après avoir pris connaissance de cette décision, déclare, le 27 juin, qu'il s'engage à verser une somme de 1.500 francs pour la réalisation d'un classement dont l'administration reconnaît la nécessité. L'exemple donné par le conseil municipal de Saint-Vallier n'est malheureusement pas suivi par les autres communes de la vallée de Galaure et la solution de cette affaire se trouve ainsi ajournée.

Le 19 août, le projet d'établissement d'une ligne de tramways de Saint-Vallier au Grand-Serre et à Romans par Châteauneuf donne lieu à d'importantes observations de la part du Conseil municipal. Il fait valoir qu'il est indispensable dans l'intérêt du trafic de cette ligne de donner la préférence au tracé le plus direct et par suite le plus court. En conséquence, il demande : 1° que la voie sur le chemin de grande communication n° 1, entre Saint-Vallier et Saint-Uze soit établie sur un accotement et autant que possible du côté de Galaure après que la route aura été élargie de 2 mètres au moins ;

2° Que le tracé de la ligne de Romans soit modifié en ce sens que la jonction des deux lignes de Romans et du Grand-Serre devra s'effectuer au pont de Saint-Uze, en passant par Saint-Barthélemy et Bren.

En 1887, un évènement politique considérable se produit et surexcite vivement les esprits. M. Wilson, député, est impliqué dans des poursuites judiciaires pour trafic de décorations et le 1er décembre 1887, son beau-père, M. Jules Grévy, est contraint par l'opinion publique à donner sa démission de Président de la République. Deux jours après, M. Sadi Carnot est nommé en son remplacement par le Congrès législatif et le conseil municipal de Saint-Vallier lui envoye l'adresse suivante :

Monsieur le Président de la République,

« Les conseillers municipaux de Saint-Vallier, réunis extraordinairement ont l'honneur de vous adresser leurs sincères félicitations.

« Ils espèrent que votre élection, due à l'entente des représentants de la France républicaine, mettra un terme à nos divisions et assurera aussi la grandeur et la prospérité de notre chère patrie.

« Vive la France, vive la République. »

Le 20 mai 1888, le nouveau conseil municipal est installé, il se compose de MM. Buissonnet Louis, Amblard Victor, Sarrère Honoré, Grégoire Auguste, Frugier Auguste, Imbert Louis, Perdriolat Julien, Joly Eugène, Thonnérieux Nicolas, Bech

Joseph, Baboin Aimé, Begot Antoine, Renaud, Buissonnet Eugène, Darnaud Charles, Darvier Joseph, Haas Georges, Ravit Emile, Bouvier Vital, Tarel, Buissonnet Ernest, Champlovier.

M. Sarrère est élu maire et MM. Buissonnet Louis et Bégot Antoine sont élus adjoints. M. le maire « remercie ses collègues de l'honneur qu'ils lui font et compte sur leur dévouement pour l'accomplissement de sa tâche dont le but sera toujours la prospérité du pays et, dans la mesure de ses attributions, le développement ds institutions républicaines. ».

Le 5 juin, le conseil municipal, après avoir ouï le rapport du maire sur les opérations budgétaires de 1887, d'où il résulte que les recettes se sont élevées à 74.985 fr. 44 et les dépenses à 79.982 fr. 40, entend les observations de M. Eugène Buissonnet qui trouve l'état du budget singulièrement aggravé par les dépenses considérables qu'ont nécessitées une série de travaux décidés depuis quelques années. Il ajoute « que ces dépenses ont obligé la commune à contracter des emprunts importants et constituent des charges énormes qui se résument actuellement en des centimes additionnels sérieux et en augmentation des droits d'octroi. Il ne veut pas faire d'opposition systématique, il votera les articles aux recettes et aux dépenses, mais il entend faire les réserves les plus formelles pour dégager complétement sa responsabilité. »

MM. Roullet, Baboin, Perdriolat, Renaud, Ravit, Bouvier, Tarel et Champlovier déclarent partager complétement la manière de voir de M. Buissonnet et s'associer pleinement aux réserves qu'il a faites.

Il est ensuite procédé au vote du budget qui réunit l'unanimité des voix.

Le 10 juin, M. le maire déclare « qu'il est de son devoir non pas de protester contre une partie de la déclaration faite par M. Buissonnet, mais de donner, ce qu'il fera dans la prochaine séance, des explications au sujet des emprunts contractés par la Ville pour divers travaux.

« Ces explications, ajoute M. le maire, seront la justification des municipalités qui se sont succédées depuis un certain nombre d'années et mettront, je l'espère, un terme à des critiques que je ne puis considérer que comme injustes et non justifiées. »

Cet incident indiquait un désaccord qui ne tardait pas à devenir plus grave. Dans la séance du 10 août, M. le maire donne lecture d'une proposition de MM. Baboin et Roullet « pour inviter l'administration municipale à agir instamment auprès de l'administration supérieure afin d'obtenir le retrait de la décision ministérielle concernant le chapitre de la paroisse dont le traitement a été suspendu. MM. Baboin et Roullet font valoir à l'appui de leur demande « que la dissidence survenue entre l'administration civile et M. l'archiprêtre curé de Saint-Vallier, a pour origine un acte d'ordre purement ecclésiastique et que l'arrêt de suspension notifié au clergé paroissial augmenterait considérablement, s'il était maintenu, les charges déjà lourdes supportées par les contribuables. »

M. le maire déclare s'opposer formellement à la discussion de cette proposition qui ne rentre pas dans les attributions du conseil municipal et à laquelle les intérêts des contribuables restent complètement étrangers. Il ajoute « que les traitements de MM. Sautreaux et Terpeut seront rétablis dès que ces messieurs auront demandé leur déplacement et désavoué du haut de la chaire les manœuvres et les propos qui leur sont reprochés. »

Ces dernières paroles soulèvent un violent tumulte et plusieurs membres insistent pour qu'il soit procédé au vote immédiatement. D'après le procès-verbal, M. le maire fait alors remarquer que cette proposition ne figurant pas à l'ordre du jour, il conviendrait, par déférence envers les membres du conseil qui sont absents, d'ajourner le vote à la séance prochaine.

Plusieurs membres protestent de nouveau et réclament le vote immédiat.

En face de cette résistance, M. le maire « laissant à ses auteurs la responsabilité de cette façon de procéder en l'absence de collègues qui ne sont pas et ne pouvaient être prévenus, met aux voix la proposition déposée par MM. Baboin et Roullet, laquelle est votée par onze voix contre neuf et un bulletin blanc, sur vingt-et-un votants. »

Ce procès-verbal, que nous avons dû reproduire textuellement, donne lieu dans la séance du 3 septembre 1888, à deux rectifications concernant : l'une, le langage tenu par M. Baboin; l'autre, la mention d'ajourner le vote. M. le maire fait ensuite connaître l'arrêté de M. le Préfet, en date du 31 août 1888, qui annule la délibération du conseil mnnicipal du 10 août, « parce qu'elle porte sur un objet étranger aux attributions du conseil municipal. »

M. Baboin proteste contre cette décision de M. le Préfet, mais aucune résolution n'est prise par le conseil municipal.

Du 12 juin 1888 au mois d'octobre 1889, M. le curé Sautreaux a été privé de son traitement pour avoir refusé, conformément à une lettre pastorale de Mgr l'évêque de Valence, d'admettre à la première communion les enfants des écoles laïques ayant entre les mains des livres condamnés par l'Eglise. Un an après, le 20 octobre 1890, il succombait à une maladie de cœur et les habitants de Saint-Vallier se pressaient à ses funérailles. Le conseil municipal y était représenté par le premier adjoint, M. Boissonnet qui tenait un des coins du poêle en remplacement du maire alors démissionnaire, et M. Bordas, se faisait en termes émus, l'interprète des regrets laissés par M. le curé Sautreaux.

Dans la séance du 7 septembre 1888, M. le maire répondant aux observations présentées le 12 juin par M. Eugène Buissonnet et aux réserves formulées à la même date par une partie des membres du conseil relativement à divers travaux publics, dit :

« Messieurs, il y aura bientôt vingt ans, une nouvelle administration succéda brusquement, par la volonté de la population, aux anciennes municipalités qui géraient la ville de Saint-Vallier depuis longtemps ; certes ce ne fut pas sans une légitime émotion que nous acceptâmes la lourde charge que nous imposait la confiance de nos concitoyens. Nouveaux venus, complètement étrangers à tout ce qui se rapporte à l'administration d'une ville, succédant, après une crise épouvantable, à des administrateurs éprouvés, la tâche était lourde, cependant grâce au dévouement de tous, nous eûmes la satisfaction de mériter à de nombreuses reprises les suffrages de la majorité des habitants.

« Avant de poursuivre, vous me permettrez de jeter un regard en arrière et d'exprimer les regrets que nous éprouvons en songeant que plusieurs de nos amis, de nos collaborateurs qui, à des époques difficiles, ne nous marchandèrent jamais leur dévouement, ne sont plus. Que leur mémoire reste parmi nous.

« J'ai hâte d'arriver aux travaux qui ont motivé les réserves formulées par une partie des membres de cette Assemblée et bien qu'elles n'aient pas été désignées, je pense qu'il s'agit :

« 1° De l'agrandissement du marché aux bestiaux ;

« 2° De la construction des écoles ;

« 3° De l'établissement de l'abattoir.

« Vous n'ignorez pas que depuis très longtemps l'agrandissement du marché aux bestiaux fut l'objet des préoccupations des municipalités qui se succédèrent à la mairie ; que dès l'année 1859, la commune fit l'acquisition d'un emplacement destiné à cet agrandissement ; qu'en 1867, le conseil municipal constata l'insuffisance de cet emplacement mais que des dissidences firent ajourner les modifications proposées jusqu'en 1878. A cette date, l'importance toujours croissante des marchés nécessitait l'agrandissement de la place du tunnel et l'élargissement des rues qui y aboutissent. Le conseil municipal approuva les plans proposés et décida qu'ils seraient soumis à une enquête. M. le préfet ordonna l'enquête demandée et sur 388 habitants qui comparurent devant le commissaire enquêteur, 248 approuvérent le projet et les plans proposés par le Conseil municipal.

Cette manifestation en faveur du projet d'agrandissement du marché aux bestiaux ne fut pas la seule, plusieurs élections portèrent exclusivement sur les candidats favorables à cet agrandissement.

« Que devait faire la municipalité en présence d'une volonté manifestée d'une façon aussi énergique ? Pouvait-elle répondre non ? Pouvait-elle résister ? Vous ne le pensez pas ? Elle se conforma à la volonté de la majorité du pays, elle lui obéit, c'était son devoir. »

Abordant ensuite la question de l'école des garçons, M. le maire rappelle que « dès son établissement, en 1843, au moyen de souscriptions, cette école dans laquelle étaient admis gratuitement tous les enfants de la commune, parut insuffisante et préccupa l'administration municipale, mais vainement elle chercha à l'agrandir par des annexes sur le Champ-de-Mars dont l'étendue ne pouvait être diminuée sans nuire à sa régularité et à son usage les jours de foire et autres réunions. En créant des annexes indispensables sur un terrain appartenant à M. de Chabrillan et situé en face de la maison d'école, l'administration municipale n'a fait que compléter, sinon achever l'œuvre de ses prédécesseurs.

« Quant à l'école des filles, prescrite par la loi du 10 août 1867, l'administration municipale de cette époque déclara qu'il n'y avait pas lieu de s'en occuper, attendu que les couvents de Saint-Joseph et de la Nativité se chargeaient d'y pourvoir gratuitement. Douze ans plus tard, en 1879, pour donner satisfaction à l'opinion publique, la municipalité se conforma à la la loi en votant l'école désirée qui reçoit tous les enfants et où on les traite de la même manière, qu'ils soient riches ou pauvres.

« Pour réaliser ces améliorations si importantes, l'administration actuelle n'a fait que se servir des impositions votées par ses prédécesseurs depuis plus de trente ans et les travaux de la place du Marché ainsi que les écoles ont été exécutés sans qu'il en coûte un centime de plus aux contribuables. »

M. le maire entretient ensuite le conseil de l'établissement de l'abattoir dont l'utilité est reconnue par tous. Si la dépense qui devait être de 42.000 fr. s'est élevée à 46.088 fr., on ne saurait s'étonner de cet écart de 4.000 fr. en plus bien permis sur une entreprise pareille.

Enfin, M. le maire après avoir comparé la dépense des écoles qui était de 3.000 fr. en 1868, pour trois frères, pour la directrice de la salle d'asile et pour la supérieure de la Nativité, à celle de 2.633 fr. nécessitée en 1887 pour quatre instituteurs et cinq institutrices, annonce que le budget de la commune se solde pour 1889 par un excédent de recettes de 1.000 fr. et qu'en 1890 le conseil pourra appliquer aux travaux qui paraîtront les plus utiles, un excédent sur ces ressources ordinaires de plus de 5.000 fr. « Aussi, en présence de cette situation, ajoute M. le maire, j'ai l'honneur de vous proposer de voter en principe la la suppression de l'octroi sur les vins, de cette pomme de discorde qui provient d'un malentendu entre le conseil municipal et les habitants. »

Après une discussion, dont le procès-verbal fait mention sans donner aucun détail, le conseil municipal, tout en adoptant en principe la proposition relative à la suppression de l'octroi sur les vins, ajourne son vote à la prochaine séance pour que chacun puisse prendre connaissance du rapport de M. le maire.

Le 9 novembre 1888, la suppresion de l'octroi sur les vins est arrêtée. Le périmètre de l'octroi est également supprimé et il comprendra à l'avenir tout le territoire de la commune. Cette dernière décision donne lieu à une protestation de la part des personnes qui sont privées par leur éloignement de la ville des avantages et des agréments qu'elle offre à ses habitants. Cette protestation est accueillie par M. le préfet qui refuse d'approuver l'arrêté du Conseil municipal. Le Conseil d'Etat, auquel l'affaire est soumise, le 23 novembre 1889, se prononce dans le même sens que M. le Préfet et le conseil municipal consigne sur le registre de ses délibérations les regrets qu'il éprouve de ce refus parce que la mesure qu'il avait prise, sur la proposition du maire, était généralement demandée par la population.

Le procès verbal très laconique de la séance du 9 novembre 1888, constate que M. Eugène Buissonnet a protesté contre les termes du rapport de M. le maire, dont lecture a été donnée en son absence dans la dernière séance et qu'il a maintenu ses réserves formulées dans la séance du 15 juin.

De son côté, M. le maire a déclaré qu'il maintenait les termes de son rapport, et l'incident a été clos.

Le 9 février 1889, sur l'avis d'une commission composée de MM. Eugène Buissonnet, Boisonnet et Amblard, le conseil municipal approuve les modifications à faire au chemin de grande communication n° 1, l'une à l'angle de la maison Champet, près du pont de pierre; l'autre au coude brusque que forme ledit chemin entre les propriétés Degaud, Charcot, et qui est certainement l'endroit le plus dangereux de tout le parcours du chemin.

Sur la demande de M. le Préfet, du 26 avril 1889, le conseil municipal décide qu'il y a lieu de célébrer le centenaire du 5 mai 1789 par des réjouissances publiques. Il charge M. le maire de régler le programme de cette fête « qui rappelle la date mémorable de la réunion des Etats-Généraux » et il l'autorise à imputer la dépense de cette fête sur le crédit inscrit au budget pour les fêtes publiques. Afin de donner tout l'éclat possible à cette fête « dont la date doit être chère à tous les Français », M. le maire arrête que le dimanche, 5 mai, il y aura à la mairie, à neuf heures du matin, une distribution de secours aux indigents par les soins du bureau de bienfaisance ; à 3 heures 1/2 du soir, un concert sur la place de l'Orme par la Fanfare et l'Orphéon, à 8 heures du soir, sur la place du Champ-de-Mars, bal public et illumination. Tous les établissements publics seront pavoisés et illuminés. Les cafés et les débits de boissons pourront rester ouverts jusqu'à 3 heures du matin. Les habitants sont invités à pavoiser et illuminer leurs habitations.

Ce programme a été si bien rempli que le chiffre de la dépense prévue a été un peu dépassé.

Il résulte du budget arrêté le 30 mai 1889, que les recettes pour 1888, se sont élevées à 51,817 fr. 77 c. et les dépenses à 49,854 fr. 09 c., d'où il résulte un excédent de recettes de 1887, total, 5,068 fr. 12 c. à porter au budget additionnel de 1890. Pour cette dernière année, le budget est porté en recettes à 44,753 francs et en dépenses, à 39,888 fr. 70 c. d'où il résulte un excédent de recettes de 4,869 fr. 30 c.

Le 29 juillet, M. le maire expose au conseil municipal que Mme Chabril, supérieure de la communauté des religieuses de Saint-Joseph à Saint-Vallier, et directrice de la salle d'asile, étant décédée le 8 juillet, M. le préfet a pourvu à cette vacance en nommant une institutrice laïque. Il propose en conséquence de demander l'autorisation de diviser provisoirement l'école maternelle en deux classes, l'une qui sera installée dans les locaux disponibles de l'école des garçons, l'autre à l'école des filles dans des locaux complètement distincts et séparés.

Le 10 septembre 1889, M. le maire installe MM. Rey André, Begot Louis, Julien André, Beraud, Charnaud, Monier, Revollon et Rey Julien, nommés conseillers municipaux les 24 août et 1er septembre en remplacement de MM. Buissonnet, Baboin, Ravit, Tarel, Perdriollat, Renaud, Champlovier, Roullet et Bouvier, dont la démission avait été motivée par le résultat de l'élection au conseil général, qui avait eu lieu quelques jours auparavant. L'un des candidats, M. Buissonnet, s'était présenté sous le patronage d'un comité composé de huit de ses collègues du conseil municipal, mais il n'avait réuni dans la commune de Saint-Vallier qu'un nombre de voix bien inférieur à celui qui l'avait élu membre du conseil municipal.

M. Buissonnet et ses huit collègues du conseil municipal dont il était le candidat, avaient alors cru comprendre qu'ils ne représentaient plus les opinions de leurs commettants et ils s'étaient retirés.

M. Baboin qui avait été réélu conseiller municipal le 24 août 1889, ne fut ni installé, ni remplacé, jusqu'au renouvellement du conseil municipal qui eût lieu le 1er mai 1892.

Le 23 septembre 1889, le conseil municipal prie M. le Préfet de vouloir bien demander instamment à la Compagnie des chemins de fer de Paris-Lyon-Méditerranée de comprendre la gare de Saint-Vallier parmi celles qui délivrent des billets d'aller et retour dans un rayon de 75 kilomètres. Il fait valoir que Saint-Vallier verrait s'accroître son commerce dans une notable proportion, que ses marchés, déjà très fréquentés, prendraient une plus grande importance par les nouvelles relations qui seraient facilitées par les moyens de transport à prix réduits et que la Compagnie Paris-Lyon-Méditerranée serait la première à bénéficier de cette juste amélioration.

Ces considérations ne paraissent pas suffisantes à l'administration des chemins de fer de Paris-Lyon-Méditerranée pour accueillir la demande du conseil municipal et elle déclare, dans le courant du mois de mai 1890, que Saint-Vallier, dont la population comprend seulement 3,228 habitants, n'est pas assez important pour en faire un centre d'émission de billets d'aller et retour.

Le conseil accepte le 21 janvier 1890, l'offre faite par la commission administrative de l'hospice de rembourser à la commune le montant de la subvention de 7;000 fr. qu'elle a reçue de l'Etat lors de la reconstruction de l'hospice pour la création d'une salle d'asile qui devait être installée dans les bâtiments de l'hospice. Le conseil municipal déclare que l'hospice après le paiement de cette somme de 7,000 fr. sera complètement et définitivement libéré de toutes charges concernant les salles d'asiles qui désormais, comme les écoles primaires, seront dirigées exclusivement par des institutrices laïques. Ce résultat poursuivi avec tant de persévérance et au prix de sacrifices considérables n'a point encore obtenu l'assentiment des personnes qui pensent que « l'autorité paternelle et l'indépendance de la famille sont des droits sacrés dont nulle puissance ne saurait les dépouiller et que l'Etat doit protéger et ne jamais envahir. » Il ressort du tableau officiel de la population des écoles de Saint-Vallier en 1890, qu'il y a eu à l'école laïque des garçons 114 élèves et à l'école libre des Frères de la doctrine chrétienne 127 élèves. L'école laïque des filles a reçu 83 élèves et les deux écoles libres de la Trinité et de Saint-Joseph en ont reçu 169. Les admissions des jeunes enfants dans les deux salles d'asile laïques ont été de 42 et de 100 dans la salle d'asile libre des Sœurs de Saint-Joseph.

Le 7 février 1890, le conseil municipal décide que des trottoirs seront établis sur la route n° 7, entre le Champ-de-Mars et la Croix-de-Mission et que le tiers de la dépense sera supporté par les riverains. Il arrête que de nouvelles instances seront faites auprès de l'administration pour obtenir l'amélioration des quais sur les bords du Rhône, et il émet le double vœu que le service du courrier de St-Vallier à Châteauneuf soit prolongé jusqu'au Grand-Serre et que MM. les sénateurs et les députés de la région s'unissent afin de demander l'exécution immédiate de la loi du 20 décembre 1879, par le dépôt d'un projet, ayant pour base la convention du 5 juillet 1886 et la décision de la commission financière des canaux du Rhône, du 30 juillet 1888. Ces vœux sont encore à réaliser.

Le 12 août, M. le Préfet annonce au conseil municipal qu'il prend en considération l'avant projet présenté par les ingénieurs du service spécial du Rhône pour la construction à Saint-Vallier d'un quai avec rampe d'abordage pour la navigation, mais aux conditions suivantes : la ville de Saint-Vallier, prendra à sa charge le tiers de la dépense, elle supportera en outre toutes les indemnités de dommages qui pourront être la conséquence des travaux et elle renoncera à percevoir des redevances pour occupations temporaires sur le port et sur le fleuve. Le 11 septembre, le conseil municipal arrête qu'il ne peut souscrire à ces conditions et il demande que la largeur du quai soit portée de 9 à 10 mètres et que des travaux de réfection soient exécutés aux perrés et enrochements sur toute la longueur de la ligne, qu'un port de 100 mètres au moins de longueur, soit desservi par deux rampes, l'une en amont et l'autre en aval et qu'une rampe descendant à l'étiage, soit également construite afin de remplacer celle qui existe et que l'exhaussement du quai obligera à faire disparaître, cette rampe étant indispensable pour retirer de l'eau les nombreux radeaux amenés à Saint-Vallier.

Le conseil municipal émet, en outre, le vœu que dans la répartition de la dépense, la ville de Saint-Vallier soit traitée comme ses voisines, les communes d'Andance et de Serrières. Ces protestations et ces vœux, n'obtiennent pas le complet assentiment de l'administration et M. Honoré Sarrère qui est un peu souffrant et découragé, donne sa démission de maire.

Le 28 octobre, le conseil municipal présidé par M. Boissonnet, premier adjoint, est appelé à nommer un nouveau maire. Les suffrages des deux premiers tours de scrutin ne se portent pas sur M. Sarrère et ils ne donnent pas de résultat. Au troisième tour de scrutin, M. Sarrère obtient dix voix et il reprend les fonctions de maire.

Le 10 décembre, M. le maire donne lecture de deux circulaires, l'une du Syndicat général des horticulteurs de France, qui invite le conseil municipal à émettre le vœu que les soies grèges étrangères soient frappées à leur entrée d'un droit proportionnel à celui qui est proposé pour les cocons, l'autre émanant du Syndicat du moulinage de la soie et demandant l'entrée en franchise des soies grèges. Après avoir entendu la lecture de ces deux documents, le conseil municipal ajourne sa décision à une prochaine séance.

Le 18 mars 1891, le conseil municipal, désireux de hâter l'établissement d'un nouveau quai sur le Rhône, déclare qu'il y a lieu de revenir sur son vœu émis le 11 septembre précédent. En conséquence, il renouvelle sa demande tendant à la reconstruction du port sur le Rhône avec une largeur de 8 m. 50 c., et il laisse à l'administration compétente le soin de choisir l'emplacement qui lui paraîtra susceptible de rendre le plus de services à la navigation, au commerce et à l'industrie. En outre, il s'engage à prendre à sa charge toutes les indemnités pouvant résulter des travaux et s'interdit formellement la faculté d'établir des taxes pour occupations temporaires sur le port et sur le fleuve.

Le conseil municipal émet ensuite le vœu que l'Etat prenne à sa charge les dépenses devant résulter des travaux de construction du quai et du port ainsi que cela a été fait pour les communes d'Andance et de Serrières.

Le 21 mars, le maire rappelle que le Conseil général du département a concédé à M. Marchand la construction et l'exploitation d'une ligne de chemin de fer sur la route de Saint-Vallier au Grand-Serre. Le conseil municipal voulant donner satisfaction au vœu de la population tout en s'efforçant de ne pas apporter d'obstacle sérieux à l'établissement des tramways, décide que dans le cas où le quai sera reconstruit avant l'établissement du tramway, la voie sera installée, non dans les rues de Saint-Rambert et de Marseille, mais sur le quai du Rhône ; que du pont de Saint-Uze au couvent de la Nativité l'élargissement de la route et de la voie aura lieu du côté de la Galaure, afin que le passage des voitures ordinaires soit constamment du côté de la montagne.

L'établissement d'un tramway à traction de locomotive destiné au transport des voyageurs et des marchandises de Saint-Vallier au Grand-Serre devant emprunter à Saint-Vallier une partie de la route nationale et du quai du Rhône, un décret d'utilité publique était nécessaire. Il a été rendu le 17 août 1891 et il déclare que la rétrocession faite à M. Marchand de la ligne de tramways de Saint-Vallier au Grand-Serre, conformément aux conventions du 10 août 1890 et au cahier des charges annexé, était approuvée. Les projets d'exécution seront présentés dans un délai de deux mois à partir de la date du décret d'utilité publique. Les travaux devront être commencés dans un délai de cinq mois à partir de la même date, et ils seront poursuivis et terminés de telle façon que le réseau soit livré en entier à l'exploitation dans un délai de dix-huit mois à partir de la même date.

L'étude pour l'application des plans d'ensemble n'a subi aucun retard et l'exécution des travaux a pu commencer dans le délai fixé par la décision ministérielle.

Le 11 septembre 1891, M. le maire donne connaissance au conseil municipal d'une décision du Ministre des travaux publics du 11 août précédent, adressée à M. le Préfet de la Drôme et indiquant que l'arête supérieure du quai sur le Rhône sera élevée au niveau de la crue de 1856, que les rampes de tirage de bois et d'abordage seront reportées au confluent de la Galaure et qu'elles formeront ainsi un triangle dont la partie haute pourra servir de lieu de dépôt pour les marchandises et où l'abordage des bâteaux sera plus facile qu'en tout autre emplacement. Enfin, il sera facile de raccorder la partie haute de la rampe triangulaire servant de port avec les tramways de Saint-Vallier au Grand-Serre, soit qu'on l'établisse sur la route nationale n° 7, soit qu'il suive le quai depuis le port de la Galaure jusqu'au pont suspendu pour atteindre la gare du chemin de fer.

Le projet donne ainsi satisfaction non seulement à la commune de Saint-Vallier, mais à la navigation; le quai formera avec son parapet une bonne ligne de défense contre les innondations, et la régularisation de la berge, depuis le pont du Rhône jusqu'à la Galaure sera très favorable à la fixation du chenal du Rhône dans une bonne direction.

La décision ministérielle indiquait, en outre, que la dépense était évaluée à 145.000 fr. et qu'elle pourrait être imputée sur les fonds affectés par la loi de 1878 à l'amélioration du Rhône. La lecture de cette décision « est accueillie avec beaucoup de satisfaction par le conseil municipal » qui décide qu'une invitation sera adressée à M. Bizarelli, député, afin de le remercier du bon concours qu'il a prêté à l'administration municipale dans diverses circonstances et notamment au sujet de la construction du quai de Saint-Vallier. Le Conseil nomme MM. Amblard, Boissonnet, Thonnérieux, Grégoire et Rey Julien, pour s'enquérir auprès des propriétaires riverains du montant des indemnités qu'ils ont l'intention de réclamer par suite de l'exhaussement du quai.

Le 26 septembre, M. Sarrère, qui a été nommé percepteur à Châtillon-en-Diois, le 27 août précédent, donne sa démission de maire et le 2 octobre, il assiste au banquet offert par le conseil municipal au député M. Bizarrelli. Plusieurs toasts sont portés, et la fête se termine par des félicitations et des remercîments adressés par M. Rey André à M. Sarrère, ancien maire.

Le 30 octobre, sur la proposition de M. Thonnérieux, le conseil municipal déclare s'associer pleinement aux félicitations et aux remercîments adressés à M. Sarrère, ancien maire, par M. André Rey, lors du banquet offert à M. Bizarelli. Le conseil exprime, en outre, à M. Sarrère les regrets que lui cause son départ et de nouveau le remercie « pour le dévouement qu'il a apporté depuis plus de dix ans dans la gestion des affaires communales. »

Le 7 novembre, la toiture de l'église nécessitant des réparations urgentes, la municipalité invite le conseil de fabrique à intervenir jusqu'à concurrence de ses ressources disponibles dans les dépenses que doivent entraîner ces réparations. Le conseil de fabrique fournit la preuve que loin de posséder des ressources disponibles, il est en déficit de plus de 127 fr., et le conseil municipal décide que les travaux à exécuter à la toiture de l'église seront à la charge de la commune.

Le 14 février 1892, MM. Polin et Peichon sont installés comme conseillers municipaux en remplacement de MM. Oternod et Frugier décédés, il est ensuite procédé à l'élection du maire et des adjoints. M. Begot Antoine, qui s'est occupé des affaires de la commune comme membre du conseil municipal de 1871 à 1879, et de 1881 à ce jour, est élu maire et MM. Thonnerieux Nicolas et Rey Julien sont élus adjoints. Le 21 mars le maire rappelle au conseil qu'en dehors des travaux d'amélioration du quai du Rhône le projet comprend simplement une double rampe d'abattage au confluent de la Galaure et qu'il importe de demander l'établissement d'une troisième rampe en amont entre la rue Neuve et la rue de l'Escalier soit pour l'amarrage des bateaux, soit pour le fonctionnement des pompes à incendies en cas de sinistre dans le centre de la ville. Le conseil municipal approuve la création de cette troisième rampe dont l'utilité est incontestable et il demande que l'Etat prenne à sa charge la dépense de ce travail sur les fonds provenant du rabais consenti par l'entrepreneur.

Les élections du 10 mai n'ont amené aucun changement pour les conseillers municipaux, MM. Amblard Victor, Thonnérieux Nicolas, Begot Antoine, Julien André, Boissonnet Louis, Begot Louis, Haas Georges, Valette Vincent, Imbert Louis, Darvier Joseph, Rey André, Revollon Antoine, Chonaud Marius, Sarrère Honoré, Buissonnet Ernest, Polin Joseph, Peichon Blaise, Beraud Jean-Louis, Belon Jacques, Rey Julien, Gany Clément, excusé Grégoire, absent Bech.

Le 15 mai 1892, M. le maire Begot Antoine procède à l'installation des membres présents, il prend ensuite, comme le plus âgé, la présidence du conseil et il est réélu maire par 20 suffrages sur 21.

MM. Thonnerieux Nicolas et Rey Julien sont également réélus adjoints.

La nouvelle administration municipale, désireuse de venir en aide aux indigents et aux malades, après avoir pris connaissance du budget de l'hôpital, en 1892, a approuvé le compte-rendu moral qui lui a été présenté par M. Amblard, ordonnateur de cet établissement de charité. Il en résulte qu'en 1891, 70 hommes malades, 3 vieillards, 4 enfants et 38 femmes ont été admis gratuitement à l'hôpital et que 51 hommes et 11 femmes y ont été traités à leurs frais. Les recettes ont été de 16,020 francs et les dépenses de 16,018 fr.

Le bureau de bienfaisance, dont les ressources ont été de 2,001 francs en 1891, a assisté à domicile : 30 hommes valides indigents, 10 malades, 7 infirmes, 6 vieillards, 75 femmes valides, 9 malades, 5 infirmes, et 4 âgées.

L'administration municipale se préoccupe ensuite d'équilibrer les dépenses de la commune, qui se sont élevées, en 1891, à 42,225 fr. 72, avec ses ressources ordinaires qui ont été de 39,427 fr. 34.

Quant au produit des centimes ordinaires et extraordinaires, il a été de 11,694 francs et le montant des sommes que la commune restait devoir, en capital seulement, au 30 mars 1890, s'élevait à 89,222 francs (1).

L'administration municipale se préoccupe également d'obtenir l'exécution, depuis si longtemps réclamée, des travaux qui doivent garantir la partie basse de la ville des eaux du Rhône et faciliter l'abordage des bateaux le long du quai.

En même temps, elle fait d'actives démarches pour que le tracé du tramways de Saint-Vallier au Grand Serre soit modifié aux abords de la ville et que des parapets en maçonnerie soient établis le long de la rivière de Galaure dans la partie comprise entre Saint-Vallier et le port de Saint-Uze pour prévenir des accidents semblables à ceux qui se sont déjà produits. Le prompt achèvement de ces travaux s'impose et sera accueilli avec une satisfaction d'autant plus grande qu'il facilitera les moyens de transport, assurera la sécurité des voyageurs et contribuera à la prospérité et à l'embellissement de la ville dont l'heureuse situation sur les bords du Rhône et de la rivière de Galaure rend le séjour si salubre et si agréable.

(1) Situation financière des communes du département de la Drôme en 1891.

RÉSUMÉ ET CONCLUSION

Quoique l'origine de Saint-Vallier ait déjà donné lieu à de nombreuses recherches, elle n'a pu encore être fixée d'une manière précise.

Une charte du IXme siècle constitue le document authentique le plus ancien que l'on connaisse sur le bourg de Saint-Vallier où s'élevait une église fondée en l'honneur de saint Etienne et en même temps sous le vocable de Saint-Valère.

Au Xe siècle les annales font complètement défaut. Au XIe siècle on trouve deux bulles papales qui concernent l'une les clercs de Saint-Vallier, l'autre les frères du prieuré de Saint-Ruf, dont l'origine n'est pas mieux connue que celle de Saint-Vallier.

Au XIIe siècle, les habitants de Saint-Vallier relevaient pour le spirituel de l'église de Vienne et dépendaient pour le temporel des comtes d'Albon d'où est sortie la famille des Dauphins de Viennois. A la fin du XIIe siècle, Saint-Vallier advint par alliance aux Ducs et aux Comtes de Bourgogne.

Les croisades des XIe XIIe et XIIIe siècles, qui révélèrent à l'Europe chrétienne le grand fait de son unité, contribuèrent à la prospérité et à l'indépendance des habitants de Saint-Vallier. Ils obtinrent des franchises, devinrent propriétaires censitaires et se constituèrent en communauté pour l'administration de leurs intérêts communs.

En 1270 la seigneurie de Saint-Vallier passa par mariage aux Comtes de Valentinois et devint l'apanage des puînés de la famille des Poitiers qui la possédèrent jusqu'en 1584. C'est pendant cette période que Humbert II, dauphin de Vienne, abandonna, en 1349, tous ses états au roi de France, après avoir affranchi le Dauphiné par un statut qui forma la charte de tous les privilégiés de la province.

L'ambition de Louis de Poitiers, seigneur de Saint-Vallier, l'entraîna à user de violence pour se faire céder le comté de Valentinois par son cousin Louis II, dernier comte de Valentinois. Rendu à la liberté, Louis II institua, en 1419, pour son héritier le Dauphin, fils du roi Charles VI et les comtés de Valentinois et de Diois firent partie du domaine des Dauphins de France depuis 1424, comme le Viennois, depuis 1349.

De tous les Dauphins de France, Louis XI est celui qui résida le plus longtemps dans le Dauphiné où il agit en souverain. Il ne s'en éloigna en 1456, que pour échapper aux troupes envoyées contre lui par son père.

A cette époque Aimar VI de Poitiers accorda diverses franchises aux habitants de Saint-Vallier et leur albergea la Buissonnée. Son fils Jean, après avoir pris part, en 1515, à l'expédition de François Ier dans le Milanais, fut accusé d'avoir participé à la trahison du Connétable de Bourbon et condamné à mort, mais son gendre Louis de Brézé, gouverneur et grand sénéchal de Normandie, obtint sa grâce.

Guillaume, fils de Jean de Poitiers lui succéda et mourut sans postérité. Il avait institué pour son héritier sa sœur Diane. Après elle, la seigneurie de Saint-Vallier passa à la maison de Lorraine qui la vendit vers 1584 à Jean Guerre de la Croix de Chevrières.

De 1559 à 1598 les habitants de Saint-Vallier eurent beaucoup à souffrir des guerres religieuses et en 1583, leur église fut détruite en partie par les protestants.

Au XVIIe siècle, les Guerre de la Croix de Chevrières, qui conservèrent leurs droits seigneuriaux à Saint-Vallier jusqu'à la Révolution, contribuèrent puissamment au rétablissement de l'ancien hôpital et à la fondation d'un couvent de Picpus hors de la ville. Ils consentirent, en outre, à un nouveau partage de la Brassière et se montrèrent toujours favorables à toutes les mesures qui pouvaient accroître la prospérité des habitants de Saint-Vallier.

Au xviiie siècle, l'administration municipale formait un corps indépendant et jaloux d'assurer les libertés de la communauté. Elle réclamait le dixième de la dîme perçue par le Chapitre de Saint-Ruf, la création d'une route dans la vallée de Galaure et, en 1767, l'établissement d'un pont provisoire à Saint-Vallier, en remplacement de celui qui venait d'être emporté par les eaux de la Galaure.

En 1787, les idées nouvelles soit en politique, soit en économie sociale, étaient en opposition avec les institutions anciennes et la France aspirait à l'unité matérielle et morale par l'égalité civile. A cette époque, la municipalité de Saint-Vallier protestait contre les édits de la réforme judiciaire et contre l'exil des magistrats du Parlement de Grenoble. Elle demandait les états généraux, elle adhérait à une délibération de la ville de Grenoble sur la situation des affaires du royaume, et elle réclamait l'établissement d'un tribunal de district à Saint-Vallier.

La défiance et l'anarchie ne tardent pas à faire évanouir les espérances qu'ont fait naître les premiers événements de 1789. La situation du pays devient inquiétante et la sécurité des citoyens est menacée. La royauté est abolie, le Gouvernement est déclaré révolutionnaire et le régime de la terreur est organisé dans toute la France. Une société des amis de la Constitution, bientôt transformée en société populaire, se constitue à Saint-Vallier et aucun habitant n'est sérieusement inquiété.

Le 9 thermidor an II met fin au régime de la terreur, l'administration est réorganisée, les fonctionnaires publics sont épurés, la justice et l'humanité reprennent leur empire et l'ère des réparations commence.

Après le coup d'état du 18 brumaire an VIII, la Constitution consulaire reçoit la sanction du peuple. La paix d'Amiens est accueillie avec une grande joie par le pays et Bonaparte est élu successivement consul à vie et empereur. Les affaires reprennent une vive activité et de grands travaux publics sont en cours d'exécution, lorsque la France, longtemps victorieuse, éprouve de cruels revers qui amènent l'invasion étrangère, la chute de l'empire et le retour des Bourbons.

La Restauration « est saluée comme le meilleur moyen d'assurer la paix dont la France a si grand besoin, mais la division des esprits ne cesse pas. » Pendant les Cent-Jours, le pays reste anxieux, le désastre de Waterloo ramène l'invasion et Saint-Vallier subit l'occupation de son territoire par les Autrichiens. Avec la paix renaît la confiance, et l'agriculture, l'industrie, le commerce prospèrent. Les moyens de communication sont améliorés dans le canton de Saint-Vallier. Une passerelle en bois avec amarres en fils de fer est établie sur l'emplacement de l'ancien pont de pierre et le pont de Saint-Uze est construit.

L'hiver rigoureux et prolongé de 1829 devient une cause de souffrance pour le pays qu'agitent les passions politiques et la publication des fatales ordonnances du 25 juillet 1830, a pour résultat l'abdication de Charles X et l'avènement de Louis-Philippe Ier. L'élection des membres du Conseil municipal, la formation de la garde nationale, les revues et les banquets patriotiques produisent une grande animation à Saint-Vallier. Le Champ-de-Mars est acheté par la commune, et une école primaire de garçons, dont la direction est confiée à des frères de la doctrine chrétienne, est créée.

A la fin du mois d'octobre 1840, une innondation terrible détruit la digue de la Buissonnée et cause de grands dommages dans la partie basse de la villle et dans la plaine si fertile de la Brassière.

Les souffrances produites par les mauvaises récoltes de blé en 1846 et 1847 se font vivement sentir lorsque la réforme parlementaire et la réforme électorale refusées par le gouvernement, amènent la catastrophe du 24 février 1848.

Le premier moment de stupeur passé, on se rattache au gouvernement provisoire et l'élection du prince Napoléon comme président de la République fait espérer une amélioration de la situation toujours très troublée du pays. Le conseil municipal, afin de venir en aide aux ouvriers sans travail, vote les fonds nécessaires pour achever promptement la reconstruction de l'hôtel-de-ville, et charge une commission de provoquer des souscriptions pour l'établissement d'un nouvel hôpital.

Sous le second empire, l'administration municipale de Saint-Vallier suit l'impulsion donnée par le gouvernement aux grandes cités. Elle approuve les plans dressés pour l'agrandissement de la halle et pour la reconstruction de l'hôpital et du presbytère. Elle arrête qu'un marché aux bestiaux sera établi, que la ville sera éclairée, que les principales rues seront macadamisées et bordées de trottoirs, qu'un bureau télégraphique sera ouvert, qu'une société de secours mutuels sera fondée et qu'un cours d'adultes sera institué.

En 1866, une nouvelle administration municipale est installée. Elle fait construire une usine à gaz, elle crée une caisse d'épargne, elle établit un second marché pour les bestiaux et elle ordonne l'agrandissement du cimetière. Elle demande en même temps à être dispensée d'établir une école primaire communale de filles parce qu'il en existe déjà deux, tenues par des communautés religieuses dont les soins, le zèle et le dévouement ne laissent rien à désirer.

Les préoccupations politiques renaissent dans le pays et elles se font ressentir à Saint-Vallier. Les membres du conseil municipal se rendent avec peu d'exactitude aux convocations qui leur sont adressées et ils émettent le vœu que les maires soient élus à l'avenir par les mandataires de la commune.

Pendant que ces dissidences se produisent, la guerre provoquée par la Prusse et malheureusement déclarée par la France, alors qu'elle n'était pas prête, devient fatale pour l'Empire et désastreuse pour le pays. A Saint-Vallier, l'administration municipale est changée. Une souscription est ouverte pour l'armement de la garde nationale de la commune et un crédit est voté pour l'équipement de la garde mobilisée du département.

Aux maux causés par la guerre étrangère, viennent s'ajouter les appréhensions de la guerre civile qui paralysent toutes les affaires. Les élections municipales sont renouvelées et l'administration de la commune subit les fluctuations de la politique du gouvernement. La laïcisation des écoles primaires est à l'ordre du jour. Elle amène des dissidences parmi les mandataires de la commune. La suppression de l'école communale des frères de la doctrine chrétienne est déclarée inopportune, mais une école laïque sera établie et installée dans la mairie. Cette décision est bientôt modifiée, l'école congréganiste des garçons est supprimée et les bâtiments qu'elle occupe au Champ-de-Mars sont mis à la disposition des instituteurs laïques. Quant à l'école communale laïque des filles, elle est installée dans une maison acquise de M. Raymond Baboin.

Les souffrances produites par la disparition à peu près complète des deux principales sources de richesse de Saint-Vallier : les cocons et la vigne, se prolongent. Pour suppléer à la perte de ces produits, le conseil municipal émet, en 1883, le vœu que la culture du tabac soit autorisée dans le canton de Saint-Vallier et dans les cantons voisins. Il demande en même temps que les voies de communication pour le transport des produits agricoles et industriels soient améliorées et qu'un réseau de chemin de fer d'intérêt local ou de tramways soit établi pour faciliter les rapports entre Saint-Vallier et Romans d'une part, et les communes de la vallée de la Galaure d'autre part. Il signale en outre à l'administration supérieure le mauvais état des travaux de défense le long du Rhône et la nécessité de construire des quais avec bas-ports. De plus il charge M. le maire de s'entendre avec les municipalités des communes voisines pour demander le classement comme route départementale du chemin de grande communication n° 1. Quoique parfaitement justifiées, plusieurs de ces demandes n'ont pas été accueillies par l'administration supérieure.

Aujourd'hui, Saint-Vallier possède un hôtel-de-ville, un hôpital, un presbytère et une halle aux grains qui ont été reconstruits et agrandis sous le second empire et un abattoir public créé en 1886. Il possède également une église composée de trois parties disparates qui, suivant l'abbé Vincent, « appartiennent à trois styles et à trois époques. La partie médiane, qui est la plus ancienne, offre un précieux spécimen du style romano byzantin du XIIe siècle, tandis que la chapelle des Poitiers, qui forme le chœur de l'église, présente les splendeurs du style ogival flamboyant. » Enfin le portail, construit en 1786, ne s'harmonise nullement avec l'ancienne nef qui a été en partie détruite pendant les guerres de religion. L'agrandissement de cette église et le déplacement du clocher fort peu monumental, qui rend difficile la communication des deux places de l'Hôtel-de-ville et de la Pompe, constitueraient, sous tous les rapports, une amélioration considérable.

Au point de vue scolaire, Saint-Vallier est largement doté ; il y a une école primaire gratuite pour les garçons installée au Champ-de-Mars dans les bâtiments construits sous le Gouvernement de juillet avec le produit de souscriptions et complétée en 1888 par des annexes. Il y a de plus une école primaire communale gratuite pour les filles et deux écoles maternelles ou salles d'asiles pour les jeunes enfants. La direction de ces diverses écoles est confiée à des instituteurs et à des institutrices laïques.

Les deux couvents de Saint-Joseph et de la Nativité offrent également l'instruction gratuite aux jeunes filles et les Sœurs de Saint-Joseph ont de plus une école de maternité. Il y a en outre une école libre pour les garçons, tenue par les Frères de la Doctrine chrétienne dans une maison de M. Poncin depuis qu'ils ont été expulsés de l'école du Champ-de-Mars.

Au point de vue de l'assistance publique et de la prévoyance. Saint-Vallier possède, un Hôpital-hospice, un Bureau de bienfaisance, une Caisse d'épargne et une Société de secours mutuels.

La Caisse d'épargne, dont l'ouverture a eu lieu le 16 mars 1869, a reçu cette année là des versements qui ont atteint le chiffre de 69,891 fr. 55. L'année suivante, les fonds déposés se sont élevés à 80,540 fr. 42, mais en 1871, la suspension des affaires, causée par la guerre contre la Prusse, a nécessité le retrait de sommes considérables et jusqu'en 1875, les versements ont été insignifiants.

Depuis lors, la confiance publique s'étant raffermie, les fonds déposés à la Caisse d'épargne de Saint-Vallier se sont progressivement élevés à 979,140 fr. 15 en 1882 et à 1,683,803 fr. 17 en 1891.

La société de secours mutuels, qui enseigne à l'homme à s'assister lui-même par le travail et l'économie, a été autorisée le 22 décembre 1879. Elle se compose de dix-neuf membres honoraires qui versent chacun six francs par an à la caisse et de cent quarante-cinq membres participants dont les cotisations sont de 1 fr. 50 par mois.

En cas de maladie, les membres participants reçoivent une indemnité de 1 fr. 50 par jour. Les visites de médecin et les médicaments sont également à la charge de la société, qui possède un capital de 10,520 fr. 75, provenant de l'excédent des recettes annuelles réalisées à ce jour et destinées à créer des pensions de retraite pour les sociétaires participants âgés et infirmes. Cette société qui progresse chaque année est appelée à rendre de grands services.

Il y a, en outre, une société de dames charitables qui distribue à domicile du linge et des vêtements aux enfants et aux vieillards pauvres, et depuis dix-sept ans, grâce à la bienfaisance d'une personne qui se consacre entièrement au soulagement de toutes les souffrances, des sœurs de la congrégation de Sainte-Philomène, dont la maison mère est à Saint-Marcellin, prodiguent à domicile leurs soins aux malades et aux infirmes. Ces œuvres de charité et de bienfaisance sont très utiles et méritent d'être encouragées.

Quelques chiffres permettent de se rendre parfaitement compte du mouvement de la population et de la situation agricole, industrielle et commerciale de la commune de Saint-Vallier. Il résulte de l'examen des actes de l'état civil que pendant le xviiie siècle, le nombre annuel des naissances a été sept fois inférieur à 60 et huit fois supérieur à 90. La mortalité pendant la même période de temps, a été onze fois inférieure à 50 et six fois supérieure à 100. En 1709, elle s'est élevée à 150 décès et pendant la peste de 1730, à 181 décès.

De 1800 à 1887, le nombre des naissances a été cinq fois au-dessous de 50 et quinze fois au-dessus de 70. Il s'est élevé douze fois au-dessus de 100, mais à partir de 1867 seulement. Quant aux décès leur nombre annuel a été onze fois inférieur à 60 et dix fois supérieur à 100 depuis 1847.

Le territoire de la commune de Saint-Vallier a une étendue de 542 hectares, dont 184 hectares cultivés en céréales, 21 hectares en prairies artificielles, 25 hectares en prairies naturelles, 26 hectares en bois, et 170 hectares en vignes. L'étendue des exploitations rurales est de 356 au-dessous de 1 hectare de 86 de 1 à 5 hectares, de 7 de 5 à 10 hectares, de 3 de 10 à 20 hectares et de 2 de 20 à 30 hectares.

Le nombre des maisons d'habitation est de 617, dont 15 vacantes, pour une population de 3.856 habitants, dont 1.592 seulement sont nés dans la commune. Parmi ces 3.856 habitants, il y a quelques vieillards : 37 hommes et 48 femmes de 70 à 79 ans ; 14 hommes et 17 femmes de 75 à 74 ans ; 9 hommes et 12 femmes de 80 à 84 ans ; 3 hommes et 3 femmes de 85 à 89 ans (1).

Le chiffre de 1.592 habitants seulement originaires de Saint-Vallier s'explique par l'extinction ou le changement de résidence d'un grand nombre d'anciennes familles de Saint-Vallier.

(1) Classés par département d'origine, les 3.856 habitants de Saint-Vallier sont nés : 2.609 dans la Drôme — 619 dans l'Ardèche — 139 dans l'Isère — 116 dans le Rhône — 41 dans la Loire — 26 dans le Gard, etc.

Depuis 1830 seulement, parmi les familles dont le nom est éteint, on trouve les Fleury, les Gagnière, les Raymond, les Besson des Blains, les Monyer, les Rey Gaspard, les Seigle, les Moton Richard, les Gardon, les Monet, les Paturel, les Pillon, les Malgontier, les Gondin, les Second, les Berne de Levaux, les Luyton, les Turc, les Fauvet, les Mouchiroux, les Cany, les Joannin.

Parmi les familles qui se sont éloignées de Saint-Vallier on compte les Blachier, les Mallen, les Ithier, les de Colonjon, les Long, les Genin, les O'Farrel, les Fayard, les Boirayon, les Veilleux, les Cluas, les Figuet, les Faure, les Martin, les Benoit, les Rostaing, les Poncin, les Lombards, les Collet, les Bossard, les Barbier.

Au point de vue agricole, il est certain que depuis plusieurs années, les ravages du phylloxéra rendent fort difficile la culture de la vigne dans les coteaux de Mont-Rebut, de Champis, d'Olanet, de Chifflet et que les plantations de ceps américains ont envahi les près de la Brassière. Ces plants étrangers commencent à donner des produits assez abondants, mais ils font regretter les vins des plants du pays.

La récolte des cocons a été plus gravement atteinte par la difficulté d'obtenir de bonnes graines de vers à soie et par le bas prix des cocons.

Si les produits agricoles ont subi une diminution sensible à Saint-Vallier, ceux de l'industrie et du commerce, au contraire, ont pris un large développement qui est attesté tout à la fois par le nombre toujours croissant des établissements industriels et par le chiffre élevé des patentes auxquelles ces établissements sont soumis. Il existe à Saint-Vallier une usine à gaz, un abattoir public, deux fours-à-chaux, deux établissements de minoterie, un de mégisserie, trois de teinture, trois moulins à farine, deux moulins à huile, une fabrique de tuiles, cinq de poterie de grès, dont les produits sont très variés et un grand nombre décorés de peintures et de dorures élégantes qui les font vivement rechercher.

Depuis 1878, il n'y a plus de filature de soie à Saint-Vallier. L'abandon de cette industrie, qui a été très florissante pendant de nombreuses années et qui occupait plus de cinq cents ouvrières, a été la conséquence de la disparition à peu près complète de l'élevage des vers à soie. De 1830 à 1850 les éducateurs de la commune mettaient chaque année à l'incubation une moyenne de quinze cents onces de graines de vers à soie et depuis 1850 cette quantité a subi une diminution si considérable qu'elle n'a pas dépassé trente-cinq onces en 1891. Malgré cette rareté de la soie dans la commune, il y a cinq fabriques de tissage, deux de moulinage et une de tulle de soie.

Cette dernière fabrique, qui constitue l'établissement industriel le plus important de Saint-Vallier, est l'œuvre de M. Aimé Baboin. Après avoir fondé, en 1838, une fabrique de tulle à Lyon, il se préoccupa de contribuer à la prospérité de son pays natal. Il construisit, en 1847, une filature de soie à Saint-Vallier et, en 1861, il y installa des métiers de tulle, industrie d'origine anglaise dont il était à Lyon l'un des représentants les plus considérables.

Jusqu'en 1860, la fabrique de tulle avait vécu sous le régime de la prohibition, lorsque les traités de commerce entre la France et l'Angleterre fixèrent à l'année 1865 l'abolition de toute protection pour cette industrie. Ce nouveau régime économique devant faciliter le développement de la fabrication du tulle, M. Aimé Baboin comprit que pour lutter contre l'industrie anglaise il était nécessaire de substituer en très peu de temps, la création d'usines au travail à façon, lequel opérait sur des machines inférieures qui ne permettaient pas de soutenir la concurrence des métiers anglais. M. Aimé Baboin entreprit courageusement la transformation de sa maison et contribua d'une manière notable à la naturalisation d'une industrie étrangère sur le sol national. L'appréciation du rôle considérable qu'il avait joué pour obtenir cet heureux résultat, lui valut, lors de l'exposition universelle de 1867, la grande médaille d'or et deux ans après, sur la proposition èn première ligne de la Chambre de commerce de Lyon, la croix de la Légion d'honneur.

Il mourut en 1870, vivement regretté de tous ceux qui le connaissaient.

La maison Aimé Baboin, dont le siège social est à Lyon depuis cinquante-six ans, possède plusieurs établissements au dehors, mais celui de Saint-Vallier est le plus important de ses moyens industriels, il occupe un nombreux personnel qui comprend une partie notable de la population ouvrière de la ville. La préoccupation principale des chefs actuels de la maison Aimé Baboin est d'abord de conserver sur le terrain industriel un rang qui ne les laisse inférieurs à aucuns de leurs concurrents français et étrangers, puis d'assurer à leurs collaborateurs de tous les degrés la plus large rémunération possible du travail.

Pour les ouvriers, il existe une société de secours mutuels à laquelle la maison Baboin contribue en faisant la moitié des versements et qui fonctionne à la satisfaction des intéressés.

Pour les jeunes filles étrangères au pays, un internat a été fondé en 1890. Dirigé par les sœurs de Saint-Joseph, dont la maison mère est à Lyon, cet internat procure du travail dans les meilleures conditions matérielles et morales aux enfants que leurs parents sont contraints d'envoyer dans des usines.

Les malades et les vieillards infirmes de la commune admis à l'hôpital sont assistés par des sœurs de la congrégation de Saint-Joseph établie à Saint-Vallier; celles des sœurs de cette congrégation qui donnent leurs soins aux malades ont, depuis quarante-sept ans, pour directrice, la vigilante et dévouée sœur Philomène, dont les services lui valent l'affection et la reconnaissance des habitants de Saint-Vallier.

Au point de vue des charges publiques, le chiffre total des impôts de la commune a été, en 1892, de 62,560 fr. 70, dont 23,220 fr. 50, c'est-à-dire plus du tiers, pour les patentes, et le surplus pour les propriétés bâties ou non bâties, les portes et fenêtres, les cotes personnelles et mobilières. La part de l'Etat dans la répartition des 62,550 fr. 70 a été de 35,811 fr. 96, celle du département de 11,015 fr. 74 c., celle de la commune de 13,301 fr. 74, et le surplus a été affecté aux non-valeurs (1).

Au point de vue de l'alimentation, outre les boulangers, les pâtissiers, les bouchers, les épiciers, les charcutiers, il y a quarante-trois hôteliers, cafetiers ou cabaretiers. Le nombre considérable de ces derniers établissements d'alimentation publique s'explique par l'importance des deux grands marchés aux bestiaux qui ont lieu chaque mois. Depuis que les abords des deux places du marché aux bestiaux ont été améliorés, et que le passage du pont sur le Rhône est devenu gratuit, les grands marchés aux bestiaux attirent tous les quinze jours un nombre considérable de personnes des communes voisines et les affaires qu'y s'y traitent sont toujours très variées et souvent très importantes.

Ces documents statistiques et administratifs intéressants et précieux à connaître prouvent combien Saint-Vallier est largement doté de maisons gratuites d'école pour la jeunesse, d'institutions de prévoyance pour les ouvriers, d'établissements de charité et d'assistance pour les pauvres, les malades et les vieillards infirmes. Ils prouvent encore que le développement progressif de l'industrie, du commerce et de l'agriculture à Saint-Vallier est facilité par les moyens de transport sur le Rhône et par la voie ferrée de Paris-Lyon-Méditerranée. Ils prouvent enfin que si les produits viticoles et séricicoles ont subi, depuis quelques années, une diminution notable, les agriculteurs redoublent d'efforts et de soins pour créer de nouveaux vignobles avec des plants américains et pour remplacer par d'autres cultures celle des mûriers.

Cette situation de la population agricole mérite toute la sollicitude de l'administration municipale. Malheureusement ses ressources disponibles sont restreintes. Il ne faut pas oublier,

---

(1) Contributions directes de 1892, arrêté préfectoral du 12 janvier 1892.

en effet, que, pour équilibrer ses recettes aux dépenses de son budget s'élevant à 40,714 francs, la commune est obligée de payer encore pendant de nombreuses années 43 centimes additionnels qui portent sur toutes les contributions ordinaires. Ces charges sont lourdes et il importe de modérer le désir très vif d'innovations qui s'est emparé de quelques esprits. Pour sauvegarder les intérêts de la commune, le conseil municipal doit apporter une réserve d'autant plus grande dans le vote des dépenses nouvelles que ces dépenses, dont l'opportunité est quelquefois contestable, ne sont plus soumises au contrôle des plus forts censitaires et n'obtiennent pas toujours l'assentiment de la majorité des contribuables. C'est le moyen le plus sûr de prévenir des divisions fâcheuses entre les habitants et d'assurer le triomphe de la politique de conciliation et d'apaisement rendue plus nécessaire que jamais pour réaliser les réformes dont le pays a tant besoin.

C'est en outre le moyen d'encourager les efforts des agriculteurs et d'assurer la prospérité de l'industrie et du commerce de Saint-Vallier attestée d'une manière certaine par le mouvement de la gare du chemin de fer de Paris-Lyon-Méditerranée, qui constate pour l'exercice 1892 l'expédition de 14.244 tonnes de marchandises (1), la réception de 33.317 tonnes de marchandises (2), et la délivrance de 41,892 billets pour les voyageurs. Ce mouvement des affaires peut devenir facilement plus considérable. Pour l'obtenir, il importe que la gare des marchandises, dont l'insuffisance est signalée depuis plusieurs années, soit notablement agrandie et que la gare des voyageurs soit comprise parmi les gares auxquelles il est accordé des billets d'aller et retour dans un rayon de 75 kilomètres.

Il importe également que Saint-Vallier obtienne le prompt achèvement d'un quai large et élevé avec bas-port pour proté-

---

1) Dont 250 tonnes par la grande vitesse et 13.994 par la petite vitesse.
(2) Dont 244 tonnes par la grande vitesse et 33.093 par la petite vitesse.
(Note de l'Administration du chemin de fer de P.-L.-M.

ger la ville contre les débordements du Rhône et la création de rampes descendant jusqu'à l'étiage pour faciliter soit l'abordage des bateaux et le tirage des radeaux, soit le fonctionnement des pompes à incendie en cas de sinistre.

Il importe enfin que l'établissement des tramways de Saint-Vallier au Grand-Serre soit complété par un embranchement à partir du pont de Saint-Uze à Marsas et Clérieux par Saint-Barthélemy, pour mettre Saint-Vallier en rapport direct avec Romans et le chemin de fer de Valence à Grenoble. Saint-Vallier deviendra alors un centre commercial important. Les produits agricoles et industriels de la Valloire, des vallées de la Galaure, de l'Herbasse et d'une partie considérable de l'Ardèche y trouveront un écoulement facile ou des moyens de transport rapides, peu coûteux et la multiplicité des affaires créées par ce nouvel état de choses contribuera à la prospérité non seulement de Saint-Vallier, mais encore des communes voisines dans un rayon de plusieurs myriamètres.

APPENDICES

LISTE DES CURÉS DE SAINT-VALLIER DEPUIS 1625

MM.
1625 Noblet.
1651 Servonnet.
1652 Rinal.
1675 de Garnier.
1678 de la Cour.
1688 Boulet.
1724 Mortagny.
1731 Vachery-Châteauneuf.
1740 de Laroche.

MM.
1762 Courbis.
1776 Tavernier, Jean.
1797 Pourret, André.
1803 Barjac.
1816 Tavernier, Téofrède.
1853 Bleton, François.
1860 Sautreaux, Angelin.
1862 Sautreaux, Benjamin.
1890 Déliot, Jean-Pierre.

JUGES DE PAIX DU CANTON DE SAINT-VALLIER

MM.
29 octobre 1790 . Fleury, Hyacinthe.
25 novembre 1792 Seul, Joseph-Alexandre.
2 octobre 1794 . Fayard, Dominique-Nicolas-Alexandre.
1er novembre 1795 Martignac, Jean-Baptiste.
25 mars 1798 . . Grangeon, Pierre-Antoine.
25 février 1802. . Fleury, Hyacinthe.
23 juillet 1835 . . Dumalle, Pierre.
19 avril 1848. . . Collet, Jean-Joseph.
13 juillet 1850 . . Lamotte, Henri-Désiré.
2 novembre 1851 Valois, Alphonse-Auguste.
5 août 1852. . . Ithier, François-Jean-Antoine.
22 septembre 1864 Chabert, Eugène.
28 mars 1878 . . Rousset, Jean.
3 juillet 1891. . Reynaud, Benjamin.

LISTE DES MAIRES DE SAINT-VALLIER

MM.

7 février 1790	Gagnière, Joachim.
15 novembre 1791	Soul, Joseph-Alexandre.
19 janvier 1793	Forcheron, Pierre-Claude.
22 avril 1798	Martignac, Jean-Baptiste.
13 mai 1800	Forcheron, Pierre-Claude.
26 octobre 1800	Duclos, Joseph-Claude.
17 janvier 1813	Monyer, Pierre-Antoine.
15 mai 1815	Chartron, Etienne-Victor.
11 juillet 1815	Luyton, Antoire.
26 août 1815	Chartron, Etienne-Victor.
21 juillet 1817	Monyer, Pierre-Antoine.
4 octobre 1819	Chartron, Raphaël-François-Frédéric.
28 août 1830	Pillon, Nicolas.
7 février 1832	Ithier, Jean-Antoine-François.
22 décembre 1834	Rufin, Jean-Antoine.
22 septembre 1835	Ithier, Jean-Antoine-François.
23 août 1848	Chabrillan (marquis de).
1er septembre 1848	Chartron, Raphaël-François-Frédéric.
4 juillet 1866	Sollier, Michel-Augustin-Claude.
12 septembre 1870	Buissonnet, Eugène.
30 mai 1871	Faure, Jules-François.
13 février 1874	Joannin, Rémy.
27 février 1875	de Colonjon, Henri-Gilbert.
12 mai 1876	Faure, Jules-François.
31 mai 1880	Frugier, Florentin.
11 mars 1881	Sarrère, Honoré.
14 février 1892	Bégot, Antoine.

NOTAIRES

Etude de Me Chavannes.

MM.

1605-1651 Sadin, Pierre.
1622-1660 Habrard, Pierre.
1613-1663 Popon.
1666-1715 Cémat, Hugues.
1680-1685 Mourat.
1687-1720 Vincent, César.

MM.

1705-1713 Habrard, Charles.
1747-1769 Baborier.
1730-1737 Berger, Antoine.
1742-1761 Raymond, Jean-Aymard.
1760-1777 Danthony, Antoine.
1761-1810 Bonnet, Pierre-Mathieu.

MM.
1764-1770 Jullien.
1769-1811 Baborier, François.
1709-1825 Paturel, Etienne-François.
1825-1842 Ithier, François-Antoine
1843-1853 Ithier, François-Flavien
1853-1863 Lombard-Morel, Marc-Gabriel.
1863-1879 Collet-Vashington.
1879 Chavannes, Marie-Antoine.

Etude de M⁰ Ravit.

MM.
1650-1623 Servient.
1683-1684 Gay.

MM.
1691-1711 Dreveton, Joseph.
1738-1759 Fayard, Jacques-Laurent.
1722-1762 Faverge.
1763-1796 Fayard, Nicolas-Dominique.
4812-1833 Fayard, Dominique-Nicolas-Alexandre.
1833-1834 Coste, Georges-François.
1835-1842 Mallen, Gaspard-Joseph.
1842-1851 Lhopital, Jean.
1862-1880 Benoît, Claude-César-Auguste.
1880 Ravit, Laurent-Jacques-Emile.

ADMINISTRATEURS DE L'HOPITAL
NOMMÉS PAR LE CONSEIL MUNICIPAL LE 8 NOVEMBRE 1795 (1)

MM.
1795 Fayard, Nicolas.
1795 Fleury, Hyacinthe.
1795 Baborier, Claude.
1796 Gagnière, Joachim, médecin (2).
1796 Baborier, François, notaire.
1796-1927 Monyer, Pierre-Antoine, agriculteur.
1796-1817 Martignac, Jean-Baptiste, juge de paix.
1797-1006 Paturel, Etienne-François, notaire.

(1) Il résulte du procès-verbal d'une séance du 3 janvier 1785, que cette année là les administrateurs de l'hôpital étaient MM. Tavernier, curé, Fleury, juge de paix, Raymond, Fayard, Goubertier, secrétaire, et Martignac, échevin. Quant à la date de leur nomination, la perte des registres antérieurs à 1785, ne permet pas de la donner. De 1785 à 1800 les documents concernant les administrateurs sont très incomplets, et de 1790 à 1795 ils font complètement défaut.

(2) La nomination des quatre administrateurs de 1796, a eu lieu en exécution de la loi du 7 octobre 1796 concernant les hôpitaux.

MM.

1799-1835	Fleury, Antoine-Hyacinthe, juge de paix depuis 1802.
1799-1817	Forcheron, Claude-Marie, négociant.
1799-1806	Barbier, Laurent, marchand.
1801-1013	Duclos, Joseph-Claude.
1810-1833	Fayard, Dominique, avocat.
1815-1816	Chartron, Victor, négociant, (maire).
1815-1827	Monyer, Pierre-Antoine, agriculteur, (maire).
1817-1025	Berne de Levaux, Claude-Alexandre, propriétaire.
1819-1830	Chartron, Raphaël-François-Frédéric, négociant, (maire).
1820-1850	Falcon, Antoine, négociant.
1826-1812	Raymond, Jean-Pierre, chimiste.
1830-1831	Pillon, Nicolas, médecin, (maire).
1830-1839	Seigle, Jean-Pierre, marchand.
1831-1834	Ithier, Jean-Pierre-François, notaire, (maire).
1832-1818	Falcon, François-Michel, marchand.
1833-1818	Gagnière, Pierre-Joachim, médecin.
1834-1835	Rufin, Jean-Antoine, capitaine en retraite, (maire).
1839-1848	Ithier, Jean-Pierre-François, (maire).
1839-1818	Chartron, Raphaël-François-Frédéric, négociant.
1841-1850	Boucod, Augustin, banquier.
1843-1871	Marquis de Chabrillan, Alfred-Philibert-Victor.
1848-1866	Chartron, Raphaël-François-Frédéric, négociant, (maire).
1850-1853	de Colonjon, Henri-Gilbert, propriétaire.
1850-1873	Chartron-François-Jean-Marie-Victor, négociant.
1850-1874	Joannin, Antoine-Rémy, commerçant.
1850-1874	Poncin, Fabien, marchand.
1866-1870	Sollier, Michel-Augustin-Claude, pharmacien, (maire).
1870-1871	Buissonnet, Eugène, (maire).
1871-1871	Faure, Jules-François, (maire).
1871-1879	Crozet-Claude-Antoine, ancien greffier de la justice de paix.
1873-1879	Sautreaux, Benjamin, curé (1).
1873-1877	Chartron, Victor-Jean, négociant,
1874-1875	Joannin, Antoine-Rémy, (maire).
1874-1879	Comte de Chabrillan, Paul.
1874-1879	Boucod, Augustin, fils, propriétaire.
1875-1876	de Colonjon, Henri-Gilbert, (maire).
1876-1880	Faure, Jules-François (maire).
1879-1881	Perdriolut, Fabien-Charles.
1879-1879	Tournier, Ferdinand, marchand, du 3 mars au 29 décembre.
1879-1879	Bouvier, Antoine, épicier, du 3 mars au 29 décembre.
1879	Amblard, Victor, négociant, (en exercice) (2).

(1) Nommé en conformité de la loi du 31 mai 1873.
(2) Nommé en exécution de la loi du 5 août 1879.

MM.

1879-1886	Bernard, Alexis, cordier.	
1879-1884	Bonvillet, Henri-Louis, capitaine en retraite.	
1879	Thonnérieux, Antoine-Nicolas, épicier, (en exercice).	
1879-1893	Valette, Vincent, entrepreneur.	
1880-1881	Frugier, Florentin, (maire).	
1881-1893	Sarrère, Honoré, (maire).	
1884-1885	Bador, Paul, cafetier.	
1884-1892	Begot, propriétaire, (maire depuis 1892).	
1885-1887	Renaud, Charles, pharmacien.	
1886	Boissonnet, Louis, potier, (en exercice).	
1887	Bech, Joseph, charcutier, (en exercice).	
1890	Rey, Julien, cafetier, (en exercice).	

BIENFAITEURS DE L'HOPITAL

MM.

1813	Dame Bonnet-Célard, v^{re} de Courbon du Molard	fr. 3.000
1814	Forcheron, don du Champ-de-Mars	
1814	Baboin, Florent, au nom de Claude Raymond, curé de Claveyson, son oncle.	2.000
1818	Martignac, Jean-Baptiste, (ancien maire). . . .	3.000
1819	Monet Claude-François, ex-Célestin	6.000
1820	Chartron, François, père, négociant.	1.000
1822	Antoine, Thomas.	1.000
1824	Dame Dochier, Marie, veuve de Pierre Pipard .	882 50
1825	De Lacroix de Saint-Vallier, Jean-Denis-René, rente de.	1.019 50
1826	Gardon, Marianne-Prudence	316
1828	Tavernier, Téofrède, curé	1.200
1829	Chartron, Victor, négociant	300
1833	Dame Bonneton, Françoise, (propriété à Beau-Semblant).	
1833	Fayard, Dominique-Nicolas-Alexandre (1) . . .	1.000
1834	D^{lle} Rey, Henriette.	500
1838	Dame Moreton de Chabrillan, Louise-Claudine, épouse de Joseph-César de la Fayolle	2.000
1843	Dame Bajard Nublat de la Bretonnière, Alice, épouse de Jean-Frédéric de Monicault	3.000

(1) Legs de 50 hectolitres de blé, dont moitié froment et moitié seigle, au bureau de bienfaisance.

MM.

1843	Chartron, Raphaël-Frédéric-François, négoctant	3.000
1848	Fleury, Antoine-Hyacinthe, ancien juge de paix.	1.000
1850	Gagnière, Joachim, médecin.	20.000
1852	Chartron, aîné, négociant	8.000
1853	Tavernier, Téofréde, curé	1.000
1853	Dame de Mazenod, Marie-Louise, v^{re} du comte René de Saint-Vallier.	2.000
1854	Par une personne bienfaisante	2.200
1856	Bleton, curé.	6.000
1857	Par une personne bienfaisante	1.324 95
1858	Luyton, marchand	750
1859	Dame veuve Carlin.	1.000
1859	Conil.	2 000
1860	Par une personne bienfaisante	950
1861	Seigle, aîné, négociant.	3.000
1862	Dame veuve Desblains, née Meandre, et Desblains fils..	8.000
1863	Par une personne bienfaisante	9.220
1066	Fayard, Prosper, rentier.	1.000
1867	Chartron aîné, ancien maire, rente de.	300
1868	Cany, Florentin, ancien notaire.	1.000
1870	Seigle, Espinasse, commerçant.	1.000
2871	Grangon, Lucie	1.000
1872	Comte de Chabrillan, René	2.000
1872	Marquis de Chabrillan, Alfred	3 000
1874	Costet	3.500
1874	Dame Oger, Suzanne, veuve Collet.	500
1876	Malgontier, Claude-Eugène, commerçant. . . .	1.000
1876	de Montgolfier, Achille-Claude-Eugène.	1.000
1876	Comte Monier de la Sizeranne, Fernand	500
1876	Dame Bondrieux, Sophie-Thérèse-Antoinette, femme Bonvillet	600
1880	Dame Achard, Marie-Thérèse, femme d'Antoine Morel.	500
1885	Dame Ferrier, Marie-Julie, veuve de Brunet Jean-Baptiste.	100
1889	Dame Buisson, Suzanne-Marie	100

LISTE DES SOUSCRIPTEURS
QUI ONT CONTRIBUÉ A LA CONSTRUCTION DE L'HOSPICE ET DE LA SALLE D'ASILE DE SAINT-VALLIER EN 1849.

MM.	
Gagnière, Pierre-Joachim, médecin	20.000
Chartron, Raphaël, maire.	10.000
Le gouvernement (secours accordé)	7.000
Marquis de Chabrillan	3.000
Mme Servient	3.000
Desblains, père et fils	2.000
Raymond, Jean-Pierre, chimiste	1.000
Figuet, adjoint	1.000
Bleton, vicaire	1.000
Richard, sœur Rose, supérieure du couvent de Saint-Joseph	1.000
Chartron, François, conseiller municipal	700
Malgontier	500
Garnier	500
Fayard, juge	500
Fleury	500
Monier	400
Gondin	300
De Colonjon	300
Chartron, Paul	300
Blachier	300
Sollier, Michel	200
Baboin, Aimé, négociant à Lyon	200
A reporter	53.700

MM.	
Report	53.700
Luyton, négociant	200
Bonneton, Joseph	200
Cluas, Jean	200
Servient, Joseph	200
Baboin, Benjamin	200
Poncin, Xavier	200
Desblains, Ernest	200
Sauzet, Paul, ancien président à la Chambre des députés	200
Castilhon, receveur d'enregistrement	150
Boucod	150
Pichat, Claude	150
Mme veuve Clair	100
Mme veuve Champet	200
Belle, Laurent	100
Poncin, Fabien	100
Combat, avocat	100
Joannin	100
Meysonnier, Joseph	100
Cany, Florent, notaire à Romans	100
Defranc	100
Baboin, Jules	100
Mignot, frères	100
Martouret, Jean	50
Bador, Etienne	50
Amblard	50
TOTAL	57.100

ERRATA

Page 11 ligne 36. Au lieu de (3), *lisez* (6).
— 41 — 20. Au lieu de Évèque d'Avignon, *lisez* Évèque d'Avignon.
— 48 — 25. Au lieu de cas impérieux, *lisez* cas impériaux.
— 86 — 10. Au lieu de par livres, *lisez* par livre.
— 116 — 9. Au lieu de le scieurs, *lisez* le scieur.
— 113 — 11. Au lieu de Léopold, *lisez* Téofrède.
— 160 — 30. Au lieu de que l'on voit, *lisez* que l'on voie.
— 174 — . Au lieu de Bénérice, *lisez* Bérénice.
— 194 — 29. Au lieu de tous, *lisez* tout.
— 204 — 12. Au lieu de Mongtgolfier, *lisez* Montgolfier.
— 204 — 26. Au lieu de 12 mars, *lisez* 20 mars.
— 228 — 13. Au lieu de célébrées, *lisez* célébrés.
— 232 — 9. Au lieu de emporté, *lisez* emportée.
— 261 — 26. Au lieu de Sizaranne, *lisez* Sizeranne.
— 301 — 29. Au lieu de M. Buissounet, *lisez* M. Buissonnet Eugène.
— 302 — 19 Au lieu de le 21 janvier 1790, *lisez* le 21 janvier 1791.
— 307 — 6. Au lieu de Bizarrelli, *lisez* Bizarelli.
— 318 — 26. Au lieu de 70 à 79, *lisez* 70 à 74 ; au lieu de 75 à 74, *lisez* 75 à 79.

TABLE

Avertissement	
Introduction	6
Origine de Saint-Vallier	19
Origine du prieuré de Saint-Vallier	24
Saint-Vallier sous les comtes d'Albon	26
— sous les comtes de Bourgogne.	28
— sous les Poitiers.	32
— sous la maison de Lorraine.	59
— sous les guerre de Lacroix de Chevrières.	62
— sous la République.	147
— sous le Consulat.	178
— sous l'Empire.	190
— sous la première Restauration.	201
— pendant les Cent jours.	204
— sous la seconde Restauration. — Louis XVIII	206
— sous la seconde Restauration. — Charles X.	217
— sous le Gouvernement de 1830	221
— sous la seconde République.	239
— sous le second Empire	252
— sous la troisième République	270
Résumé et conclusion	310
Appendices.	325
Errata	333

12.517 — Lyon. — Imprimerie du Salut Public, 71, rue Molière.

DU MÊME AUTEUR

Rapport sur l'admission des Filles-mères à l'Hospice de la Charité de Lyon. — 1853, in-8° broché.

Rapport sur l'Œuvre des Enfants assistés du département du Rhône. — Lyon, 1851, in 8° br.

Histoire administrative des Enfants assistés du département du Rhône. — Lyon, 1859, 1 vol. in 8°; 2ᵉ édition 1871.

Du Dépôt de Mendicité départemental d'Albigny. — Lyon, 1860, in-8° br.

Souvenirs des entrées des Souverains de la France dans la ville de Lyon, in-8° br., 1860.

Rapport sur le service des Enfants assistés du département du Rhône. — Lyon, 1861, in-8° br.

Essai sur l'Assistance publique à Lyon. — Paris-Lyon, 1862, in-8° br.

Essai sur l'Etablissement de la Justice royale à Lyon. — 1862, in-8° br.

Etudes sur les anciennes Juridictions lyonnaises. — 1863, 1 vol. in-8°.

Des Enfants assistés à Paris et à Lyon. — 1867, in-8° br.

Modifications apportées dans le service des Enfants assistés du département du Rhône. — Lyon, 1869, in 8° br.

Réponse aux délibérations de la Commission départementale du Rhône sur les enfants assistés. — Lyon, 1871, in-8° br.

Etude historique sur l'ancienne organisation judiciaire de la ville de Valence. — Valence, 1875, in-8° br.

Aperçu historique sur le Parlement de Paris. — Paris-Lyon, 1876-1879, 3 vol. gr. in-8°.

Notice historique sur le village de Couzon (Rhône). — 1885, gr. in-8° br.

Prost de Royer, sa vie et ses œuvres. — Lyon, 1885, in-8° br.

Rapport sur l'organisation de la Société de patronage des libérés adultes, Lyon, 1885, in-8° br.

Histoire des Tribunaux révolutionnaires de Lyon et de Feurs. — Lyon, 1888, 1 vol. gr. in-8°.

Journal de la Cour impériale de Lyon. — Lyon, 1890, 1 vol. gr. in-8°.

Journal de la Commission de surveillance des Prisons de Lyon. — Lyon, 1893, 1 vol. gr. in-8°.

12.517 — LYON. — Imp. du Salut Public, 71, rue Molière.

www.ingramcontent.com/pod-product-compliance
Lightning Source LLC
Chambersburg PA
CBHW070612160426
43194CB00009B/1259